完本

若き日の読書

Daisaku Ikeda

池田大作

第三文明社

19歳のころの著者（1947年）

創価大学中央図書館を訪問した著者（2004年1月）

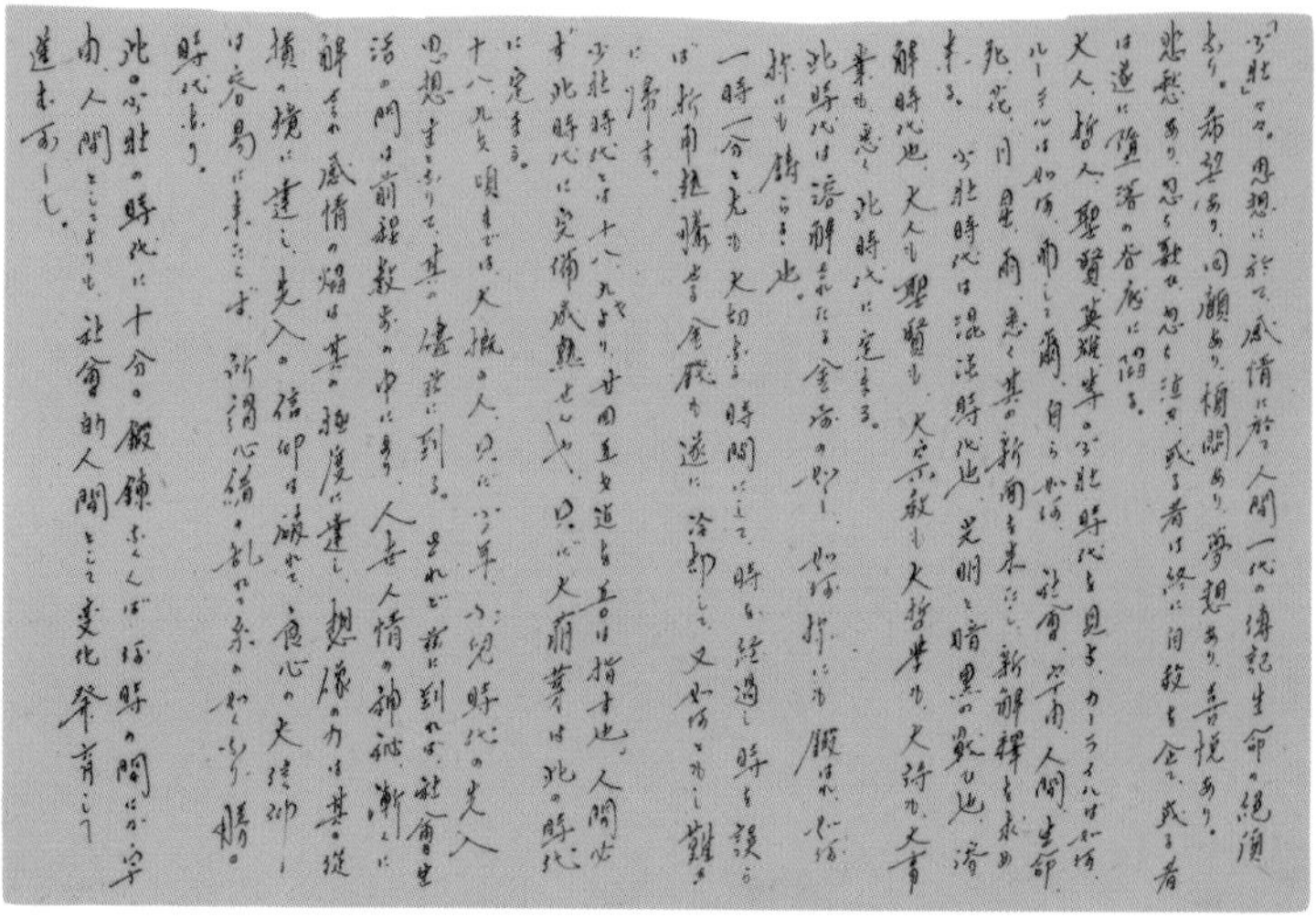

著者が若き日に国木田独歩『欺かざるの記』から抜き書きした原稿
（本書12～13ページ参照）

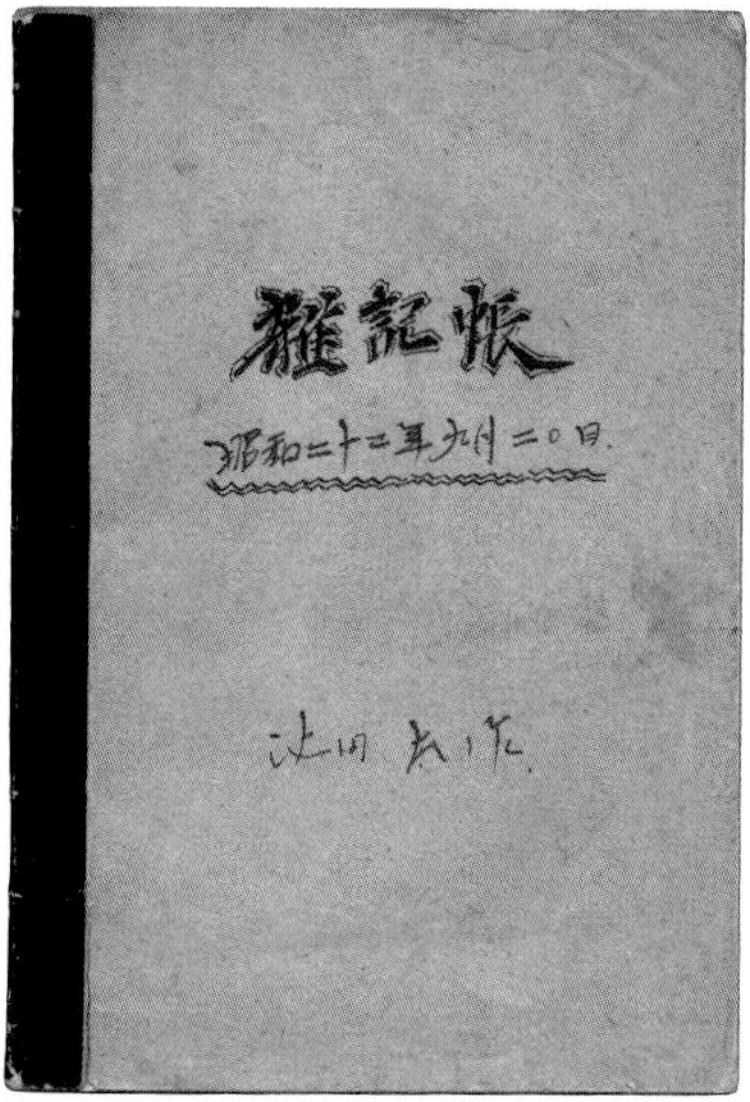

昭和22年（1947年）9月20日から書き始めたと思われる著者の雑記帳

論は生命と離れて成立しない。芸術が共存の結合と、生命的芸術の結合とは何である。

○

芸術と離れて、私自身に考へて見れば、萬物・[illegible]は[illegible]存在するものということが出来るは、物の結合なり。萬物は同一の完全であるという考へより見れば、宇宙万象の組織が[illegible]わかれぬ。問い。芸術現象が唯一の存在[illegible]現しれるといわねばならぬ。

然はの芸術が

『ホイットマン詩集』の抜き書きが記された原稿用紙（本書541 ～ 542ページ参照）

レ・ミゼラブル

○

内心との、闘いは激しくて終りがない。

○

しは常に、若者と。その折瞬てに別れてい
て、戦の後の経験が、恐ろしい真裸に[illegible]姿で
[illegible]はれて[illegible]ている。[illegible]て。眼と[illegible]けて。されと
ルつめ[illegible]のようにはつていはけれは、いはい

○

○

『レ・ミゼラブル』の抜き書きが記された原稿用紙（本書547ページ参照）

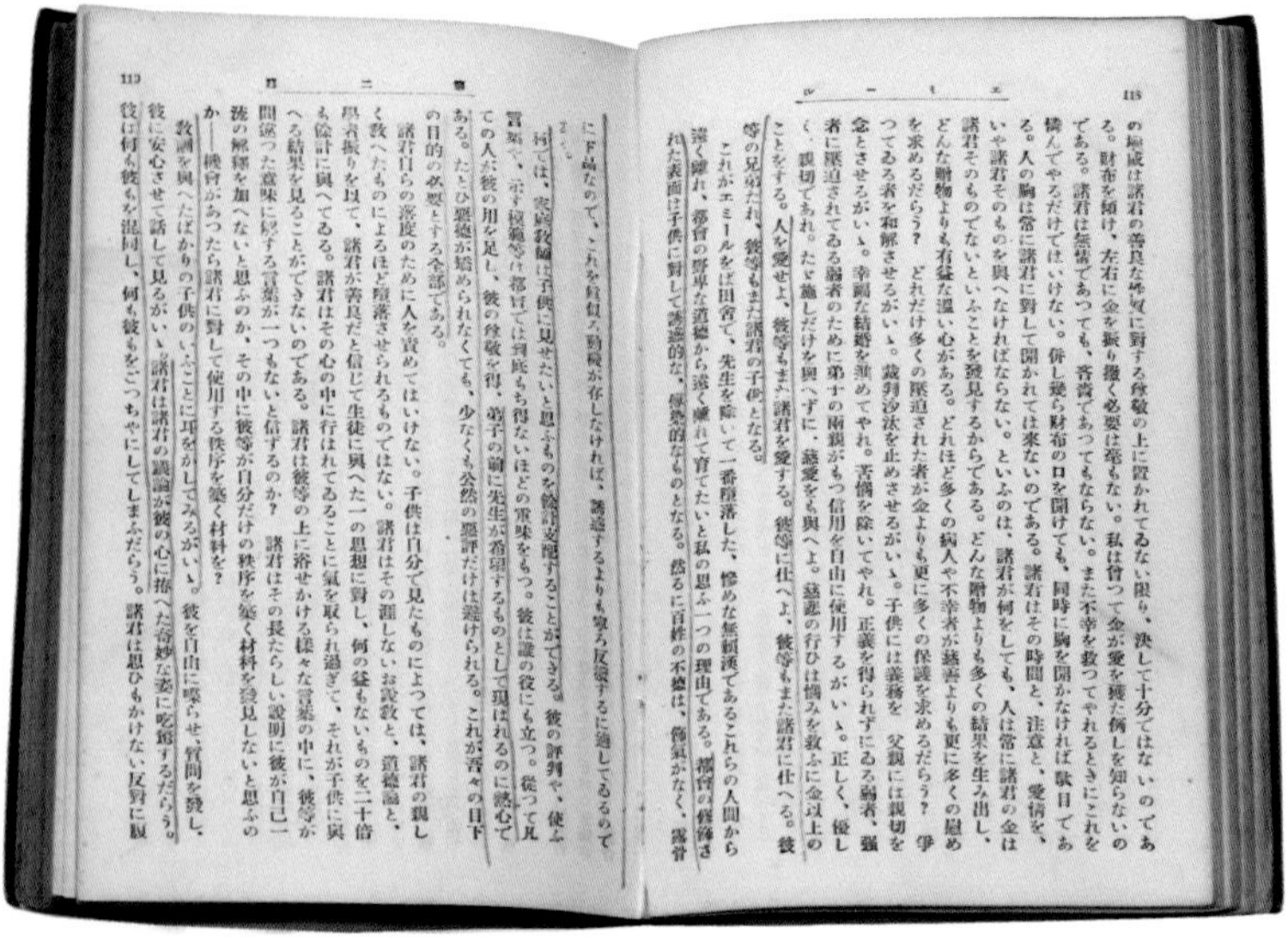

著者が読んだルソー『エミール』。赤い傍線の一部は「読書ノート」に抜き書きされた文章とも重なる（本書520ページ参照）

約7万冊を所蔵する創価大学中央図書館の「池田文庫」。著者が若い日から収集してきた書籍を寄贈し、1997年に開設された

完本　若き日の読書

目　次

若き日の読書

続　若き日の読書

挿画　三芳悌吉
装幀　カズクリエイティブ
本文レイアウト　安藤聡
写真（口絵八頁目）　柴田篤

〔凡　例〕

一、本書は『池田大作全集』第二十三巻（聖教新聞社、一九九七年刊）を底本とし、収録にあたり、著者の了解を得て一部修正した。

一、＊印をつけた人名や事項は、巻末に注解を設け、簡単に説明した。なお、牧口常三郎、戸田城聖に関しては最初に出てくる章にのみ付した。

一、引用文については（　）の中に番号を付してその末尾に示し、出典は文末に表記した。同じ文脈上の引用については、煩雑さを避けるため、該当箇所の最後に付した。引用した中で、漢字は新字体に、仮名づかいは、現代仮名づかいに改めたものもある。

一、編集部による注は（　）内の＝の後に記した。

一、文中で「日記」と記された著者の日記は、『若き日の日記』として『池田大作全集』第三十六・三十七巻に収録されている。

一、年の表記については、改元の年は新元号で表示した。

若き日の読書

一九七八年八月　第三文明社刊

はしがき

読書は、青年時代の特権であるといってよい。若いときに読んだ本は、潑剌《はつらつ》たる精神の血となり肉となり、やがて生涯《しょうがい》の骨格さえ形成するものだ。

「青年よ、心に読書と思索《しさく》の暇《いとま》をつくれ」とは、私の恩師、戸田城聖先生の遺訓ともいうべき指導であった。青年たる者は、一日に二十分でも三十分でもいい、深く静かに思索し、品位と教養を高めよ。読書によって、偉大なる自己を確立《かくりつ》せよ。――そう叫《さけ》んでやまなかった恩師の在《あ》りし日の姿が、今でも目に泛《うか》ぶのである。

戸田先生は、その青年時代から無類の読書家であった。私ども十代から二十代にかけての青年を相手に、先生が蓄積された読書論を語るときは、いかにも愉《たの》しそうであった。その当時の記録は、私どもの貴重な財宝ともなっている。

また私は、かつて信仰の道に入る以前に読んだ本の抜き書きを「読書ノート」として、十四年まえの『第三文明』誌に半年ほど掲載《けいさい》したことがある。このたび、そうした恩師の薫陶《くんとう》の数々、また私のノートや日記を素材に織りこみながら、青春時代の忘れえぬ本の思い出を綴《つづ》ったのが本書である。

もはや二十年まえ、いや三十年まえの読書記録である。あるいは現代の若者の読書傾向とは隔《へだ》たるものもあるかもしれない。しかし、日ごろ若い人と懇談《こんだん》していると、依然として「青年時代に何を読むべきか」といった質問を受けることがある。読書というものは、いつの時代にあっても青年の取り組むべき課題であることに変わりはなさそうだ。

どうか若い人たちには、さらに多くの書物を読んでいただきたい。――そうした願いをこめて、あえて私の読書記録を公《おおやけ》にしたしだいである。

一九七八年七月

著者

少壮時代の生き方

国木田独歩『欺かざるの記』

一書の人を恐れよ。
書を読め、書に読まれるな。
自己を作る事だ。それには、熱烈たる、勇気が必要だ。

冒頭《ぼうとう》の自戒の言葉は、私が昭和二十一年（一九四六年）から翌二十二年ごろにかけて、せっせと書きしるしていた「読書ノート」に見られる一節だ。

今は懐《なつ》かしいザラ紙のノートを手にとると、ところどころインクが滲《にじ》んで判読に困

明治39年代の国木田獨歩像

難な字もある。紙が貴重品であった終戦直後は、可愛い小学一年生たちも石盤《せきばん》と石筆《せきひつ》をもって字を習ったものだ。茶褐色《ちゃかっしょく》でもノートの体裁《ていさい》さえあれば、贅沢品《ぜいたくひん》の時代である。

あの敗戦の年（一九四五年）——私は十七歳である。四人の兄を戦争にとられ、残された家族の生計は、五男である私の肩に、ずしりと重くのしかかっていた。強制疎《そ》開《かい》による取り壊しと五月の空襲で家を二度も失い、父も病気がちであり、結核を病《や》んでいた私は血痰《けったん》を吐《は》きながら働いた。思えば、苦しい青春の日々であった。

東京は一面、焼け野原である。ある日、私は神田の古本屋街へ行って、久しぶりに本を手にしてみた。人びとは、光線のように映《うつ》る活字というものに飢《う》えていた。駿河台《するがだい》の丘《おか》の上に立って、焼け落ちたビルを眺《なが》めていると、私の肩をたたく人がある。見ると、親しくしていた友人の先輩であった。その人は、私に向学の意志が潜《ひそ》むのを確認すると、近くの神田・三崎町にあった東洋商業（現・東洋高校）を紹介してくれたのである。

さっそく筆記試験を受けた私は、その学校の二年生に中途編入された。兄たちが復員してくるまでは、いやでも働かざるをえなかったので、とうてい昼間の学級には入れなかった。——夜学でもいい、いや、むしろ働きながら学ぶところにこそ生きた学問はあると、ひそかに考えていた。

翌年、友人の紹介で西新橋にある小さな印刷会社に勤めるようになった。仕事が終わると、疲れながらも、せっせと夜学に通ったものである。その帰りに神田へ寄っては、蓄《たくわ》えた小遣いで古本を探し、手に入れるのが、私の唯一《ゆいいつ》の喜びとなった。

私は主に文学書や哲学書を、夢中になって読んだ。感銘《かんめい》した文章に接すると、すぐさまザラ紙のノートに書き写した。書を読め、書に読まれるな！　自己を作る事だ——そう自分に言いきかせながら、次々と読破していったのは、青春時代の懐《なつ》かしい思い出である。

此頃「少壮」てふ事に付て多少の思想を得たり、大に考究を積んで見んと欲する也。「少壮」々々、思想に於て、感情に於て人間一代の伝記生命の絶頂なり。希望あり、回顧あり、煩悶《はんもん》あり、夢想あり、喜悦あり、悲愁あり、忽《たちま》ち歌ひ、忽ち泣き、或る者は終に自殺を企て、或る者は遂に堕落の谷底に陥いる、大人、哲人、聖賢、英雄等の少壮時代を見よ、*カーライルは如何、*ルーテルは如何、而して爾《なんじ》自ら如何、社会、宇宙、人間、生命、死、花、月、星、雨、悉《ことごと》く其の新面目を来たし、新解釈を求め来る、少壮時代は混沌《こんとん》時代也、光明と暗黒の戦ひ也、溶解時代也、大人も聖賢も、大宗教も大哲学も、大詩も大事業も、悉く此時代に定まる、此時代は溶解されたる金属の如し、如何様にも鍛はれ如何様にも鋳らるゝ也。一時一分尤も大切なる時間にして、時を経過し時を誤らば折角熱騰せる金鉄も遂に冷却して、又如何ともし難きに帰す。少壮時代とは十八九歳より廿四五歳迄を吾は指す也。人間必ずしも此時代に完備成熟せんや、只《た》だ大萌芽《ほうが》は此時代に定まる。（1）

これは明治の詩人、*独歩《どっぽ》国木田哲夫の日記として歿後《ぼつご》公刊された『欺《あざむ》かざるの記』の一節である。当時、十八、九歳であった私は、文字どおり独歩の言う「少壮時代」の入り口に立っていたのであろう。この一言一句が、すべて我がことのように思われた。

おそらく長い引用も苦にならず、一気に書き写したにちがいない。われながら一字一画が躍動し、ノートには、もっと先まで筆写されている。

十八九歳頃までは大概の人、只《た》だ少年少児時代の先入思想主となりて其のまゝ茲《ここ》に到る、されど茲に到れば社会生活の門は前程数歩の中にあり、人世人情の神秘漸《ようや》くに解せられ感情の焔は其の極度に達し、想像の力は其の縦横の境に達し、先入の信仰は破れて、良心の大信仰は容易に来らず、所謂《いわゆる》心緒《しんしょ》の乱れて糸の如くなり勝《がち》の時代なり。

此の少壮の時代に十分の鍛練なくんば、何時の間にか宇宙人間としてよりも、社会的人間として変化発育して進む可し。(2)

私が手にしたのは、たしか改造社版の二巻本であったはずだが、いま手元にある潮文庫版の塩田良平*編『欺《あざむ》かざるの記—上』によってみると、右の文章は明治二十六年（一八九三年）三月十日の条にあった。

時に独歩《どっぽ》は二十三歳――戸籍上では二十一歳であるが――この年の二月に、在野第一党の機関紙を出す自由社の記者となっている。しかし、運命というものは、何たる皮肉《ひにく》であろう――独歩の入社が決定した十三日に「自由」は発行停止を命じられた。自由の天使、ジャーナリスト独歩にとっては、波瀾《はらん》にみちた社会への船出である。

そのころの独歩は、人生の選択《せんたく》の岐路《きろ》に立たされていた。新聞記者として立つべきか、政界に躍《おど》りでるか、あるいは教育者となるか、さらには宗教家となって道を説くか――大いに悩んだらしい。彼は明治二十六年二月四日に起稿した『欺かざるの記』の副題に、みずから「事実―感情―思想史」と誌《しる》して、悩み多き青春の日々の思想・感情を、偽《いつわ》らずに記録している。

「題して『欺かざるの記』といふ。熱罵《ねつば》あり、冷笑あり、同情の涙あり、事実あり、空想あり、誇《ほこ》りあり、恥辱《ちじょく》あり、懺悔《ざんげ》の血涙あり(3)」と。

今日《こんにち》では、*樋口一葉《ひぐちいちよう》の『一葉日記』と並んで、明治のこの時代を代表する二大日記文学とまで称賛《しょうさん》される独歩の日記は、しかし一葉と違って、最初から公開を意図《いと》したものであったようだ。だが、内心の記録として、ありのままを書くとしても、ロマンチックな青春の詩魂は、ときに筆も抑《おさ》えがたく、激した感情を吐露《とろ》せずにいられなかったにちがいない。*田山花袋《かたい》や*斎藤弔花《ちょうか》のような親友たちには、つねづね話していたようであるが、公表によって他の人びとに累《るい》をおよぼすことを恐れていたのであろう。死の床に就《つ》いた晩年にいたるまで、独歩《どっぽ》は『欺《あざむ》かざるの記』を肌身《はだみ》はなすことなく、ついに生前には一部を除いて発表しなかったのである。

明治の青年の精神史

私が『欺かざるの記』を愛読したのは、他にも理由がある。戦時中、私は少しでも家計の助けになればと思って、新聞配達もしたが、そのころから、いつか新聞記者か雑誌記者になろうとする夢を抱《いだ》いていた。あたかも明治の開明期に、苦労してジャーナリストを志した独歩の若き雄姿のなかに、私は知らずして少年のころからの夢を投《とう》影《えい》して読んでいたのかもしれない。

独歩は明治二十七年（一八九四年）十月、日清戦争の最中に軍艦千代田に乗り込み、従軍記者として中国へ渡った。そして、すぐれた戦事通信を「国民新聞」紙上に発表している。やがて文筆家としての国木田哲夫の名声は、はやくも一部の読者に知られるようになった。

しかし彼は、いわゆる好戦的な国粋《こくすい》主義者ではなかった。大同江に上陸して、みずから掠奪《りゃくだつ》をはたらいた行為に深く反省し、また艦上で海軍士官らと衝突《しょうとつ》、彼らに一片の思想も自己反省の哲学もみられないのを知ると、やがて軍人嫌《ぎら》いになっていく。

そうした経緯《けいい》を『欺かざるの記』によって読みとった私は、この明治の青年の精神史に、いよいよ愛着を覚えるようになっていった。

なるほど独歩の読書領域は、きわめて広い。傾向は異《こと》なるが、たとえば同時代の*森鷗外《おうがい》、*夏目漱石《そうせき》、そして*高山樗牛《ちょぎゅう》といった文人と比較しても、決して遜色《そんしょく》ないほどの読書家である。

さきに引用した文にもみられるように、カーライルであれば『衣裳哲学《サーターリザータス》』や『英雄及び英雄崇拝《すうはい》』は、独歩の終生の人生観、世界観、宇宙観を形成した。*ワーズワースや*バイロンの詩集は座右《ざゆう》の書でもあった。これら泰西《たいせい》詩人の詩は、時に数奇《すうき》な運命に翻弄《ほんろう》された独歩《どっぽ》の魂《たましい》を慰《なぐさ》めてくれたにちがいない。

　さらに若き日の独歩は、古今東西の英雄、偉人、宗教者の伝記を好んで読んだ。たとえば『欺《あざむ》かざるの記』によると、*エマソンの『代表人論』や『英雄論』『詩人論』、*ショーペンハウエルの伝記、*吉田松陰《よしだしょういん》伝、それにカーライルの伝記などを読み、みずからも『フランクリンの少壮時代』『リンコルン』（*リンカーン）をはじめ、吉田松陰や*横井小楠《しょうなん》について一文を草してもいる。彼は、それによって先人の少壮時代の生き方に学ぼうとしたのであろう。

　のちに文学者として立った、独歩の文学的素養もまた、彼の少壮時代に得た該博《がいはく》なる読書体験に支えられていることは、いうまでもない。『平家物語』『源平盛衰記』『竹取物語』といった日本文学の古典、*井原西鶴《さいかく》の町人物、*近松門左衛門の世話物、*ゲーテの『ファウスト』、*トルストイの『アンナ・カレニナ』、*ユゴーの『レ・ミゼラブル』、そして*シェイクスピア、*ツルゲーネフの作品など、挙《あ》げればきりがない。

　こうして『欺かざるの記』は、明治の一青年の誠実な自己観照の記録でもあるが、他面、独歩にとっての「読書ノート」であり、かつまた交友録でもあった。*徳富《とくとみ》蘇峰《そほう》、*矢野《やの》龍溪《りゅうけい》、*内村《うちむら》鑑三《かんぞう》、田山花袋《かたい》、*柳田《やなぎた》國男《くにお》といった錚々《そうそう》たる面々と、ときに客気《かっき》にあふれた激論を交わし、いかにも青年らしい交友を重ねている。そこには、極東の日本の将来を担《にな》って立つ気概《きがい》が横溢《おういつ》していた。

私もまた昭和二十年の廃墟《はいきょ》のなかに、新生日本列島の建設の槌音《つちおと》を聞きながら、わが少壮時代を懸命《けんめい》に過ごした。

独歩の『欺かざるの記』に出てくる読書リストは、ある意味で私の青春の読書の道案内ともなった。そして、ザラ紙の「読書ノート」は、たちまちにして最後まで埋めつくされてしまい、その後、やがて「日記」をつけ始めたのも、独歩に影響《えいきょう》されてのことであったかもしれない。

▽――文中『欺かざるの記』からの引用（1、2）は、学習研究社版『国木田独歩全集』によったが、潮文庫版にならって漢字のみ新字体に改めた。（3）は『「欺かざるの記」その他』創芸社。

宇宙生命との対話

徳冨健次郎『自然と人生』

国破れて山河在《あ》り
城春にして草木深し
時に感じては花にも涙を濺《そそ》ぎ
別れを恨《うら》んでは鳥にも心を驚かす
烽《ほう》火《か》　三月《さんげつ》に連らなり
家《か》書《しょ》　万金《ばんきん》に抵《あた》る
白頭　搔《か》けば更に短かく

青年時代の徳冨蘆花

渾《す》べて簪《しん》に勝《た》えざらんと欲す(1)

これは、あまりにも有名な、盛唐の詩人*杜甫《とほ》の「春望」と題した詩である。至徳二年（七五七年）、杜甫四十六歳の作とある。二年まえに起きた「安禄山《あんろくざん》の乱」によって、玄宗《げんそう》皇帝は長安《ちょうあん》を逐《お》われ、かの楊貴妃《ようきひ》が殺された翌年のことだ。

さしもの旭日の隆盛《りゅうせい》をきわめていた大唐帝国の都も、いまや打ち続く戦乱によって廃墟《はいきょ》と化していった。詩人の心は、悠久《ゆうきゅう》の自然に比するに、人間の矮小《わいしょう》と人世の哀《かな》しさを歌ったものにちがいない。

日本の歴史はじまって以来の惨憺《さんたん》たる敗戦――あけて昭和二十一年（一九四六年）の春がめぐってくると、人びとは誰《だれ》いうとなく杜甫の詩を口ずさんだものだ。もはや取り返しのつかない幾多の尊《とうと》い犠牲《ぎせい》を払って、ようやく日本民族は、千二百年も昔の詩一篇を、心底から実感として受けとめたのであろう。

たしかに、国破れた日本は、美しい山河のほかには、なんの物資もなかった。来る日も来る日も飢餓《きが》の毎日である。痩《や》せ細った人びとは、外食券食堂の前に列をなし、一椀《いちわん》の雑炊《ぞうすい》にありついた。夕刻ともなると、パン屋のまわりに長蛇《ちょうだ》の列が続き、焼きたてのコッペパン一個を、食券と引き換えにもらうのである。

今の若い人たちには、とうてい想像さえつかないかもしれない。昭和二十一年五月、戦後第一回の復活メーデーには、五十万もの労働者が宮城《きゅうじょう》前広場——当時はまだ皇居前広場のことを、そう呼んでいる——に結集し、食糧《しょくりょう》問題の解決を訴《うった》えた。五月十二日には、こんどは世田谷区民による「米よこせ大会」が宮城前へデモを敢行《かんこう》し、皇居のなかに雪崩《なだ》れこんだりしている。

当時、十八歳になったばかりの私が、*蘆花《ろか》徳冨健次郎の『自然と人生』を読んだのは、そのころのことである。

人びとは、あすの食糧さえ手に入れる当てもないのに、むつかしい哲学書が飛ぶように売れた。神田の岩波書店から*西田幾多郎《にしだきたろう》の本が再刊されるや、朝早くから店頭に数百メートルもの行列ができたという話も、戦後を語る風物の一つとなっている。

神田に出ることの多かった私も、一時は西田哲学にひかれたものである。また当時、敗戦の年の九月に哲学者＊三木清《みききよし》が獄中《ごくちゅう》死を遂《と》げたこともあって、彼の著作はベストセラーになった。私も『哲学ノート』や『人生論ノート』、それに『読書と人生』などを買って読んだ記憶がある。

たまたま三木の『読書と人生』を読んでいると、そこに収められた「読書遍歴《へんれき》」という文章のなかに、蘆花の『自然と人生』が紹介されていた。

三木清は、龍野中学に在学中、国語教師から副読本として『自然と人生』を与えられ、たちまち熱烈なる蘆花ファンになってしまった、という。――「私は蘆花が好きになり、この本のいくつかの文章は暗誦《あんしょう》することができた」[2]と書いている。

戦後生まれの青年には、もはや蘆花のものは読まれないようだが、私どもが子どものころは、まだ蘆花といえば『不如帰《ほととぎす》』、ホトトギスといえば健次郎と、すぐ頭に浮かんできた。「武男」と「浪子《なみこ》」の名は、あまねく全国に知れわたり、子どもたちは手鞠《てまり》をつきながら、二人の悲恋を歌ったものだ。

その蘆花の『自然と人生』は、明治三十三年（一九〇〇年）八月、兄猪一郎（＊徳富蘇《とくとみそ》峰《ほう》）の経営する民友社から出版された。奥付《おくづけ》を見ると、定価金貳拾五銭とある。おなじ年の一月に民友社から出版された『不如帰《ほととぎす》』とともに、当時のベストセラーになったという。著者の健次郎は、まだ三十二歳の若さであった。

色彩感覚豊かな文字の絵の具

心あらん人に見せたきは此頃《このごろ》の富士《ふじ》の曙《あけぼの》。

午前六時過ぎ、試《こころ》みに逗子《ずし》の浜に立って望め。眼前には水蒸気渦《うず》まく相模灘《さがみなだ》を見ん。灘の果てには、水平線に沿うてほの闇《ぐら》き藍色《あいいろ》を見ん。もしその北端に同じ藍色の富士を見ずば、諸君おそらくは足柄《あしがら》、箱根、伊豆《いず》の連山のその藍色《らんしょく》一抹《まつ》の中《うち》に潜《ひそ》むを知らざるべし。

海も山も未《いま》だ睡《ねむ》れるなり。

ただ一抹、薔薇色《しょうびいろ》の光あり。富士の巓《いただき》を距《さ》る弓杖《ゆんづえ》ばかりにして、横に棚引《たなび》く。寒《かん》を忍びて、しばらく立ちて見よ。諸君はその薔薇色の光の、一秒一秒富士の巓に向って這《は》い下《くだ》るを認《みと》むべし。丈《じょう》、五尺《せき》、三尺、尺、而《しこう》して寸《すん》。
富士は今睡りより醒《さ》めんとすなり。
今醒めぬ。見よ、嶺《みね》の東の一角、薔薇色《ばらいろ》になりしを(3)。

雄壮なる大日蓮華山の朝ぼらけである。湘南逗子に住んでいた健次郎は、朝六時まえに起きて渚《なぎさ》に立ち、刻々と変わりゆく富士の朝焼けを、色彩感覚ゆたかに、文字の絵の具をもって写生した。

「此頃の富士の曙」と題した右の一篇は、明治三十一年（一八九八年）一月二十五日の「国民新聞」に掲載《けいさい》され、たいへんな評判を呼んだようだ。

のちに未完の大河小説『冨士』を書いたときの回想によれば、おなじころ『今の武蔵野』（のちに『武蔵野』と改題）を発表した*国木田独歩《どっぽ》が、さっそく眼にとめて絶賛したという。健次郎は「自然の日記を書いたら面白かろう」と独歩が言ったという話を、人づてに聞いている。その独歩から賞賛《しょうさん》を得たとすれば、おそらく健次郎は内心、わが意を得た思いであったにちがいない。

こうして、翌明治三十二年（一八九九年）の元日から大晦日《おおみそか》まで、彼は一日も欠かさずに自然の見聞を書きとめた。『自然と人生』のなかの「湘南雑筆」は、そのうちの四十七篇をえらんだものという。かつて独歩《どっぽ》が新婚生活を送ったこともある逗子《ずし》の柳屋が、若き健次郎の執筆《しっぴつ》の仕事場ともなった。

家は十坪《とつぼ》に過ぎず、庭はただ三坪。誰《たれ》か言う、狭《せま》くして且陋《かつろう》なりと。家陋《ろう》なりといえども、膝《ひざ》を容《い》るべく、庭狭きも碧空《へきくう》仰ぐべく、歩《ほ》して永遠を思うに足る。神の月日は此処《ここ》にも照れば、四季も来り見舞い、風《ふう》、雨《う》、雪《せつ》、霰《さん》かわるがわる到《いた》りて興浅からず。蝶児《ちょうじ》来《きた》りて舞い、蟬《せみ》来りて鳴き、小鳥来り遊び、秋蛩《しゅうきょう》また吟《ぎん》ず。静かに観ずれば、宇宙の富《とみ》はほとんど三坪の庭に溢《あふ》るるを覚ゆるなり。[4]

わが「読書ノート」に写し取られた一節である。これも、手元にある潮文庫版の『自然と人生』で探してみると、同書一一九頁《ページ》に「吾が家の富」と題して「写生帖」の六番目に掲《かか》げられている。

自然と人生の関係を、健次郎は、まったく新鮮《しんせん》な眼をもって凝視《ぎょうし》する。四季折々の自然の変化を、静かに観ずるならば——わずか三坪の庭にも「宇宙の富」が溢れていると見る。そこには、雄大《ゆうだい》なる宇宙との語らいの交響曲《シンフォニー》があり、生命をいとおしむ真《しん》摯《し》な感情の詩《うた》が響《ひび》いているようだ。

ここで想起されるのは、さきにも触《ふ》れた国木田独歩と、徳冨健次郎の自然観についてである。

「山林に自由存す」（「独歩吟」）と謳《うた》った独歩は、自然や宇宙の真理を探究《たんきゅう》しようというのではない。彼の代表作の一つである『牛肉と馬鈴薯《ばれいしょ》』に見られるように、独歩は宇宙生命の不思議に驚きたいという感情をもつ。才気煥発《かんぱつ》なる彼は、その想源を*カーライルから得て、宇宙のありのままの実存に、心底から打たれたいというのである。

対するに蘆花《ろか》は、自然を素直《すなお》に写生していくうちに「宇宙の富」を発見し、それを天の恵みとして受けとめる。『自然と人生』を公刊するにあたり、著者みずから書いた広告文には、次のようにある。

「題して自然と人生と云ふも、地人の関係を科学的に論ずるにあらず、畢竟《ひっきょう》著者が眼に見耳に聞き心に感じ手に従つて直写したる自然及人生の写生帖の其幾葉を公《おおやけ》にしたるものゝみ(5)」と。

おそらく健次郎は、このころロシアの文豪《ぶんごう》*トルストイの自然観、人生観、そして宇宙観の影響《えいきょう》を受けていたにちがいない。というのも、彼は二十一歳にして兄猪一郎の主宰《しゅさい》する民友社に入社し、そこで「国民新聞」に海外事情の紹介記事を書いていたことがある。そのとき、トルストイの『戦争と平和』を英訳で読んで以来、彼はトルストイへの傾倒《けいとう》を深めていったからである。

明治三十年（一八九七年）一月に逗子《ずし》へ転居してからは、民友社の企画《きかく》した十二文豪シリーズの一篇として『トルストイ』を完成させた。いうまでもなく『自然と人生』は、その直後の仕事である。

ちなみに健次郎は、明治三十九年（一九〇六年）七月、若き日の憧憬《しょうけい》の人であったトルストイを、ヤスナヤ・ポリヤナに訪《たず》ねている。すでに肉食を断ち、菜食主義者となっていた健次郎は、その人道主義の生き方には共鳴したが、日露《にちろ》戦争に関しては愛国心による故《ゆえ》か意見が対立し、大激論を交わしたらしい。ただトルストイが、健次郎に向かって「農業に生きよ」と言った忠告には耳を傾《かたむ》けている。帰国後、彼は武蔵野も奥まった北多摩郡千歳村（今の世田谷・蘆花《ろか》恒春園）に農園を開拓《かいたく》し、半農生活を送っているからである。

国破れ、山河のみ残された戦後——こうして蘆花の『自然と人生』は、私の愛読書の一つとなった。そして後年、創価学会の初代会長であった牧口常三郎*先生の『人生地理学』を読み、ある不思議な、めぐりあわせのような思いを抱《いだ》いたものである。それは、いずれも二十代から三十代にかけての明治の青年——独歩《どっぽ》や健次郎が自然を謳歌《おうか》し、宇宙生命との対話をなしつつあるとき、ちょうど三十歳になったばかりの若き牧口常三郎も、いわゆる「地人関係」についての二千枚におよぶ草稿《そうこう》を書きためていたということである。

牧口青年が、その原稿を柳行李《やなぎごうり》いっぱいに詰めて津軽海峡《つがるかいきょう》を渡り、はるばる上京して来たのは、明治三十四年（一九〇一年）の春であった。やがて地理学者、志賀重昂《しげたか》*の推輓《すいばん》を得て、大著『人生地理学』を上梓《じょうし》したのは、明治三十六年（一九〇三年）十月、奇《く》しくも著者三十二歳のときである。

「地を離れて人なし。人を離れて事なし。人事を論ぜんとせば、まず地理を究めよ(6)」とは、同書に引かれた*吉田松陰《よしだしょういん》の言葉である。

▽――中野好夫著『蘆花徳冨健次郎』全三部（筑摩書房）、岩波文庫版『自然と人生』の荒正人氏の解説、それに潮文庫版の佐藤勝氏の解説その他を参照した。なお文中『自然と人生』からの引用（3、4）は潮文庫版、（5）は岩波文庫版、『読書と人生』の引用（2）は小山書店新社刊、杜甫の詩（1）は、黒川洋一注『杜甫　上』（岩波書店）によった。また、（6）は『牧口常三郎全集』第四巻（東西哲学書院）によって照合した。

天才詩人の光と影

石川啄木『一握の砂』

こころよく
我《われ》にはたらく仕事《しごと》あれ
それを仕遂《しと》げて死《し》なむと思《おも》ふ(1)

いい詩《うた》である。気取りもなく、なんの衒《てら》いもない。素直《すなお》に、若葉のように自分の志を述べている。

*啄木《たくぼく》の歌には、むつかしい表現は少しもない。誰《だれ》が読んでも理解できる。さりげな

石川啄木 22歳の頃

く、いかにも平明に、その日その日の生活のなかに詩の題材をとっている。
　今では、中学や高校の教科書にも採用されているので、啄木《たくぼく》の歌を二つ三つ、諳《あん》誦《しょう》できる人も多い。彼こそ民衆詩人であり、近代日本に稀《まれ》な国民歌人ともいえよう。

頬《ほ》につたふ
なみだのごはず
一握《いちあく》の砂《すな》を示《しめ》しし人《ひと》を忘《わす》れず(2)

たはむれに母《はは》を背負《せお》ひて
そのあまり軽《かろ》きに泣《な》きて
三歩《さんぽ》あゆまず(3)

はたらけど
はたらけど猶《なほ》わが生活《くらし》楽《らく》にならざり

ぢっと手《て》を見《み》る（4）

歌集『一握の砂』に収められた歌である。あまりにも有名である。これらの歌は、誰《だれ》でも知っているであろう。啄木が、*漱石《そうせき》、*鷗外《おうがい》に匹敵《ひってき》する読者層をもつという説も、なるほどと頷《うなず》けるのである。

十代後半の私も、一時期、啄木の歌とともに毎日を生きた。——嬉《うれ》しいにつけ、哀《かな》しいにつけ、わが青春の悩みと歓《よろこ》びの胸の底には、いつも啄木の歌のリズムが鳴り響《ひび》いていた。

歌集では『一握の砂』のなかの、とくに気にいった歌をえらんで諳誦したものだ。『悲しき玩具《がんぐ》』などは、ほぼ全篇を諳《そら》んずることができた。

処女詩集『あこがれ』も、また『呼子と口笛』も、私には、いかにも親しいものであった。そのほか、啄木のものであれば、小説も、評論も、そして戦後に公刊された日記も——これは二十代になってからではあるが、すべて読んでいる。

こころよき疲《つか》れなるかな
息《いき》もつかず
仕事《しごと》をしたる後《のち》のこの疲れ(5)

前にも書いたように、当時の私は、西新橋の小さな印刷会社に勤めていた。むろん給料は安い。そのうえ、夜学にも通っていた。医師にも「二十六歳まではもつまい」と宣告された身体である。

そんな時である。自宅に近い蒲田工業会の、ある親しい知人が、私をその事務員書記に紹介してくれた。——この蒲田工業会というのは、昭和二十一年の春に、蒲田周辺の中小企業《きぎょう》を振興するために設立されたものである。——まだ微熱《びねつ》が続き、血痰《けったん》も出るような状態だったが、書記の仕事なので、こんどは身体を労《いたわ》りながら働くことができた。

私は冒頭《ぼうとう》に引いた啄木《たくぼく》の歌が、無性《むしょう》に好きになった。思わず、わが「読書ノート」

に記《しる》したものである。

「わが天職は詩人なり」

石川啄木は、生涯《しょうがい》、定職をもたなかった。強《し》いて言えば「わが天職は詩人なり」との気概《きがい》をもっていたようだ。

明治三十五年（一九〇二年）十月、文学をもって身を立てようとした彼は、盛岡中学を中退して、単身上京している。まだ、十六歳の少年である。在籍中に投書した一首が、初めて「明星」の十月号に載《の》ったので、詩人として自信を得たのであろう。

血に染めし歌をわが世のなごりにてさすらひここに野にさけぶ秋(6)

あこがれの東京――希望に胸をふくらませた啄木は、真っ先に新詩社を訪《おとず》れた。「明星」の発行所である。

当時、*与謝野寛《よさのひろし》・*晶子《あきこ》夫妻は、新詩社を通じて全国の青年子女に圧倒的なる人気を博していた。のちに鉄幹《てっかん》（与謝野寛）は、啄木《たくぼく》との初対面の印象を記《しる》している。

> 率直で快活で、上品で、敏慧《びんけい》で、明るい所のある気質と共に、豊麗な額《ひたい》、莞《かん》爾《じ》として光る優《やさ》しい眼、少し気を負うて揚げた左の肩、全体に颯爽《さっそう》とした風采《ふうさい》の少年であった。妻は今日でも「森鷗外《おうがい》先生と啄木さんの額の広く秀麗であることが其人の明敏を象徴している」と云って讃《ほ》めるのである。(7)

少年詩人啄木は、チャールス＝ラムの『シェイクスピア物語』や*バイロンの詩集を買い求め、*トルストイの『我懺悔《わがざんげ》』や、*アンデルセンの『即興詩人』などを読んで、文学修業の第一歩を踏みだしたという。

だが、世間の風は冷たい。早くも病《やまい》に倒れ、生活の糧《かて》を失った彼は、わずか三カ月あまりの東京生活を切りあげざるをえなかった。

故郷の渋民《しぶたみ》村では、啄木は「ぶらり提灯《ちょうちん》」などと渾名《あだな》されていたようだ。子どものころから「神童」ともてはやされ、親にも甘《あま》やかされて育てられた。まだ風雪に耐《た》えられるだけの強靱《きょうじん》さをもっていなかったのである。

啄木の二度目の上京は、明治三十七年（一九〇四年）十月である。処女詩集出版のためであった。

この年、彼は「明星」「帝国文学」「時代思潮」「太陽」「白百合」などに続々と詩作を発表し、二十歳《はたち》まえの気鋭《きえい》の新進として注目された。豊かな才能と、きらびやかなイメージの光輝《ひかりかがや》く明星のごとき存在であった。

彼は元旦《がんたん》の日記に書いている。

あゝ新らしき年は来りぬ。永き放浪と、永き病愁と、永き苦悩の泪《なみだ》にうち沈みたる我精神はかくて希望の大海に舟出せんとするの時をえたり。(8)

明治三十八年（一九〇五年）五月三日――小田島書房より詩集『あこがれ』が出版された。*上田敏《びん》の序詩、与謝野寛の跋文《ばつぶん》を得て、扉には「此書を尾崎行雄氏に献じ併《あわせ》て遙《はるか》に故郷の山河に捧ぐ(9)」とある。

しかし運命の女神は、弱冠《じゃっかん》二十歳《はたち》の天才詩人に対して、またも微笑《ほほえ》むことはなかった。初版と再版とをあわせて一千部を刷ったが、ほとんど売れず、借金のみ残った。

彼はふたたび東京を後にせざるをえない。

またも帰郷した啄木《たくぼく》は、明治三十九年(一九〇六年)四月から、母校渋民《しぶたみ》尋常小学校の代用教員になっている。月給は八円を貰《もら》ったという。

> 余は日本一の代用教員である。(中略)
> 余は遂に詩人だ、そして詩人のみが真の教育者である(10)。

このように日記に書いて、意気さかんなところを見せている。たとえ代用教員でも、われこそ日本一たらんとする。その言や善《よ》し、である。だが彼は、詩歌《しいか》よりも創作を志し、小説『雲は天才である』に取りかかった。彼は自作について「これは鬱勃《うつぼつ》たる革命的精神のまだ渾沌《こんとん》として青年の胸に渦《うず》巻いてるのを書くのだ(11)」とも予告する。

なるほど、主人公の代用教員は英雄気取りで、昂然《こうぜん》と胸を張って歩く。当たるところ敵なしだ。校長と訓導を向こうにまわして、生徒に革命的精神を吹きこもうとする。作品そのものは未完成だが、ここには青年の進取の気概《きがい》が溢《あふ》れている。

> 死か然《しか》らずんば前進、唯この二つの外に路が無い。前進が戦闘《たたかひ》だ。戦ふには元気が無くちゃ可《い》かん。だから君は余り元気を落しては可けないよ。少なくとも君だけは生きて居て、そして最後まで、壮烈な最後を遂げるまで、戦つて呉れ給へ。血と涙さへ涸《か》れなければ、武器も不要《いらぬ》、軍略も不要、赤裸々《せきらら》で堂々と戦ふのだ。この世を厭になつては其限《それつきり》だ、少なくとも君だけは厭世《えんせい》的な考へを起さんで呉れ給へ。[12]

生命を燃焼した歌の美しさ

さて、日本一の代用教員たらんとした啄木の決意も、一年と続かなかった。父一禎は家出し、ストライキを起こした啄木《たくぼく》は免職――一家は離散した。
明治四十年（一九〇七年）五月、二十一歳の啄木は、妹と一緒に北海道へ渡り、さいはての地に新天地を求めている。

函館《はこだて》の青柳町《あおやぎちゃう》こそかなしけれ
友《とも》の恋歌《こひうた》
矢《や》ぐるまの花《はな》(13)

北海道時代の啄木は、函館、札幌、小樽、釧路と漂泊《ひょうはく》を重ね、職も商工会議所の臨時雇いを振りだしに、小学校の代用教員、地方新聞の記者などをして糊口《ここう》をしのいだ。
挙《あ》げ句《く》の果ては、新聞社の内紛《ないふん》に巻きこまれ、暴力をふるわれたこともある。

椅子《いす》をもて我《われ》を撃《う》たむと身構《みがま》へし
かの友《とも》の酔《ゑ》ひも

今《いま》は醒《さ》めつらむ(14)

そして明治四十一年（一九〇八年）四月——二十二歳の啄木は、家族を函館に残し、もはや決死の覚悟で海路東京をめざした。三度目の挑戦《ちょうせん》である。
五月四日、生涯《しょうがい》の友、*金田一京助の好意によって、本郷は菊坂町の赤心館に寄寓《きぐう》することができた。一カ月あまりのうちに五つの作品——「菊池君」「病院の窓」「母」「天鵞絨《ビロード》」「二筋の血」を、あわせて三百枚以上も書きあげる。

しかし、自信をもって書いた小説は、ただの一篇も売れなかった。当時の代表的な総合《そうごう》雑誌「太陽」に掲載《けいさい》されるのを期待していた作品も、六月二十七日にきた*長谷川天渓《てんけい》の手紙によってみると、断念せざるをえなかった。

啄木は、もう生きる望みを失ったのであろうか。——その日の日記に書いている。

噫《ああ》、死なうか、田舎にかくれようか、はたまたモット苦闘をつづけようか、？
この夜の思ひはこれであつた。何日になつたら自分は、心安く其日一日を送ることが出来るであらう。安き一日(15)!?

死への衝動《しょうどう》に落ちこんでいた啄木《たくぼく》を救ったのは、かつて愛した歌作である。彼は六月二十三日の夜十二時から暁《あかつき》までに五十五首、翌二十四日の午前に五十首、さらに二十五日の夜二時までに百四十一首と、あわせて二百四十六首もの歌を、立て続けに作った。

東海《とうかい》の小島《こじま》の磯《いそ》の白砂《しらすな》に
われ泣《な》きぬれて
蟹《かに》とたはむる(16)

のちに『一握《いちあく》の砂』の劈頭《へきとう》に据《す》えられた、この歌は、そのときにできたものである。生命を最高に燃焼し、昇華《しょうか》された歌の美しさが輝《かがや》いている。啄木は「おれはいのちを愛するから歌を作る」と述べているが、まさに彼は歌作によって生きかえった。

啄木は晩年――といっても、まだ二十四、五歳の青年であるが、東京朝日新聞の校正係に職を得て、月給二十五円を貰《もら》うようになった。明治四十三年（一九一〇年）九月には、新たに設けられた「朝日歌壇」の選者にもなっている。

おれが若《も》しこの新聞《しんぶん》の主筆《しゅひつ》ならば、
やらむ――と思《おも》ひし
いろいろの事《こと》！(17)

この歌は『悲しき玩具《がんぐ》』に収められている。青年啄木の望みは高い。だが、脚下《きゃっか》の生活は依然として苦しかった。
父母妻子を本郷弓町の理髪店二階の下宿に迎えると、啄木一家は忽《たちま》ち生活に窮《きゅう》した。記念すべき歌集『一握の砂』の稿料も、生まれて間もなく死んだ長男の薬餌《やくじ》となって消えた。

やや遠《とお》きものに思《おも》ひし
テロリストの悲《かな》しき心《こころ》も——
　近《ちか》づく日《ひ》のあり。[18]

これも『悲しき玩具《がんぐ》』にある。かつて「わが抱《いだ》く思想《しそう》はすべて金《かね》なきに因《いん》するごとし」[19]（『一握《いちあく》の砂』）と歌った彼は、いよいよ生活に困窮《こんきゅう》すると、徐々に、やがて性急にも社会主義思想に傾斜する。とくに明治四十三年にはじまった*幸徳秋水《こうとくしゅうすい》らの事件（いわゆる大逆事件）には、強い衝撃を受け、無政府主義者の心情にも共鳴していったようだ。

寝《ね》つつ読《よ》む本《ほん》の重《おも》さに
　つかれたる
手《て》を休《やす》めては、物《もの》を思《おも》へり。[20]

母親の発病に続いて、妻の節子も、そして啄木《たくぼく》も、家族三人が枕を並べた。薬を買う金もない。衣類も本も売った。その日の食事にさえ事欠いた。——一家の全滅、この世の敗北と地獄である。

死の床についた啄木にとって、もはや歌だけが生きる支えであった。彼は、深淵《しんえん》に落ちこむ絶望の心をみずから汲《く》みあげて、いのちの一秒を歌に刻《きざ》んだ。その必死の発《ば》条《ね》の歌が、遥《はる》かに半世紀以上もの時代を隔《へだ》ててなお、今の若い人びとの共感を呼ぶのであろうか。

明治も終わりのころの四月十三日——わが啄木石川一《はじめ》は、一身を燃焼させて不帰《ふき》の客となった。天才詩人啄木の生涯《しょうがい》をいろどる光と影は、栄光と悲惨《ひさん》の交錯《こうさく》する時代の一断面を、はからずも浮き彫りにしているようだ。

▽——多くの啄木研究書が出ているが、なかでも小田切秀雄著『石川啄木の世界』（潮新書）が参考になった。引用した啄木の歌（1～6、13、14、16～20）は、筑摩書房版『啄木全集』第一巻と潮文庫版『石川啄木歌集』によって照合した。その他の引用も、同じく『啄木全集』（筑摩書房）からで、（7）が第八巻、（8、10、11、15）は第五巻、（9）は第二巻、（12）は第三巻によった。

青春のロマンと友情

ヘルダーリン『ヒュペーリオン』

ここに、一冊の本がある。決して高価な本ではないが、私にとっては無二の、懐《なつ》かしい青春の書である。

この本も、はやくも三十年の光陰が過ぎ去った。しかし、粗末なザラ紙に印刷された思い出の書は、今なお私に、青春の詩《うた》の高貴な魂《たましい》を、気高《けだか》くも語りかけてくるようだ。

黄ばみかけた白地の表紙には、深緑色の草花模様が一面にあしらわれ、その中央の窓のなかにオレンジ色のインクで、書名、著者名、訳者名が印刷されている。

Johann Christian Friedrich Hölderlin.1770~1843

ヒュペーリオン
ヘルデルリーン
*吹田順助訳

初めてこの本を手にしたとき、下方に「青春の書7」と記《しる》された五文字が目に光った。まぶしいぐらいに輝《かがや》いて見えた。

奥付《おくづけ》を見ると、定価金六十円、株式会社鎌倉文庫、昭和二十二年三月三十日初版発行とある。――このとき、私は十九歳の春であった。

鎌倉文庫――なんと懐かしい名前であることか。二十数年以上も昔に店じまいした出版社である。今では知る人も少ないであろうが、活字というものに飢《う》えていた当時の文学青年たちにとっては、決して忘れることのできない版元である。

戦後の若い編集者たちにも、尽《つ》きせぬ憧憬《しょうけい》をいだかせたようだ。日本橋白木屋に間借りしていた鎌倉文庫の編集室へ行けば、*川端康成《かわばたやすなり》や*高見順《たかみじゅん》といった作家に、いつでも会えたという。

ちなみに、この敗戦直後の文芸出版界をリードした出版社について、その発祥《はっしょう》を調べてみると、それは戦時中のことにさかのぼるらしい。*里見弴《とん》、*小林秀雄、*久米正雄《くめまさお》、*大佛《おさらぎ》次郎、*中山義秀《なかやまぎしゅう》といった錚々《そうそう》たる面々の鎌倉文士たちが、戦時下の生活の糧《かて》を得るためでもあろうか、ささやかな貸本屋を開いた。それが戦後の鎌倉文庫の、そもそもの出発であったという。

ドイツの若き詩人――ヨハン・クリスティヤーン・フリードリヒ・*ヘルダーリンは、ドイツ文学を専攻する学生などは別にして、日本では最初、*ゲーテや*シラーほどには温《あたた》かく迎えられなかったようだ。

しかし、*三木清《みききよし》の『読書と人生』によると、彼が留学したころのドイツでは、むしろ*ニーチェや*キェルケゴールとともに、一種のヘルダーリン・ブームを呈していたという。その輝《かがや》かしい詩業に対する再評価の波は、第二次大戦以後にはさらにまた高まり、日本にも押し寄せてきた。今では、ドイツにおける最もすぐれた叙情《じょじょう》詩人の一人に数えられているという。わが国でも、十年ほどまえには河出書房新社から『ヘルダーリン全集』が出ている。

ヒュペーリオンよりベラルミンへ

なつかしき祖国の地は、再び私に悦びと悲しみとを与えてくれる。

私はこの頃は毎朝、コリントの地峡《イストムス》の山上に来ている。そうすると花から花へとびめぐる蜜蜂《みつばち》のように、私の魂《こころ》はよく、陽《ひ》の光に焼けている周囲の山々の麓を洗う右方、左方の海の間をあちこちと飛びめぐるのである(1)。

全篇が書翰体《しょかんたい》をなしている小説『ヒュペーリオン』の、これは冒頭《ぼうとう》の第一信である。宛名《あてな》のベラルミンは、かつてギリシア独立戦争の時代（一七七〇年前後）に人となったヒュペーリオンが、生国を遁《のが》れてドイツへ亡命したときに見いだした親友という設定である。

愛する祖国へ帰還したヒュペーリオンは、青春の都市コリントの輝く地峡に立って、火と燃える南国の太陽の下、花から花へ飛びかう蜜蜂《みつばち》のような軽やかな心情を、その友に吐露《とろ》せずにいられない。

詩人ヘルダーリンの唯一《ゆいいつ》の小説『ヒュペーリオン』こそは、まさしく青春の歓喜と憂愁《ゆうしゅう》の悲哀《ひあい》を、高く、深く、そして荘重な詩の調べに託《たく》して歌いあげたものといってよい。

　人生の行路を辿《たど》りゆくうちに、若い時分に早くも高貴なる人物に遭遇《そうぐう》した人は、幸いなるかな！
　そうだ、それは、愛の悦びと楽しい鞅掌《おうしょう》とに充満せる、忘れることのできない黄金時代である！(2)

ヘルダーリンは、十八世紀後半の一七七〇年三月二十日、ネッカール河畔《かはん》の小さな町に生まれた。この平和な美しい自然のシュワーベン地方には、おなじ年に*ヘーゲルも生まれている。

彼らは十九歳のとき、かの炎《ほのお》のフランス大革命に遭遇した。五歳年少の哲学者シェ*リングも加えて、チュービンゲンの学生であったヘーゲルとヘルダーリンは「自由の樹」を植え、その下を革命歌を高唱しながら踊りまわったという。のちにドイツ観念論の時代精神を代表する三巨人である。

ちょうどそのころ、イマヌエル・カント*は立て続けに著作を公刊し、ドイツ理想主義の頂点に屹立《きつりつ》していた。また『若きウェルテルの悩み』で、その名声は鳴り響《ひび》くかのようであったというゲーテ、そしてヘルダー*、同郷の先輩詩人シラー、イエーナ大学に赴任《ふにん》してきたフィヒテ*――いずれも当時の世界精神を一身に体現したかのような人物と、若きヘルダーリンは個人的にも相識《あいし》っている。

さらに詩人は、その十代から二十代にかけて、ノイファー、マーゲナウ、そしてシンクレーアといった、すぐれた友人を得ている。

詩人が二十七歳のときである。かつての同窓ヘーゲルのために、彼は職を世話したという。その年の復活祭に、コッタ書店から『ヒュペーリオン』第一巻が出たのである。

たしかに、若い時代に良き友を得ることは、青年にとって生涯《しょうがい》の財産となろう。純粋なる精神の真っ白いカンバスには、互いに切磋琢磨《せっさたくま》しあう「感情」と「情熱」の絵の具が、幾重にも多様なる彩《いろど》りをそえていくものだ。

「人類の理想に寄せる讃歌」

愛は生気潑剌《はつらつ》たる人間に充ち満ちたる幾千年を生んだが、友情がまたかくの如き幾千年を再び生み出すことも可能であろう。民族のその昔《かみ》の出発点は童子の調和であったが、諸々の精神の調和は新しい世界史の始まりとなるであろう。無為にして化する草木の幸福から人間は門出して成長し、段々成熟するに至った。それから人間は内面からも外面からも醱酵《はっこう》をつづけ、今や人類は無限に分解されて、一つの混沌《こんとん》のような状態にある。(3)

ここには詩人の人間観——愛と友情と精神の調和、さらには自然と世界と民族との全一的な成熟にいたる人類成長の哲学とが、いかにも直截《ちょくせつ》に表明されている。哲学者の*ディルタイは、これらヘルダーリンの精神と詩を称して「人類の理想に寄せる讃《さん》歌《か》」と呼んだとされるが、至当なる表現であろう。

また、ヘルダーリンの観念は、古代ギリシアの世界に遊びつつ、人類の歴史と文化の帰趨《きすう》にも思いを馳《は》せていった。詩人は夢見る心の持ち主である。

だが、彼はヘーゲルとともに哲学者でもあった。いかに時代に対処すべきかを奥深く真剣に考えている。彼の詩は「時代の霊」を重く視《み》て、その時代の嵐《あらし》の意味するものを真正面から受けとめ、勇気凜々《りんりん》と歌いあげる。

> ヒュペーリオンよりベラルミンへ
>
> 人生には偉大なる時があるものだ。私達は未来や古代の巨大な形姿を仰ぎみるように、それらの時を仰ぎみる。私達はそれらの時と壮烈な戦いをつづける。そして私達がその戦いをやり通すなら、それらの時は姉妹のようになり、永久に私達を見捨てないのだ。(4)

さて、われらの愛すべきヒュペーリオンは、精神の調和と女性美の極致ともいうべきディオティーマと相識《あいし》り、熱烈な恋におちいる。彼は、夢とうつつのなかで、つかのまの平和の喜びにひたる。

そうだ、人間は恋するときには、一切を見、一切を浄化する一つの太陽である。
恋せぬときには、人間はくすぶれる豆ランプのともっている薄暗い部屋である。(5)

ヒュペーリオンは自由の戦士でもあった。祖国の独立と、自由と共和のために、ふたたび立ち上がったアラバンダらの要請《ようせい》に応《こた》え、雄々《おお》しくも新たな戦線に従軍していく――。

「愛は世界を生んだ。友情はまた世界を生れ変わらせるであろう」(6)――ヒュペーリオンは、こうして愛と友情の昇華《しょうか》と調和を図ろうとする……。

彼はチェスマの戦いに参加したが、運命の女神はこの青年に対して、あまりにも峻《しゅん》烈《れつ》なる試練を課した。ヒュペーリオンは負傷して、人事不省におちいり、ディオティーマは若くして帰らぬ人となったのである。

小説『ヒュペーリオン』の結末は、詩人が日ごろ愛したギリシア悲劇の世界を、そのまま十八世紀のギリシアに移していった感がある。作者自身も、荒れ狂う、怒濤《どとう》さかまくドイツの革新的な雰囲気《ふんいき》を、胸深く呼吸して生きた。やがて晩年には、その精神の薄明のうちに悲劇的な生涯《しょうがい》を閉《と》じたという。

それから百年後の十九世紀後半――ヘルダーリンと同様の精神の軌跡《きせき》をたどり、やはり悲劇の運命に遭遇《そうぐう》したニーチェ――この二人の精神の薄明は、何に由来《ゆらい》するものであろうか。その疑問に私なりの解答を得たのは、しばらくして信仰の道に入った以後のことである。

▽――『ヒュペーリオン』からの引用（1～6）は、鎌倉文庫版と同じ吹田順助訳の新潮文庫版によった。なお手塚富雄氏の『ヘルダーリン伝』および『成熟期のヘルダーリン』を参考にした。

百年の後に知己《ちき》を待つ

勝海舟『氷川清話』『海舟座談』

人生には、いくつかの節がある。厳《きび》しい冬の寒さに耐《た》えなければならないときもあれば、春の陽光を燦々《さんさん》と浴びて、すくすくと伸びゆく若木のように、まっすぐに成長するときもある。とりわけ二十歳《はたち》前後の青年は、知識の養分を満身に吸収して、見るみるうちに頭角《とうかく》をあらわしていくものだ。

読書においても、この時期に読んだ本は、その人の血となり肉となって、終生忘れることはない。すぐには役に立たなくても、いつか人生の節目に直面したときなど、突然記憶の底から呼びおこされ、ダイヤモンドのように光り輝《かがや》く貴重な財産となろう。

私が二十歳前後のころ読んだ本の多くは、廉価版《れんかばん》の文庫本であった。当時の私の経済力では、それが精いっぱいだったし、仕事の往《ゆ》き帰りの電車の中など、十分、二十分の時間を惜《お》しんで、気軽にポケットから取り出して読めたからである。

文庫本ブームといわれる現在では、書物の選択《せんたく》に迷うほど種類も多い。だが、私が親しんだ時代は、文庫本といえば、岩波文庫と改造文庫が中心であった。そこには、粒選《つぶよ》りの古典、名著が収められ、わずか二、三十円で、東西古今の知識の泉を汲《く》むことができたのである。

私の「読書ノート」を開いてみると、岩波文庫では、*ダーウィン『種の起原』、*プラトン『ソクラテスの弁明・クリトン』、*巌本善治《いわもとよしはる》編『海舟座談《かいしゅうざだん》』、山田済斎編『西郷南洲遺訓』、*内村鑑三《うちむらかんぞう》『代表的日本人』、*長与善郎『竹沢先生と云ふ人』など、改造文庫では、*プレハノフ『我等の対立』、*バクーニン『神と国家』、*幸田露伴《こうだろはん》『頼朝』などを読んだことが想《おも》いおこされる。

世に処するには、どんな難事に出会つても臆病ではいけない。さあ何程でも来い。おれの身体が、ねぢれるならば、ねぢつて見ろ、といふ了簡《りょうけん》で、事を捌《さば》いて行く時は、難事が到来すればするほど面白味が付いて来て、物事は雑作《ぞうさ》もなく落《らく》着《ちゃく》してしまふものだ。なんでも大胆に、無用意に、打ちかゝらなければいけない。(1)
（*勝海舟《かつかいしゅう》）

これも「読書ノート」に記《しる》されている一節だ。

何から引用したものかを調べたところ、岩波文庫の『海舟座談』には出ていない。すると、おそらく吉本襄の編纂《へんさん》した『氷川《ひかわ》清話』であろうと見当をつけ、あらためて読みなおしてみると、案の定《じょう》、彼が「世人百態」として分類したなかにあった。

たしか三十年まえの私は、まず『海舟座談』を読んで『氷川清話』の存在を知り、海舟という人物に興味《きょうみ》を抱《いだ》いていったのである。早速《さっそく》、神田の古本屋街へ行って、改造社版の『海舟全集』を何冊か買った覚えがある。

「外交の極意は誠心正意」

周知《しゅうち》のように、海舟勝《かつ》安房守《あわのかみ》義邦は、大江戸の旗本勝小吉の息子《むすこ》である。父子の厳《きび》しくも気高《けだか》い交流は、往年の映画ファンなら、おそらく阪妻《ばんつま》（阪東妻三郎）の熱演を覚えているにちがいない。

幕末維新《ばくまついしん》の動乱期に人となった海舟は、数多くの偉業を成し遂《と》げ、明治三十二年（一八九九年）まで生き続けた。その七十七年にもおよぶ生涯《しょうがい》の基盤《きばん》は、十代から二十代にかけての克己勉励《こっきべんれい》によって築かれたことはいうまでもない。剣をとっては達人の域に達し、漢学の素養も深く、オランダ語をはじめとする外国語にも堪能《たんのう》であったという。

彼は七年ごとに人生の節目を迎えている。ペリーが黒船を率《ひき》いて来航したとき、海舟は三十一歳であった。――来るべきときが来たことを知って、少しも動揺《どうよう》しなかった、といわれる。

その七年後の三十八歳のときには、みずから咸臨丸《かんりんまる》の艦長となって太平洋の荒波を越え、日本人としての第一歩をアメリカの地に印《しる》した。やがて次の七年後、海舟《かいしゅう》四十五歳のとき、三百年の治世を誇《ほこ》った徳川幕府が、ついに崩壊《ほうかい》したのである。

一体、政治家は、機勢の変転というものを見なければならぬ。*新井白石が、読史余論に、幾変転《いくへんてん》と言うて論じたのは、アレはあとから言うたことだが。マー機の移り変りの工合を知らなければならない。それは証拠をあげて言えば、直《すぐ》に分るものだ。*徳富《とくとみ》〔蘇峰《そほう》〕にでも書かせてやろうかと思ったのだが、誰《だれ》かが書けば、直に分るのだ。ソノ工合をチャンと知っていると、政治の塩梅《あんばい》が雑作ないのだ。ワシはもと西洋人の言うた七年一変の説ネ。アレを信じているのだ。どうも七、八年ないし十年にして人心が一変するよ(2)。

これは『海舟座談』にある。

明治三十年（一八九七年）七月十五日、巖本《いわもと》が、赤坂氷川《ひかわ》町の勝邸において聞きとったものだ。いかにも江戸っ子らしい、歯切れのいい語り口である。

勝は、わが日本史に赫々《かっかく》たる無血革命の〝江戸城明け渡し〟――徳川幕藩体制から近代国家への黎明《れいめい》を告《つ》げる一大変革を、「七年一変の説」を内に秘め、「機勢の変転」をみながら成就《じょうじゅ》したのであろう。

慶応《けいおう》四年（一八六八年）三月十三日、翌十四日の両日――勝と西郷隆盛*は、芝田町の薩摩《さつま》屋敷で一対一の談判におよんだ。

> 当日おれは、羽織袴で馬に騎《の》つて、従者を一人つれたばかりで、薩摩屋敷へ出掛けた。まづ一室へ案内せられて、しばらく待つて居ると、西郷は庭の方から、古洋服に薩摩風の引つ切り下駄をはいて、例の熊次郎といふ忠僕を従へ、平気な顔で出て来て、これは実に遅刻しまして失礼、と挨拶しながら座敷に通つた。その様子は、少しも一大事を前に控へたものとは思はれなかつた。
> さて、いよ〳〵談判になると、西郷は、おれのいふ事を一々信用してくれ、その間一点の疑念も挾まなかつた。「いろ〳〵むつかしい議論もありませうが、私

が一身にかけて御引受けします」西郷のこの一言で、江戸百万の生霊も、その生命と財産とを保つことが出来、また徳川氏もその滅亡を免《まぬか》れたのだ。(3)

歴史的な会見である。

勝の双肩《そうけん》には、江戸百万の民衆の運命がかかっていた。西郷の背後には、勤王討幕の志士の鋭《するど》い眼光が注がれている。選択《せんたく》は二つに一つであった。勝は後年「外交の極意《ごくい》は、誠心正意にあるのだ(4)」と言っている。また西郷が、談判の最中にも「始終座を正して手を膝の上に載《の》せ、少しも戦勝の威光でもつて、敗軍の将を軽蔑《けいべつ》するといふやうな風が見えなかつた(5)」のを、海舟《かいしゅう》は感心して称賛《しょうさん》する。いわば西郷の「至誠」と、勝の「誠心正意」の一念が相呼応し、一触即発の内戦の危機を救ったのであろう。

談判が始まるまえには、すでに官軍は三方から江戸城へと進撃を開始していた。ところが、会見が終わり、海舟が歩いて城へ帰りつくまでの短い時間に、ぴたりと進撃中止の命令が全軍に行きわたっていたのである。

こうして日本は明治維新《いしん》を遂《と》げ、極東の海に旭日が昇るかのような、近代国家への歩みを始めた。しかし、その最大の功労者ともいうべき海舟にとって、新政府の行き方は必ずしも満足できるものではない。一度は参議兼海軍卿《きょう》に列せられはしたが、彼の建策や構想は容《い》れられず、いかにも不遇《ふぐう》な晩年であった。

勝が手塩にかけて育てた*坂本龍馬《りょうま》は、そのために命まで賭《か》けた「維新回天《かいてん》」を目前にして、凶刃《きょうじん》に斃《たお》れた。同じく門弟*榎本武揚《たけあき》も、勝が長年育成した幕軍艦隊を率《ひき》いて東北へ逃《のが》れ、やがて北海道箱館《はこだて》（当時）の五稜郭《ごりょうかく》に立てこもり、官軍と一戦を交えている。そして、勝が誰《だれ》よりも敬愛した西郷南洲も、明治十年（一八七七年）には西南戦争で「逆臣」の汚名をきせられ、儚《はかな》くも散っていった……。

全体大きな人物といふものは、そんなに早く顕《あらわ》れるものではないヨ。通例は百年の後だ。今一層大きい人物になると、二百年か三百年の後だ。それも顕れるといつたところで、今のやうに自叙伝の力や、何かによつて顕れるのではない。二、三百年も経つと、ちやうどそのくらゐ大きい人物が、再び出るぢや。其奴《そやつ》が後先《あとさき》の事を考へて見て居るうちに、二、三百年も前に、ちやうど自分の意見と同じ意見を持つて居た人を見出すぢや。そこで其奴が驚いて、成程《なるほど》えらい人間が居たな。二、三百年も前に、今、自分が抱いて居る意見と、同じ意見を抱いて居たな、これは感心な人物だと、騒ぎ出すやうになつて、それで世に知れて来るのだヨ。知《ち》己《き》を千載《せんざい》の下《もと》に待つといふのは、この事サ。(6)

これは『氷川《ひかわ》清話』の「人物評論」と題した項の最初に出ている。海舟《かいしゅう》の義弟にあたる*佐久間象山《しょうざん》をはじめ、*横井小楠《しょうなん》、西郷南洲、*藤田東湖《とうこ》、*木戸孝允《たかよし》、*大久保利通、*島津斉彬《なりあきら》、*山岡鉄舟《てっしゅう》、*渡辺崋山《かざん》、*高野長英《ちょうえい》、*岩倉具視《ともみ》など、幕末維新《ばくまついしん》をいろどる群像が、歯に衣《きぬ》を着せず、忌憚《きたん》なく論評されている。百年後の今日読んでも、的確なる人物批評の眼を養うのに十分参考となろう。

海舟はまた、明治三十一年（一八九八年）十一月三十日、すなわち死の一カ月あまりまえ、巖本善治《いわもとよしはる》に対して次のように語っている。

玄徳《げんとく》〔三国志、蜀の劉備《りゅうび》のこと〕だってそうだ。たった、孔明《こうめい》一人を見抜いて、「あれに」というので、ヤイヤイ引張り出した。孔明でも、一人で出て行って、どうか、こうか、やったじゃァないか。昔から、みンな、同じ事で、チャンときまってるよ。百年の後に、知己を待つのだ。なにが、分るものか。昔から、大功の有《あ》った人は、人が知らないよ。久しうして後に分るのだ。それが、大変好きで、昔から、それを守ったよ。(7)

東洋との善隣友好を主張

敗戦直後——私が『海舟座談』を読んだころは、まだ海舟が死んでから五十年と経《た》っていなかった。ところが、マッカーサー占領軍による間接統治を目して、江戸の無血開城になぞらえる意見もあった。

のちに知ったことだが、そのころ、作家の*子母澤寛《しもざわかん》は、ある新聞に小説『勝海舟』

を書きついでいたという。――その連載開始は、戦時中の昭和十六年（一九四一年）にさかのぼる。しかも、第五巻までは『勝安房守《かつあわのかみ》』と題して、われらの恩師*戸田城聖先生が、入獄《にゅうごく》前に経営していた大道書房から出版されたものだ。

子母澤寛《しもざわかん》の本名は梅谷《うめたに》松太郎といい、その祖父十次郎は、彰義隊《しょうぎたい》くずれの旧幕臣であった。箱館《はこだて》（当時）の五稜郭《ごりょうかく》に拠《よ》って、官軍との決戦に敗《やぶ》れた梅谷ら七人の侍《さむらい》は、明治三年（一八七〇年）春、アイヌ語で「荒海の浜」という意味の厚田村に落ちのびたのである。

幼《おさな》いころの子母澤は、その祖父から雪深い冬の夜ごとに、江戸の昔語りや、勝小吉・麟太郎《りんたろう》親子にまつわる話を聞いて育ったにちがいない。それが後年、彼の名作『父子鷹』『勝海舟《かつかいしゅう》』など、一連の幕末維新《ばくまついしん》物として結晶《けっしょう》していったものと、私は思っている。

戸田先生の実兄は、その子母澤と厚田村で遊び友達であった。そんな関係から、やがて先生は、この同郷の作家とも親交を結ぶにいたったと聞く。ちなみに大道書房というのは、昭和十五年（一九四〇年）五月、戸田先生が子母澤の小説『大道』を出版するとき、社名を作品からとったことに由来《ゆらい》するという。

その後、私は信仰の道に入り、戸田先生の近くに師事することになるが、先生はよく青年に対して、あたかも海舟の言行録を掌中《しょうちゅう》のものとし、的確なる人物評を下していたように見受けられた。


じつは『氷川《ひかわ》清話』については、もう一つの後日譚《ごじつたん》がある。

それは一九六八年のこと——いわゆる「七〇年安保」を目前にひかえて、わが国は左右激突の騒然《そうぜん》たる様相を呈し始めていた。大規模な学生運動の嵐《あらし》が、各大学のキャンパスに巻きおこり、ベトナムの戦火も収まらず、日本は安保防衛問題をめぐって、袋小路におちいっていた時期である。

私は、そのような時代状況を横目に見ながら、ふと勝海舟が構想していた外交方針を想《おも》いおこした。ちょうど、その年は「明治百年」にもあたり、その記念出版として『氷川清話』が『勝海舟自伝』と題して復刻《ふっこく》されてもいた。

あらためて読みなおしてみると、海舟は日清戦争に反対し、時の*伊藤博文内閣に対して、強く和平の議を建言している。彼は、東洋の民族が相《あい》食《は》む戦争を否定し、中国、朝鮮の民衆と善隣友好の関係を保つべきであると主張したのである。

私は、その卓《たく》抜《ばつ》なる先見の明に学び、わが学生部の第十一回総会の二万名参加の席上、未来を託すべき青年諸君の英智に向けて、中国問題に関する発想の転《てん》換《かん》を呼びかけた。おそらく中国にも、日本の明治時代に隠れたる具《ぐ》眼《がん》の士がいたことを、知る人もあったにちがいない。はたして、私の提唱に対して、海の向こうから確かな手《て》応《ごた》えがあったのも、今にして思えば不思議なめぐりあわせである。

▽――『氷川清話』からの引用（1、3〜6）は、講談社文庫版によった。また『海舟座談』からの引用（2、7）は岩波文庫版による。なお、松浦玲著『勝海舟』、江藤淳著『海舟余波』、尾崎秀樹著『文壇うちそと』などを参考にした。

天下の大事を担うもの

山田済斎編『西郷南洲遺訓』

南洲西郷隆盛*は、多くの維新《いしん》の顕官《けんかん》のなかでも、ひときわ大きい光芒《こうぼう》の、輝《かがや》く明星であったといってよい。

「慶応《けいおう》の功臣」といわれた彼は、維新史の功業を一身に体現して、絶大なる人気を博した一人でもあったろう。彼は明治元年（一八六八年）の秋、北越に連なる諸藩を平定し、薩摩《さつま》に帰藩するや、文字どおり「凱旋《がいせん》将軍」として迎えられたのであった。

だが、驕《おご》れる者、久しからずか。――西郷とその一党は、はやくも明治六年の「征《せい》韓《かん》」論争に敗《やぶ》れ、土佐の板垣退助*らとともに下野《げや》していく。そして、運命の明治十年

西郷隆盛（1827～77）画像

Edoardo Chiossone (1832～98) による肖像画より.

（一八七七年）、西郷は「明治の賊臣《ぞくしん》」に身をやつし、苔《こけ》むす城山の露《つゆ》と消えていった。

享年《きょうねん》五十——まさに、波瀾万丈《はらんばんじょう》の生涯《しょうがい》であった。

ちょうど一九七七年（昭和五十二年）は、西郷死して百年にあたる。*勝海舟《かつかいしゅう》とおなじく、彼もまた百年ののちに知己《ちき》を待つ人であったが、いまだにその評価は定まらない。それほどスケールの大きい人物であったということかもしれない。

私は敗戦直後——一切の価値観が未曾有《みぞう》の混乱を呈していたころ、たまたま山田済斎編の『西郷南洲遺訓』を読んだ。

当時は西郷に対する評価も極端に低かった。戦前の軍国主義教育では、彼は武人の鑑《かがみ》にされていたが、むしろ、それが裏目に出たのであろうか。戦後になってからは、とくに若い人びとには見向きもされなかったようだ。

ところが『南洲遺訓』を読みすすめるにつれ、私の胸中《きょうちゅう》には、諸家の西郷論とは違うイメージが、くっきりと浮かび上がっていた。そこには、世間の毀誉褒貶《きよほうへん》など意に介さない西郷の、淡々として赤裸《せきら》な人生観、処世訓、そして死生観が述べられている。

事大小と無く、正道を踏み至誠を推し、一事の詐謀《さぼう》を用ふ可からず。人多くは事の指支《さしつか》ゆる時に臨み、作略《さりゃく》を用て一旦其の指支を通せば、跡は時宜《じぎ》次第工夫の出来る様に思へ共、作略の煩ひ屹度生じ、事必ず敗るゝものぞ。正道を以て之を行へば、目前には迂遠なる様なれ共、先きに行けば成功は早きもの也(1)。

これらの遺訓は、明治三年(一八七〇年)、奥羽《おうう》の荘内藩主酒井忠篤《ただあつ》とともに鹿児島を訪《おとず》れた、菅実秀、三矢藤太郎、石川静正らが、西郷の言行録を荘内に持ち帰って編んだものである。

維新《いしん》までは徳川方であった荘内藩にとって、西郷は敵軍の将である。やがて、世は明治の代となり、荘内藩が奥羽征討の官軍に降伏したとき、きわめて寛大《かんだい》な処置をとってくれたのが、西郷であった。そのため、荘内藩は一藩をあげて西郷の崇拝《すうはい》者となっていったのである。

なるほど、かつての西郷は「詐謀」を用いたかもしれない。維新回天《かいてん》の事業を達成するまでには、京・大坂（当時）において、あるいは江戸市中において、西郷や*大久保利通が機略縦横の策を多彩に展開したことは、周知《しゅうち》のとおりである。

しかし西郷は、荘内藩士の眼には、まさに正道の人、至誠の大人《たいじん》として映じていたのである。ここに西郷という人物の、不思議な魅力《みりょく》の一端がひそんでいたにちがいない。明治十年の西南戦争には、はるばる東北の旧荘内藩からも、西郷の陣列に馳《は》せ参じた者がいたと記《しる》されている。

主君の遺志継ぐ「無私」の人

西郷は文政《ぶんせい》十年（一八二七年）十二月七日、鹿児島城下の下加治屋町において、平士西郷吉兵衛の長男として生まれた。おなじ町内からは、のちに維新《いしん》史の群像として並びたつ大久保利通をはじめ、*大山巌、*村田新八、さらに*東郷平八郎といった錚々《そうそう》たる面々を輩出《はいしゅつ》している。十七歳のとき、西郷は郡方書役助《こおりがたかきやくたすく》として初めて役に就《つ》き、以後十年間、孜々《しし》として農政に従事する下役人であった。

無名の西郷を歴史の檜《ひのき》舞台に引き上げたのは、英邁《えいまい》な開明藩主*島津斉彬《なりあきら》である。彼は江戸への参覲《さんきん》出府のとき、初めて西郷を見て、その非凡な才を発掘したのである。

> 南洲守庭吏《しゅていり》と為る。島津斉彬公其の眼光炯々《がんくわけい〱》として人を射《い》るを見て凡《ぼん》人に非ずと以為《おも》ひ、抜擢《ばつてき》して之を用ふ。公嘗《かつ》て書を作《つく》り、南洲に命じて之を水戸《みと》の烈《れつ》公に致さしめ、初めより封緘《ふうかん》を加へず。烈公の答書《たふしょ》も亦然り。(2)

これは南洲の『手抄言志録』中、第二十八の「信《しん》を人に取るは難し。人は口を信ぜずして躬《み》を信ず。躬を信ぜずして心を信ず。是を以て難し」(3)とある条に対して、秋月古香が加えた評である。

西郷は二度、遠島流罪《えんとうるざい》にあっているが、幽囚《ゆうしゅう》の身でありながらも、読書にふけった。そして、*佐藤一斎の『言志四録』一千三十余条のなかから、とくに百一条を抄出《しょうしゅつ》し、座右《ざゆう》の誡《かい》としていった。右に引用したのは、そのなかの一条である。ちなみに、私の「読書ノート」によってみると、そのころ『南洲遺訓』と相前後して、おなじく岩波文庫で『言志四録』を読んでいる。三十年まえの私は、この維新《いしん》史の英雄の精神を、知らぬうちに、その形成期にまで遡《さかのぼ》って追究していたのである。

さて、若き日の西郷は、こうして藩主斉彬《なりあきら》の守庭吏《しゅていり》（庭方役）に抜擢《ばってき》された。今でいえば、秘書官のような役である。ときには特別補佐官の任務も果たしたことであろう。事実、西郷は斉彬公の信任に応《こた》え、国事に奔走《ほんそう》していった。

安政《あんせい》五年（一八五八年）、西郷三十二歳のときである。彼は重大なる密命をおびて上京中、主君斉彬の急死を知った。悲報を受けた西郷は、ただちに鹿児島へ帰って藩公の墓前に、追腹《おいばら》を切って殉《じゅん》じようとする。――それを、熱誠こめて諫《いさ》めたのが、のちに西郷とともに錦江湾《きんこうわん》に入水《じゅすい》して果てた、僧*月照《げっしょう》であった。

その後の西郷は、もはや一命を捨てた境地に立って、主君と師の遺志を実現するために、生涯《しょうがい》にわたって「仁」を貫《つらぬ》いたという。

命もいらず、名もいらず、官位も金もいらぬ人は、仕末に困るもの也。此の仕末に困る人ならでは、艱難《かんなん》を共にして国家の大業は成し得られぬなり。(4)

これも『遺訓』の第三十条にある。いわば、西郷は「無私」の人であった。幾度か死線を通りぬけた志士たちも、彼の覚悟が尋常でなかったことを証言している。たとえば、土佐藩出身の中岡慎太郎*がいる。彼は西郷と会見するとき、場合によっては刺殺する決意を意中に秘めていた。おそらく西郷にも、その殺気は伝わっていたにちがいない。

会談が始まると、いつしか中岡の気勢も殺《そ》がれ、西郷の誠意に感動していく。気がついてみると、彼も西郷の同志となり、協力を約す仲に変わっていた。

中岡は、死の二年まえに記《しる》している。

> 当時洛西の人物を論じ候えば、薩摩藩には西郷吉之助あり、人となり肥大にして（中略）古の安倍貞任《あべのさだとう》*などは斯の如き者かと思われ候。此の人学識あり胆略あり、常に寡言《かげん》にして最も思慮深く、雄断に長じ、たまたま一言を出せば確然人の肺腑《はいふ》を貫く。且つ徳高くして人を服し、しばしば艱難をへて事に老練す。[5]

勝海舟《かつかいしゅう》もまた、西郷を恐るべき人物と見た。それは、前回紹介した『氷川《ひかわ》清話』などの座談にも明らかである。

> おれは、今までに天下で恐ろしいものを二人見た。それは、*横井小楠《しょうなん》と西郷南洲とだ。(6)

ここにいう横井小楠は、幕末《ばくまつ》のすぐれた思想家である。だが、惜《お》しいかな彼は、明治二年（一八六九年）正月、京都で暗殺《あんさつ》された。

海舟は初めて西郷と面会した際、彼こそ小楠のような思想家の理想を実践する人物と見た。そして、やがては西郷が「天下の大事を負担するもの(7)」と考えて、江戸開城の談判に臨んだのである。

> 人の一生遭《あ》ふ所には、険阻《けんそ》有り、坦夷《たんい》有り、安流有り、驚瀾有り。是れ気数《きすう》の

自然にして、竟《つひ》に免《まぬが》るる能はず。即ち易理《えきり》なり。人は宜しく居って安んじ、玩《もてあそ》んで楽《たのし》むべし。若し之を趨避《すうひ》せんとするは、達《たつ》者の見に非ず。(8)

おそらく西郷は、この一節を『言志四録』のなかに見いだしてから、その生涯《しょうがい》を閉《と》じる日まで、さまざまな感懐《かんかい》をもって反芻《はんすう》したにちがいない。その身を「気数の自然」にまかせて、淡々と生死を超越した心地にまで達していたのであろうか。

維新《いしん》を達成するまでの西郷は、たしかに機勢の高まる波に乗っていた。大久保の緻《ち》密《みつ》な戦略《せんりゃく》と、世界情勢に通暁《つうぎょう》した海舟の助言、さらに豊富な情報と雄藩の協力も得て、果断に行動することができた。

しかし、時流というものは、激《はげ》しく、また恐ろしいものである。維新政府の矢継《やつ》ぎ早な改革に、ひとり西郷のみ置き去りにされたきらいもある。むろん彼自身、創業の人ではあっても、守成《しゅせい》の政治家ではないことを、あるいは承知していたかもしれない。戊辰《ぼしん》戦争が終わると、さっさと薩摩《さつま》へ帰ってしまった。すでに「命もいらず、名もいらず、官位も金もいらぬ」という心境の西郷にしてみれば、あえて上京するまでもなかったにちがいない。南国の田園に暮らして晴耕雨読の、悠々《ゆうゆう》自適の生活を送っていれば、赫々《かっかく》たる革命家の晩節も全《まっと》うされる、と見えたのだ。

だが、西郷は明治四年（一八七一年）正月、ふたたび、三たび立ち上がった。ときに四十三歳——はや人生の半ばを越えている。時折、心臓の鼓動《こどう》に不安を覚えることはあったが、それでも、あえてみずからの運命に身をゆだねていったのである。

はたして西郷の再挙は、維新《いしん》につぐ連続革命を企図《きと》したものであろうか。あるいは壮図《そうと》むなしく、不平士族の反乱軍と化していったのだろうか。*福沢諭吉《ゆきち》の見るように、それは「抵抗の精神」によるものか。——歴史の評価は、なおしばらく左右の振幅を繰《く》りかえすかもしれない。

しかし私は、かつて西郷の人間性には魅《ひ》かれたが、はたして彼に百年の遠謀深慮《えんぼうしんりょ》があったかどうか——今では疑問に思っている。彼には、土着性に根ざす人情の豊かさはあっても、新しい未来の光源となりうる理念の輝《かがや》きは見られないからである。

なお後年、私の恩師は、西郷が未来への使命に生きゆく多くの青年を死地に追いやったことの非を、厳《きび》しく批判されたことがある。真の指導者というものは、次代の有為《ゆうい》な青年たちを決して犠牲《ぎせい》にするものではないとの心情が、恩師の指摘《してき》には溢《あふ》れているようで、私の脳裡《のうり》からは瞬時も離れないのだ。

▽――『西郷南洲遺訓』および『手抄言志録』〈山田済斎編〉の引用（1～4）は岩波文庫版によるが、漢字のみ新字体に改めた。その他の引用（5）は井上清著『西郷隆盛』（上）（中公新書）、（6、7）は『勝海舟全集21』（講談社）、（8）は山田準・五弓安二郎訳注『佐藤一斎　言志四録』（岩波文庫）によった。また、前掲『西郷隆盛』上下巻をはじめ、多くの関係文献を参考にした。

運命的な師との出会い

内村鑑三『代表的日本人』

私が、恩師戸田城聖先生に初めてお会いしたのは、忘れもしない——昭和二十二年（一九四七年）八月十四日のことであった。

それは、あの日本の未曾有《みぞう》の悲惨《ひさん》な命運を決定づけた、敗戦記念日の前日にあたる。

まだ焼け野原の散在する城南一帯は、夜になっても蒸《む》し暑い日々が連日つづいていた。

その夜、私は小学校時代の友人にさそわれるままに、二人の読書グループのメンバーと連れだって、戸田先生の話を聞きにいったのである。めざす家の玄関を入ると、二十人ばかりの人びとを相手に、度の強い眼鏡をかけた五十に近い人が、闊達《かったつ》な口調

アマスト大学在学時代の内村鑑三（1861-1930）

で皆を笑わせたり、時折、真剣な表情になって、仏法哲理を説いて聞かせていた。会合も終わり、やがて先生は、微笑しながら「幾つになったね」と尋《たず》ねられた。そのとき、私は十九歳であった。——その夜の情景や、戸田先生との初対面の印象については、すでに『*私の履歴書』にも記《しる》したので、これ以上は繰《く》りかえさない。

ただ、今にして思えば、そのころの私は、いつしか心の奥深くで生涯《しょうがい》の師とすべき人物を求めていたのかもしれない。働きながら夜学にかよい、焼け跡に向学の火を燃えたたせていたのも、いわば人生の指標を示してくれる師との出会いを待つ模索《もさく》の期間であった。

また当日の夜、私と一緒に戸田先生にお会いした二人の青年は、近くに住む二十代の若者たちでつくっていた読書サークルの仲間である。そこで私たちは、偉人の伝記を読み合ったり、日本の将来の動向や経済体制について、それこそ真剣な討議も重ねていた。

懐かしい森ケ崎海岸での対話

私の「読書ノート」は、その会合のための討議資料ともなった。今、あらためて読みかえしてみると、未熟ながらも当時の師を求める心象風景が、沁々《しみじみ》と想《おも》いおこされるのである。

*内村鑑三《うちむらかんぞう》の『代表的日本人』を岩波文庫で読んだのは、奇《く》しくも恩師と邂逅《かいこう》する直前のころであった。

私のノートには、次のような一節が写し取られている。

　あの実に重要なる死の問題、――それは凡ゆる問題中の問題である。死のあるところ、宗教はあらねばならぬ。それは我我の弱さの徴《しるし》であるかも知れぬ、併し其《それ》にも拘らず、我我の高貴なる生れなると、我我の衷に死なざるもののあることとの徴《しるし》でもある。(1)

この一節をめぐって、私は読書グループの友人と森ケ崎海岸を散策しながら、生と死の問題を突っこんで議論した記憶がある。

それは、月光の冴《さ》えわたる真夏の夜のことであった。打ち寄せる波は金波、銀波と輝《かがや》き、磯《いそ》の香をのせた微風は、議論の果ての紅潮した頬《ほお》に心地よかった。

文学を語り、哲学を論じ合った末に、私と友との語らいの落ちつく先は――「死」とは何か、人間にとって宗教は必要であるか、否《いな》か。必要とすれば、いかなる宗教が求められるべきか――そうした一点に絞られていった。

> 宗教は、人間の最も主たる関心事である。宗教なき人間は、考へることができない。この不思議なる人生にありては、我等の能力の大なるだけ我等の欲望はそれより大であり、我等の希望は此世の与ふる又は与へ得る一切のものを凌駕《りょうが》してゐる。茲に於て此等の不調和を除去するために、何事かが為されねばならぬ、――我等の行為に於てにあらずんば、少くとも我等の思想に於て[2]。

このように内村《うちむら》が述べているのを、あたかも友は諳《そら》んじているかのように、情熱的に語った。そして、まず自身の「死」の問題を解決するために、キリスト教の信仰に入る決意を、いつしか吐露《とろ》していたのである。

しかし私は、彼の意見には同調できなかった。なぜなら——友の表情には、心の焦《あせ》りと悲壮感が漂っているように見えたからである。また、ここで内村が「生命に関する宗教」の必要性を強調しているのは、キリスト教ではなく、むしろ日本の仏教、しかものちに私も信仰することになる日蓮大聖人の仏法について言及しているのを知っていた。

このことは一見、奇異に感じられるかもしれない。内村鑑三《かんぞう》といえば、たしかに明治のキリスト者である。その当人が、日本民族にあっての理想的宗教家として「日蓮上人」の名を挙《あ》げているのは、何故《なぜ》であろうか。——その疑問に答えるためには、ここで『代表的日本人』の成立事情を検討しなければならないだろう。

弱冠《じゃっかん》二十三歳の青年内村が、溢《あふ》れる大志を抱《いだ》いて横浜港を発《た》ったのは、明治十七年（一八八四年）十一月六日のことであった。懐中には、わずか二百円にも足りぬ渡米資金が収められていただけであるという。

内村の渡米の目的は、第一に「人」となること、第二に「愛国者」となることであったと、述べられている。フロンティア・スピリットの溢れる新大陸は、新生明治の青年にとっても、希望の天地であったろう。

サンフランシスコに上陸した内村は、大陸横断鉄道に七昼夜も揺られ、まずペンシルヴァニア州の州立白痴院に勤めることになった。そこで彼は、慈善事業に打ち込み、厳《きび》しい自己訓練によって立派な「人」となろうとした。

続いて内村は、ニューイングランドのアマスト大学に赴《おもむ》き、こんどは歴史学、ドイツ語、鉱物学、地質学、ヘブライ語、心理学、倫理《りんり》学等を学んでいる。そして、シーリー学長の感化を受けて、ある重大なる回心《かいしん》を遂《と》げたことは、多くの内村鑑三伝が伝えているとおりである。

三年四カ月におよぶ内村のアメリカ体験は、彼の精神に複雑な陰影を刻《きざ》んだようだ。

信仰者としての深化が進むにつれ、彼はアメリカの現実には深い失望感を味わっている。口にはキリスト教徒であるといっても、教えを実践する人は少なく、誰《だれ》もが拝金主義者となっていると見たのだ。

内村《うちむら》は「余は、基督教外国宣教師より、何が宗教なりやを学ばなかつた」[3]と言い、また「余は或時は基督信者たることを止めて純日本人たらんと欲することがある」[4]とも述べている。彼自身の表現によれば、生涯《しょうがい》「二つのJ」――Jesus（イエス）とJapan（日本）とのあいだを、激《はげ》しく揺れ動いていくことになる。

明治二十六年（一八九三年）、内村が英文で著《あらわ》した"How I Became A Christian"（『余は如何にして基督信徒となりし乎』）は、ちょうど振り子がJesusのほうに傾《かたむ》いていたころのものである。

それに対して、翌明治二十七年、同じく英文で"Japan and Japanese"（『日本及び日本人』）と題した著作は、早くもJapanへの愛国者に変貌《へんぼう》していたころのものであった。それを後年、明治四十一年（一九〇八年）になって改版を出すさい"Representative Men of Japan"と改題したのが、今日《こんにち》の『代表的日本人』の原型となったのである。

〝日蓮大聖人は偉大〟と評価

こうして無教会主義の旗を掲《かか》げる内村は、西欧のキリスト教会勢力を激しく批判し、むしろ日本の誇《ほこ》るべき宗教改革者として、日蓮大聖人に学ぶところが多くあるという。内村は「偉大なる日蓮よ」と呼びかけ、日本における宗教家のうち「前代《ぜんだい》未聞《みもん》の人」である理由を述べていく。

> 一個の注目すべき人物、全世界に於ける彼の如《ごと》き人物のうちにて最も偉大なる者の一人が、我我の前に立つのである。これ以上に独立なる人を、余は我が国人の間に考へることはできない。実際、彼は彼の独創と独立とによつて、仏教を日本の宗教たらしめたのである。[5]

ここに明らかなように、内村の価値判断の基準の一つに「独立」という概念《がいねん》がある。

彼は熱烈な愛国者でもあったが、同時に「自由と独立」のために闘《たたか》う外国人をも「同胞」あるいは「兄弟」と呼んで、決して排外的なナショナリストにはならなかった。

その意味で彼の日蓮観は、国家権力からの自由と独立の側面に意義を見いだそうとする。伊豆《いず》と佐渡への両度の流罪、そして「竜《たつ》の口《くち》の法難」についても「日本宗教史上、最も有名な出来事[6]」として、とくに詳細《しょうさい》なる描写《びょうしゃ》を加えていく。さらには、西洋における宗教改革者マルティン・ルター*と対照させ、権力の迫害《はくがい》にも屈しない実践行を、高く評価しているのだ。

むろん私は、初めて『代表的日本人』を読んだ際には、まだ信仰の道には入っていなかった。しかし、戦時中の国粋《こくすい》的な日蓮主義者たちの主張とは、およそ正反対の日蓮観を、すでに鑑三《かんぞう》の著作から得ていたのかもしれない。

ただし、それによって直《ただ》ちに日蓮大聖人の仏法に興味《きょうみ》を抱《いだ》いていったのではない。あくまで、戸田城聖という一個の稀有《けう》な仏法者に接して、初めて師とすべき人物を見いだし、やがて私も信仰者の道を歩むことになったのである。

戸田先生にお会いして十日後の八月二十四日、私は正式に入信の手続きをとった。そのときから数えて三十回目の入信記念日を迎え、まことに光陰矢の如《ごと》しの感を深くする。

この三十年間——あるときは、恩師より親しく薫陶《くんとう》を受けつつ、激闘の合い間に、少しでも時間を見いだして、東奔西走《とうほんせいそう》の車中に活字をひろい読みしたこともある。机に向かっての長時間の読書は、ほとんどなくなったが、戸田先生はよく「青年よ、心に読書と思索《しさく》の暇《いとま》をつくれ」と激励《げきれい》され、特別に読書グループもつくってくださった。

それがのちに、創価学会青年部の有志を集めた教育機関ともいうべき「水滸会《すいこかい》」、また女子部の「華陽会《かようかい》」へと発展していくのだが、次回からは、無類の読書家でもあった恩師の折々の指導も紹介しつつ、わが青春の読書歴を綴《つづ》ることにしたい。

▽——『代表的日本人』からの引用（1～6）は、鈴木俊郎訳の岩波文庫版によるが、漢字のみ新字体に改めた。また、多くの内村鑑三論を参照したが、なかでも亀井俊介著『内村鑑三』（中公新書）、小原信著『評伝内村鑑三』（中央公論社）などを参考とした。

現代を超越する精神

高山林次郎『樗牛全集』

恩師戸田城聖先生との出会いが、私の人生にとって運命的な重みをもったように、書物を通じてではあるが、明治の青年*樗牛《ちょぎゅう》とめぐりあったことも、私の精神形成に少なからぬ意味をもっている。

明治三十三年（一九〇〇年）生まれの戸田先生は、最も多感な青年時代に、大正デモクラシーの高まる息吹《いぶき》を呼吸して過ごされたわけだ。ちょうど大正四年（一九一五年）、戸田先生が十五歳のときに博文館から出た普及版の増補縮刷『樗牛全集』は、そのころのベストセラーであった。

高山樗牛　（1871−1902）

おそらく戸田先生も、青春時代に樗牛を耽読《たんどく》され、若き日の青雲の志を抱《いだ》かれたにちがいない。先生にお会いし、親しくお話をうかがうようになってからであるが、かつての戸田青年も、また樗牛の熱心な読者であったことを知って、私は驚《おどろ》き、かつ無《む》性《しょう》に嬉《うれ》しくもなった。

そうして、戸田先生の会社に勤めるようになってからも、しばしば樗牛が先生と私との共通の話題になった。

戸田先生は、よく私に向かって「書いて書いて書きまくれ！　樗牛のように」と激《げき》励《れい》してくださった。また、あるときは、樗牛が好んで用いた「文は人なり(1)」の言を引かれ、青年の文章は若々しく、情熱的であるべきだ、とも教えられた。まるで樗牛が果たせなかった夢を、私に実現させようとするかのような口調であった――。

私が『樗牛全集』を手にしたのは、いうまでもなく戦後のことである。神田の古本屋街には、当時、樗牛の著作は二束三文で売られていたように思う。難なく、意外に安く買うことができた。

つい先日、昭和二十一年（一九四六年）五月の新聞を縮刷版で読んでいたところ、「朝日新聞」の「天声人語」欄の一節が、偶然、目にとまった。

　良い本がドン〳〵古本屋に出てきた。この事は知識人の生活苦そのものを物語つてゐる。ガラ空《あき》の書斎に、やせ細つて坐してゐる学徒の姿が想像される。だが買はんと欲すれば高い本も、売らんと欲すれば、定価通りの二束三文である。(2)

当時の知識人の苦しい生活事情を、的確にとらえている。前にも述べたように、皇居前広場では「米よこせデモ」や「食糧《しょくりょう》メーデー」が繰《く》りひろげられた年だ。富家の人びとも着物を質に入れて、タケノコ生活で糊口《ここう》をしのいだ。本以外に売る物とてない知識人は、それこそ身を切られる思いで愛読書を手放した人もいたにちがいない。

そのころ、高山樗牛《ちょぎゅう》の本が比較的多くの古本屋に出回ったのには、さらに別の理由もありそうだ。それは戦時中――軍国主義はなやかなりしころ、不幸にも樗牛の著作は、偏狭《へんきょう》なる日本主義者によって、さんざんに利用されたからである。悪夢のような戦争が終わってみると、人びとは一変して樗牛を一顧《いっこ》だにしないありさまとなった。しかし私は、そのように時代が変わったからといって、捨てるには惜《お》しい宝石の輝《かがや》きを、樗牛の文章は随所《ずいしょ》に放っていると思う。それを愛惜《あいせき》して拾いあげたのである。

明治の文壇に万丈の気炎

樗牛高山林次郎は、いわゆる日清・日露《にちろ》の両戦役《せんえき》間の時代に、その浪漫的な情熱の文章によって、一世を風靡《ふうび》した。

文芸評論家の*中村光夫《なかむらみつお》氏によれば「樗牛は我国の近代の批評家のなかでは空前絶後の人気を持った人」[3]ということになる。また、樗牛と同時代の友人*笹川臨風《ささがわりんぷう》は、後年、樗牛全集は「青年学徒が必ず通過する人生鉄路の停車場」[4]とまで表現している。

たしかに樗牛は、とくに青年のあいだに絶大な人気をもっていた。彼の文章には、若者の心をとらえて放さない独特の魅力《みりょく》がある。少なくとも明治・大正の青年、そして昭和前半の学徒にとっては、樗牛の文体がもつ絶妙のリズムを忘れることができないだろう。

試《こころ》みに、名作『滝口入道』の冒頭《ぼうとう》の一節を引用しておく。

やがて来む寿永《じゅえい》の秋の哀れ、治承《じしょう》の春の楽みに知る由もなく、六歳《むとせ》の後に昔の夢を辿《たど》りて、直衣《なほし》の袖を絞りし人々には、今宵《こよひ》の歓会も中々に忘られぬ思寝《おもひね》の涙なるべし。

驕《おご》る平家を盛りの桜に比べてか、散りての後の哀れは思はず、入道相国《にゅうどうしょうこく》が花見の宴とて、六十余州の春を一夕《せき》の台《うてな》に集めし都《みやこ》西八条の邸宅。君ならでは人にして人に非《あら》ずと唱《うた》はれし一門の公達《きんだち》、宗徒《むねと》の人々は言ふも更なり、(5)

これが樗牛《ちょぎゅう》二十二歳のとき、東京帝国大学の哲学科一年に在籍中の文章である。わが国の近代文学史上、初めて歴史小説としての芸術性を獲得《かくとく》した作品として、いわば記念碑《きねんひ》的な出世作となった。

しかし樗牛は、最初から職業作家となるつもりはなかったようだ。明治二十六年

（一八九三年）暮、「読売新聞」が募集した懸賞小説の入選作であるが、彼はこの『滝口入道』を無署名《しょめい》のまま新聞に発表した後、その生涯《しょうがい》を閉《と》じる日まで、他には一篇の小説も書いていない。

むしろ樗牛は、天性の詩人であったのかもしれない。多芸多才の、ありあまる才能を惜《お》しげもなく発揮《はっき》して、あるときは気鋭《きえい》の文芸評論家として、またあるときは歴史文学者として、倫理《りんり》・美学の研究者として、さらには宗教哲学者として、彼は明治の文壇に万丈《ばんじょう》の気炎を吐《は》いた。

その間に樗牛は、好んで*バイロンを説き、*ハイネを語った。*ワーズワース、*ゲーテ、*ホイットマンを紹介し、*シェイクスピア、*カーライル、そして*ゾラにも言及した。ついに渡欧の夢は果たせなかったが、はるかに海を隔《へだ》ててなお泰西《たいせい》詩人の精神に共鳴する詩魂を、彼は内に秘めていたのである。

処女作の『滝口入道』によって注目されて以来、樗牛の文筆生活は、十年にも満たない短さであった。

だが、その間に彼は、なんと多くの著作をなしたことであろう。しかも、わずかな期間に、目まぐるしいほどの思想遍歴《へんれき》を遂《と》げている。仮《かり》に四期に分ける説を採用すると――まず哲学的・詩人的傾向の時代から、第二期の日本主義鼓吹《こすい》の時代へ、そして一転してニーチェイズム宣揚の時代から、第四期は晩年に日蓮研究の生活に入る。
こうして見ると、なるほど彼は矛盾《むじゅん》の人、無定見の評論家の典型のようにも思える。とくにニーチェ主義から日蓮主義への転向宣言には、いかにも世人をして驚倒《きょうとう》せしめるものがあったようだ。

今の世の凡俗に飽きたるものは、願はくば是の篇を読め。日本は如何に堕落するとも、吾人は其の同胞に日蓮上人を有することを忘るゝ勿れ。彼れの追懐は力也、信念也。諸君、若し学究先生の所説を聞くの余暇あらば、吾人と共に是の一大偉人を研究せざるべからず(6)。

これは明治三十五年（一九〇二年）四月、樗牛《ちょぎゅう》が雑誌「太陽」に発表した「日蓮上人とは如何なる人ぞ」と題する一文の書き出しである。

彼はこの年の十二月に、彗星《すいせい》のように世を去っていくが——もはや病床にあって喀《かっ》血《けつ》を繰《く》りかえしながらの執筆《しっぴつ》である。

今、あらためて読みかえしてみると、生死の境を往還していた彼は、まるで読者に遺言でも語るかのように、懸命《けんめい》に大聖人の生涯《しょうがい》を鑽仰《さんぎょう》してやまない。そこには、軽薄な言辞は少しも見られなかった。必死の姿勢が全篇を貫《つらぬ》いているといってよい。

思うに樗牛は、生涯求道の人であった。鋭敏《えいびん》なる感覚の持ち主であった彼は、永《なが》く一カ所に安住していられなかったのであろう。次々と新思潮を展開していった。

樗牛の全集には「吾人は須《すべか》らく現代を超越せざるべからず[7]」という言葉が、表紙に金文字で箔《はく》押しされている。つねに時代に先んずる進取の精神を表現したものといえよう。

世に出てからの十年間は、ひたすら前進につぐ前進の、挑戦《ちょうせん》の人生を歩んでいる。*坪内逍遙《つぼうちしょうよう》や*森鷗外《おうがい》、そして*内村鑑三《うちむらかんぞう》といった大家《たいか》に対しても、果敢《かかん》な論戦を挑《いど》んでいる。ときには若さゆえの無謀《むぼう》な主張も散見されるが、それは青年の客気《かっき》がなさしめたものかもしれない。

最後の一年間は、居を大聖人ゆかりの地である鎌倉に移し、そこで大聖人の「書」を精読したりする明け暮れであったようだ。あるときは、大聖人の種々御振る舞いに感泣《かんきゅう》しつつ、生命と生命との対話のなかに、宇宙生命の実在の妙法に肉薄していった。

その果てに彼は、日蓮門下《もんか》の六老僧のなかでも、日興上人《にっこうしょうにん》の法統こそ正流であることを、知るにいたった。死の寸前に発表した「予の好める人物」という連載物の最後には、日興上人と日持の事績を挙《あ》げている。

ただ惜《お》しむらくは、この天才的詩人の生命は、もはや燃えつきようとしていた。彼は三十一歳の短くも充実した人生の松明《たいまつ》を、高々と掲《かか》げて逝《い》ったのである。

私もまた樗牛《ちょぎゅう》と同じく、二十代に胸を病《や》んで、とても三十まではもつまいと言われた身体である。そのことで、いつも戸田先生には、ご心配をかけどおしであった。

「おまえも長生きできない身体だな。できることなら、私の生命を削って、お前にあげたい――」

そう先生に言われたとき、思わず胸の焼きつくような想《おも》いが、こみ上げてきたものである。

また、先生が亡《な》くなられる半年まえのことであった。——二十歳《はたち》のときから先生の側《そば》近くに働いて十年間、どうにか私の身体も持ちこたえそうな気配もあった。

だが、そのとき先生は大患を病《や》み、戦時中の二年間の獄中《ごくちゅう》生活と戦後の激闘のために、いたく憔悴《しょうすい》せられていた。時折、遺言めいた言葉を、ふと洩らされた後に、厳《きび》しい表情でおっしゃられたのを今でも忘れない。

「君は妙法の高山樗牛になれ！　彼は三十一歳で死んだが、君は生きぬけ。絶対に、わたしの後継《こうけい》として生きぬけ！」

　そのときから私は、生きぬく決意をさらに強靱《きょうじん》なものとした。そして、恩師の遺訓をすべて実現するための闘《たたか》いを、人知れず胸に秘めて開始したのである。

▽——『滝口入道』からの引用（5）は新潮文庫版により、その他の樗牛の文章（1、6、7）は『樗牛全集』（博文館）によった。また（2）は「朝日新聞」昭和二十一年五月二十九日付、（3）は中村光夫著『明治文学史』（筑摩書房）、（4）は笹川臨風著『明治還魂紙』、『明治文学全集』第九十九巻所収（筑摩書房）から引用した。

教育に賭ける情熱

ペスタロッチ『隠者の夕暮・シュタンツだより』

シュタンツの孤児院にて　K・グローブ画による

つねに貧民とともに生き、孤児とともに泣き、そして生涯《しょうがい》、弱者の味方となって人類に奉仕した教育者――*ペスタロッチの碑《ひ》は、アルプスの山々に抱《いだ》かれた平和な国スイスに立つ。その塑像《そぞう》の台下に刻《きざ》まれた銘文には、このように記《しる》されている。

ハインリヒ・ペスタロッチーここに眠る。
一七四六年一月十二日チューリヒに生まれ、
一八二七年二月十七日ブルックに歿す。

ノイホーフにおいては貧しき者の救助者。
『リーンハルトとゲルトルート』の中では人民に説き教えし人。
シュタンツにおいては孤児の父。
ブルクドルフとミュンヒェンブーフゼーとにおいては国民学校の創設者。
イヴェルドンにおいては人類の教育者。
人間！　キリスト者！　市民！
すべてを他人のためにし、
己《おの》れには何ものも。
恵みあれ彼が名に！(1)

今は懐《なつ》かしい少年雑誌――『少年日本』の昭和二十四年十月号をあけてみると、そこに「大教育家ペスタロッチ」と題した一文がある。最初に右の碑銘《ひめい》を掲《かか》げ、未来からの使者である少年読者に対して、この偉人の苦闘の生涯を簡潔《かんけつ》に、わずか十枚にも満たない枚数で紹介した筆者は、山本伸一郎とある。

この筆者名《ペンネーム》が、二十一歳のときの私のものであることを説明するまえに、若干の経《けい》緯《い》を記《しる》しておかなければなるまい。

当時、私は戸田先生の経営する日本正学館という小さな出版社に勤めていた。入社して半年も経《た》たないうちに、まだ『冒険少年』と称していた雑誌の編集を、まかされることになってしまった。

前にも書いたように、雑誌の編集者となるのは、私の少年時代からの夢であった。その夢を図らずも実現してくれた戸田先生のもとで、私は思う存分《ぞんぶん》に働き、日本一の少年雑誌をつくろうと決意したのである。

しかし戦後の出版界は、このころから大手資本による雑誌が続々と復刊し、新興の雑誌群はたちまち押され気味となった。敗戦直後の一時期を画《かく》した新生の雑誌も、次々と廃刊を余儀《よぎ》なくされ、消えている。

戸田先生の出版社も、そうした時代の波をもろにかぶって、悪戦苦闘の真っ最中であった。私が担当した『冒険少年』も、誌名さえほとんど知られていなかった。「冒険…」という名前がどうしても限定的になってしまうことも考慮し、親しみやすく、明るい名前をという観点から検討された結果、十月号からは『少年日本』と改題されたのである。

表紙には「面白く為《ため》になる」「大躍進号」などと刷り込まれ、起死回生の意気込みが窺《うかが》われる。だが、予定していた作家の原稿が締め切りに間に合わないときには、編集者の私自身が筆をとることも多くなっていた。

たまたまペスタロッチの伝記を書くときに使ったのが、山本伸一郎の筆名である。それを見て戸田先生が、微笑しながら認《みと》めてくださった言葉を、つい昨日のことのように思い出す。

「山に一本の大樹が、一直線に、天に向かって伸びてゆく――。なかなか、いいじゃないか」

実践裏づけに理念へと昇華

ペスタロッチの『隠者の夕暮・シュタンツだより』を最初に岩波文庫版で読んだの

は、たしか自宅近くの読書サークルに参加していたときのことである。新生日本の民主教育のあり方について、友人と夜を徹《てっ》して議論した記憶もある。

そのときの「読書ノート」や、友人たちとの議論をもとにして、私はペスタロッチの生涯《しょうがい》をスケッチしたのである。なにしろ校了間際《まぎわ》の短時間のうちに、一気に書き上げてしまったものだ。今では到底、公《おおやけ》にはできない出来ばえであるが、これが活字となった初期の短文として、私には思い出深いものとなっている。

さて『隠者の夕暮』は、作家としてのペスタロッチの処女作である。彼はノイホーフにおける貧民教育の実践を裏づけにして、崇高《すうこう》な教育理念へと昇華《しょうか》させていった。

> 人間よ、汝自身、汝の本質と汝の諸力との内的感情こそ陶冶《とうや》する自然の第一の主題である。
>
> 併し汝は地上において自分一人のために生きてゐるのではない。だから自然は汝を外部との関係のために、また外部との関係に依つて陶冶する。

人間よ！　此等の関係は汝に近ければ近いだけ汝の使命を達するやう汝の本質を陶冶するのに大切である。(2)

ペスタロッチによれば「人間の本質をなすもの、彼になくてはならないもの、彼を高めるもの」(3)を明らかにしていくことが、教育の第一の主題である。貧富の差を問わず、貴賤《きせん》上下の別なく、すべての人びとに平等な「人間性の内部に秘められている純粋の智慧《ちえ》」(4)を見いだし、向上させ、それをもって普遍《ふへん》的教育の理念として確立《かくりつ》することが、彼の人間教育の理想であった。そのために彼は、みずから貧民となって、弱者の苦しみを自分の苦しみとしていったのである。

続いて三十五歳のときに著《あらわ》した『リーンハルトとゲルトルート』は、碑銘《ひめい》にもあったように、彼がいだく教育理念を平易《へいい》に物語化して説いたものである。これを書くとき、彼は無一文であった。道端に捨てられた紙きれを拾っては、その裏に人間教育の情熱の文字を、石に刻《きざ》む思いで書きつけていったこともあるという。

はたして、この書の読者の感動の波は、たちまちにして全ヨーロッパに波及し、洛《らく》陽《よう》の紙価を一時に高めることになった。王侯貴族、富豪の賛辞も相次ぎ、わざわざ使者が向けられてきた。

ドイツの哲学者フィヒテ*は、この書を一読して感激さめやらず、夜も眠られなかったという。彼の獅子吼《ししく》『ドイツ国民に告ぐ』のなかには「余はペスタロッチー自身の書を読みかつ熟慮して、そこから教育上の全概念《がいねん》を構成した」[5]と語られている。

また、ゲーテ*と並び称される文学者ヘルダー*も、「余はペスタロッチーにおいてドイツ的な哲学的天才の誕生をみる」と称賛《しょうさん》した。彼は、『リーンハルトとゲルトルート』を評して「その内面力においておそらく第一の書」[6]とまで述べている。

私は彼等と共に泣き、彼等と共に笑つた。彼等は世界も忘れ、シュタンツも忘れて、私と共にをり、私は彼等と共にをつた。彼等の食べ物は私の食べ物であり、彼等の飲み物は私の飲み物であつた。私は何ものも有《も》たなかつた。私は私の周囲に家庭も有たず、友もなく、召使もなく、ただ彼等だけを有つてゐた。彼等が達者な時も私は彼等の中にゐたが、彼等が病気の時も私は彼等の傍にゐた。私は彼

等の真中にはいつて寝た。夜は私が一番後で床に就《つ》き、朝は一番早く起きた。(7)

ここに「彼等」というのは、シュタンツの孤児院に学ぶ児童たちのことである。ときに五十二歳のペスタロッチは、一切の名声を抛《なげう》って貧しい孤児の父親となった。だが、その孤児院は、開院後わずか半年にして世間の非難の集中砲火を浴び、閉鎖のやむなきにいたっている。その半歳の経験のなかに昇華《しょうか》した教育方針を、彼は一友人に宛《あ》てた手紙として執筆《しっぴつ》した。それが『シュタンツだより』となったのである。

その後、ペスタロッチは八十一歳の生涯《しょうがい》を閉《と》じる日まで、各地を転々としながら、著作と学園経営に没頭《ぼっとう》している。彼は教育の理想のみを追究したのではない。みずから泥にまみれ、ときには農夫となって田園を耕し、生活の糧《かて》を得た。

著作によって得た印税は、すべて学園の経営に注ぎこんだ。理想と現実の葛藤《かっとう》の茨《いばら》を切りひらいて進んだが、幾度となく失敗を繰《く》りかえしている。そのつど非難中傷の矢は雨のように浴びせられたが、己《おのれ》の信ずる道を決して曲げることはなかった。

しかし存命中は、祖国スイスでは冷遇されたようだ。むしろ、この国を訪《おとず》れる幾千の人士がペスタロッチの学園に殺到するのを見て、人びとは不思議に思いさえした。

彼の教育理念は、まず隣国のプロシア、すなわち今日《こんにち》のドイツにおいて重く用いられる。近世以来、ドイツは教育立国をもって国是《こくぜ》としてきたからである。

やがてオランダ、デンマーク、スウェーデン、フランス、そしてイギリスの多くの都市からも、はるばるペスタロッチの学園に学ぶ教育志望者がやってくる。彼らは何カ月も学園に滞在し、新教育を研究して帰っていった。

こうして祖国スイスの厳《きび》しい風雪に耐《た》えた一粒の種子は、まずプロシアの大地に移植され、そこから全ヨーロッパの各地に広がっていった。ペスタロッチの学園に学んだ弟子《でし》の一人は、その種子をアメリカの新大陸の地にも運び、近代教育の発芽としていったのである。


教育こそ一国の死命を制するほどの大事業である。戦前の日本は、皇国史観による軍国主義教育によって、大きく道を踏みはずしてしまった。それによる犠牲《ぎせい》――失われた多くの若い生命は、決して取り返すことはできまい。

第二次大戦によって、ドイツもまた日本と同様に、敗戦国の憂《う》き目をみた。だが、教育制度に関しては、占領軍によって押しつけられた政策を、きっぱりと拒絶《きょぜつ》したといわれている。

「ドイツは、自分の国の教育は、自分たちでやるといって突っぱねた。えらい、このくらいの襟度《きんど》があってしかるべきだ」

かつて教育者でもあった戸田先生は、当時の青年たちと懇談《こんだん》の折、よくこのような話をされたものである。

未来社会を担《にな》うものは、いうまでもなく青年であり、その後に陸続《りくぞく》と続くであろう少年少女であることはまちがいない。生涯《しょうがい》、苦難のなかを、誰《だれ》よりも青年を愛し、人間教育の得がたい財宝を残してくださった戸田先生のなかに、ペスタロッチのイメージがつねにダブって私の脳裡《のうり》に泛《うか》ぶのである。

▽――『隠者の夕暮・シュタンツだより』からの引用（2、7）は、長田新訳の岩波文庫版によった。冒頭の碑銘文も長田訳である。ペスタロッチの伝記についての引用（1、3〜6）は、平凡社

版『ペスタロッチー全集』第一巻に所収の長田新著「ペスタロッチーの生涯と思想」による。その他ドゥ・ガン著『ペスタロッチ伝』新堀通也訳（学芸図書）等を参照した。

人間共和の旗を掲げて

ホール・ケイン『永遠の都』

昭和二十六年（一九五一年）新春のことであった。ある日、戸田先生は「この本を君にあげよう」と言われ、私に一冊の本を差しだされたのである。

「もし、よかったら、君と仲の良い同志十数名に、順番に読ませてあげてはどうだろう。みんなが読みおわったところで、その感想発表会をもつのも、いいだろう」

そう言われながら、先生が私に渡された本は、赤い布装のホール・ケイン*作『永遠の都』であった。

私は丁重にお礼を述べ、幾人かの若い同志の顔を思い浮かべながら「さっそく、表

紙の裏に名前を書いて、一人二日ないし三日で読むように伝達します」と、お答えした。

そのころ、戸田先生の事業面は、依然として苦しい状態にあった。しかし、先生の眼差《まなざ》しは来るべき広布の地平を遥《はる》かに眺望《ちょうぼう》して、人材育成の一点に絞られつつあった。すでに先生の年齢も、人生五十の坂を越えていた。戦前から信仰の火を持続してきた周囲の幹部も、それぞれ戦後のインフレ経済の波に呑《の》まれて、各自の生活闘争《とうそう》に精いっぱいの苦闘を続けていたのである。

新しい宗教革命の担《にな》い手として、青年の成長が急務となってきていた。あたかも時の到来を感知されたかのように、このころから戸田先生の青年に対する訓練が猛然と始められたのである。

十四名を対象に、戸田先生は日蓮大聖人の御書を拝しつつ、人生万般の書をテキストに用い、ときに烈《はげ》しく、深く強靱《きょうじん》な楔《くさび》を打ち込んでいかれた。なかでも『永遠の都』こそは、若き革命家として生きるべき同志の絆《きずな》を、より強固に結ぶための恰好《かっこう》の教材となったのである。

物語の時代背景は、西暦一九〇〇年のローマを舞台としている。南国の熱い太陽の下、きらめく古代遺跡の点在する「永遠の都」ローマに、新しい世紀の到来が告《つ》げられようとしていた。

当時のイタリア王国は、ヨーロッパ列強諸国の圧倒的な影響《えいきょう》下にあった。一国の独立は絶えず脅《おびや》かされ、国内では専制権力と教会権力との二重の圧政によって、人びとの生活も極度に疲弊《ひへい》していた。

小説では、独裁者ボネリ宰相《さいしょう》に執拗《しつよう》に狙《ねら》われる革命家、デイヴィド・ロッシが主人公である。おなじ数奇《すうき》な運命の星の下に生まれた「永遠の女性」ドンナ・ローマがヒロインに配され、二人のロマンスを織りこんで壮大な革命劇が描《えが》かれていく。

若き革命児ロッシは、新しい社会の理想に「人間共和」の旗を高々と掲《かか》げ、時の権力の暴政に敢然《かんぜん》と挑戦《ちょうせん》する。彼の前途には、幾多の困難と迫害《はくがい》、そして苛酷《かこく》な弾圧《だんあつ》が待ちかまえていた。

議会におけるロッシの政府弾劾《だんがい》演説は、飢餓《きが》と重税に苦しむ民衆の声を代弁するものであった。だが議会は、こぞって彼の案を否決《ひけつ》する。民衆は、やむなくローマのコロセウムで国民大会を開き、政府に反抗していった。暴動を煽動《せんどう》したとする罪に問われたロッシは、広場から逃《のが》れ、亡命の人となる。

彼には無二の同志があった。その名はブルーノ・ロッコである。ロッシほど華々《はなばな》しい存在ではないが、その信念と正義感、友情においては誰《だれ》よりも信頼すべき人物であった。

そのブルーノが捕《とら》えられた。拷問《ごうもん》につぐ拷問によっても、彼の信念は、いささかも揺るがない。

ボネリ男爵《だんしゃく》は、さらに陰険きわまりない策略《さくりゃく》を案ずる。ニセの手紙をつくって、ロッシがブルーノの妻と通じていると思わせ、裏切りを強要するのである。

しかし、ブルーノのロッシに対する信頼の一念は、鋼鉄よりも固い。彼こそ真実の革命に生きる闘士であった。その最期にいたるまで同志を信じ、必ずや革命の成就《じょうじゅ》を確信して、彼は「ロッシ万歳！」と叫《さけ》んで、息絶えたのである。

ブルーノの壮絶な死は、ロッシにとって衝撃であった。かけがえのない同志を失うことほど、革命家にとって無念のことはない。だが、その肉体は滅んでも、ブルーノの魂《たましい》はロッシの心に、そして民衆のなかに、気高《けだか》くも生き続けていよう。彼は悲しみを油として、革命運動のさらなるエネルギーに点火していった。

ついにボネリ政権の倒れる日がきた。ロッシは国王から首班の指名をうけ、地下のブルーノも夢見た人間共和、永遠の都への扉を開く——以上が小説の粗筋《ストーリー》である。

ロッシの如く、ブルーノの如く

ロッシとブルーノの生き方に学ぶところは、じつに大きく、重いものがあった。仮《かり》にも二人とおなじ運命に遭遇《そうぐう》したとき、はたして何人の青年が苛酷《かこく》な弾圧《だんあつ》に耐《た》えられようか。

二人が身を挺した革命と、われわれがめざす宗教革命とは、むろん質的にも大いに異《こと》なりはするけれども、ひとたび民衆のために起ち上がった、彼らの天晴《あっぱ》れな姿に、心からの拍手を送らずにはいられなかった。

一緒に廻《まわ》し読みした十四名の同志も、みな「ロッシの如《ごと》く、ブルーノの如く」と、互いに頷《うなず》きあって決意を固めた。まことに不思議なことであるが、一書の読破が心と心を結びあい、血のつながりよりも濃い同志の命脈をかよわすことになったのである。

全員が読了すると、私たちは戸田先生を囲んで感想発表の会をもった。当時の「日記」によると、それは昭和二十六年二月八日、木曜、快晴の日である。


青年部の、集合――小岩、I宅。七時、宗教革命の若人《わこうど》十四名、勇躍、師の下《もと》に集まる。

厳粛たり。躍動たり。今夜の歴史的会合、実に三時間以上に及ぶ。皆、真剣なり。

……『永遠の都』の感想発表を、一名ずつ行う。

吾人《ごじん》は、革命には、大別して三種類あり。即《すなわ》ち、政治革命、経済革命、宗教革命なりと。

いま此の書は、明治維新《いしん》の革命と同じく、政治革命なりと思うと。共産革命は、経済革命なりと。吾人等の断行せんとする革命は、それらより本源的な、宗教革命なりと。即ち、真実の平和革命であり、無血革命なりと。大意の感想をのべたり。

日記の内容は簡潔《かんけつ》である。また、これは私が二十三歳のとき、備忘録として書いた文章である。意は尽《つ》くせないが、この夜の会合が記念すべきものとなったことは、諒《りょう》解《かい》いただけるものと思う。

このとき戸田先生は、御書の「三大秘法稟承事《ほんじょうじ》」を拝して講義された。わずか十数名の青年を対象にしての講義であったが、末法当今の宗教革命に身を挺する決意の固く、深いのを読み取られたのであろう。われわれの肺腑《はいふ》をつく言葉をもって、広宣流布への道程を語って尽きなかった。おそらく戸田先生は、その夜、三カ月後の第二代会長就任《しゅうにん》のことを、胸中《きょうちゅう》深く決意されていたにちがいない。

私が戸田先生から頂戴《ちょうだい》した『永遠の都』は、改造社版の*戸川秋骨《とがわしゅうこつ》訳になるものである。奥付《おくづけ》を見ると、昭和五年（一九三〇年）七月二十日発行となっている。出版されてから、かれこれ半世紀近い歳月が流れた。

訳者の戸川秋骨《とがわしゅうこつ》は、明治三年（一八七〇年）十二月、熊本生まれの英文学者である。彼は明治二十六年（一八九三年）一月、雑誌「文学界」の創刊にあたっては同人となり、*島崎藤村や*馬場孤蝶と交わりをもった文学青年であるという。東大英文科を卒業すると、その後は高校教授を経《へ》て、慶応義塾《けいおうぎじゅく》の教授をつとめた。

イギリスの大衆作家ホール・ケインが、イタリア生活をもとにして『永遠の都』を書きあげたのは、一九〇一年である。その出版後まもなく、戸川は原本を取り寄せて一読し、非常に面白い小説であると思って友人と翻訳《ほんやく》に取りかかった、と記《しる》している。ところが、当時の出版事情からすれば、とても全訳は叶《かな》わなかったのであろう。原作の半分以下、いや三分の一程度の抄訳《しょうやく》となっている。

欧米の読書界においては、ケインは絶大な人気をもつベストセラー作家であった。しかし、わが国には馴染《なじ》みが薄いのは、そのキリスト教的社会主義の政治的識見によるものであろうか。秋骨が抄訳を余儀《よぎ》なくされたのも、どうやら思想取り締まりを警戒したのが、一つの理由であったようだ。

> 三十年の歳月はあらゆるものを改新した。当時かなり珍らしくまた革新的だと思つた、この書中に説いてある事も、今日《こんにち》では頗《すこぶ》る平凡《へいぼん》な事、殆《ほと》んど尋常な事になつてしまつた。否《いな》、今日ではこの書中に暗にほのめかされて居《い》る事物も、多くは事実となつて居て、それよりも遙《はる》かに痛烈《つうれつ》な事が往々主張されて居る。併《しか》しこの書は小説である。決して主張をのべたものではない。而《しか》も今日の階級的意識を強調する小説とは全然異つたものである。どこまでも面白味《おもしろみ》を主とした小説である[1]。

訳者は昭和五年の序文に、こう書いている。決して危険な革命思想ではない、面白さを主とした大衆小説であると、わざわざ断《ことわ》っているのである。

当時、満三十歳になったばかりの戸田青年は、この小説を初めて読んだとき、どのような思いを抱《いだ》いたのであろうか。――宗教革命に一身を捧《ささ》げる以上、あるいは将来、牢《ろう》につながれる運命に遭《あ》うかもしれない。嵐《あらし》のような弾圧《だんあつ》も、覚悟のうえで進む以外にない。――そのような決意を固められた際には、おそらく恩師の脳裡《のうり》にロッシャブルーノの姿がよぎったこともあろう。

はたして戸田先生は、師と仰《あお》ぐ牧口初代会長とともに、軍国主義政府によって囚《とら》われの身となった。その獄中《ごくちゅう》における生活は、今なお語りつがれるほどの苛酷《かこく》さである。拘置所の門をくぐった者には、転向か、拷問《ごうもん》か、さもなくば栄養失調による獄死《ごくし》が待っていた。

日ごろ仏法の何たるかを語りあってきた同志が、退転して一人去り、二人去る姿を見て、戸田先生の心中は、言いしれぬ寂《さび》しさに沈んだことであろう。二年近い獄中生活ののち、牢《ろう》から出てきたときには、創価教育学会は壊滅《かいめつ》状態にあった。

戦後、ただ一人荒野に立ち、民衆救済の無血革命を誓《ちか》った恩師の雄姿を思うとき、今でも私は、ロッシに思いを馳《は》せ、ブルーノの同志愛に心を運ぶのである。

▽――引用（1）は戸川秋骨訳による。『永遠の都』の邦訳は潮文庫から全訳が出ている。訳者の新庄哲夫氏による解説を参考にした。

思想・人物・時代を読む

尾崎士郎『風霜』

読書に関する戸田先生の指導には、まことに含蓄《がんちく》深いものがあった。とくに青年に対しては、その豊富な人生経験や読書体験のすべてを、惜《お》しげもなく語って尽《つ》きなかった。

懐《なつ》かしい水滸会《すいこかい》や華陽会《かようかい》では、私たちは幸せにも、恩師の読書論を存分《ぞんぶん》にうかがうことができた。といっても、それはたんなる読書会ではない。いずれも当時の青年男女を薫陶《くんとう》するために設けられた会合である。ときには火を吐《は》くような叱声《しっせい》が飛ぶこともあった。むろん青年たちは、いやでも真剣に予習して臨んだものである。

教材の講読に入るにあたって、最初に戸田先生は、次のような読書の基本を示されている。

「本の読み方にも、いろいろな読み方がある。まず筋書きだけを追って、ただ面白く読もうというのは、もっとも浅い読み方だ。

次に、その本の成立事情や歴史的背景を調べ、当時の社会情勢や登場人物の性格なども見きわめながら、よく思索《しさく》して読む読み方がある。

そして第三に、作者の人物や境涯《きょうがい》、その人の人生観、世界観、宇宙観、さらには思想まで深く読みとる読み方がある。そこまで読まなければ、ほんとうの読み方ではない」

こうした指導を受けた後、水滸会《すいこかい》では『水滸伝《すいこでん》』『三国志』などの中国の古典に題材を得たもの、また『モンテ・クリスト伯』『ロビンソン・クルーソー』『九十三年』といった西洋文学の翻訳《ほんやく》物、あるいは『風と波と』『風霜《ふうそう》』等の日本の小説が、順次テキストとして使われたのである。

しかし、これら教材について、とくに小説を読むにあたっては、決して興味《きょうみ》本位に流されることのないように、厳《きび》しく戒《いまし》められた。作品中の虚構《フィクション》と史実を見分ける眼をもつべきだ、というのである。

「史実と小説とは違う。小説は、作者が史実を自分の境涯に照らして書いているのだ。すなわち、作中の人物を通じて、作者自身の考えを代弁させているのである。だから、作者の境涯がわからないと、小説に読まれてしまう。小説が、そのまま事実だったように思いこんではいけない」

戸田先生はまた、小説の読み方について、次のような話もされている。

「小説というものは、面白くできているが、その底には作者の言わんとする思想が、ちゃんと表現されているものです。その思想が、高いか低いかが問題だが、ともかくも思想のない小説などというものは、小説の名に価しないと思ってよろしい」

いったい作者は、何を言わんとしているのか——作品の全篇を貫《つらぬ》く思想の流れをすくいあげることが、水滸会員の読書法の第一の課題とされたのである。

たとえば、*尾崎士郎の『風霜』がテキストに選ばれたときのことである。

この作家と同世代でもある戸田先生は、深く庶民《しょみん》感情にも通じた彼の作品を、早くから愛惜《あいせき》してやまないものがあったようだ。自身の若き日の読書歴を回想し、いささか独自な作家論も語られたあとに、尾崎の作風にふれて言った。

「尾崎士郎という作家は、日本の文学者のなかでは、ひとつの思想を、ちゃんと持っているという点で、尊敬できる。なかでも『人生劇場』には、私は感銘《かんめい》を受けました。総じて日本文学には思想がなく、視野も狭い。それに比べると、翻訳《ほんやく》物ではあっても、およそ世界文学には思想があり、背景も雄大《ゆうだい》で、私は好きだ」

なるほど『風霜《ふうそう》』を読み始めてみると、そこには作者の思想があり、維新《いしん》の群像たちに託《たく》した心情の昂揚《こうよう》が見られる。

物語は、安政《あんせい》五年（一八五八年）九月の、いわゆる「安政の大獄」に始まる。舞台は風雲はらむ幕末《ばくまつ》の乱世である。江戸伝馬町の牢内において刑死した吉田寅次郎——*松陰《しょういん》。彼を師と仰《あお》ぐ松下村塾《しょうかそんじゅく》生たちが、暁闇《ぎょうあん》をついて、日本の黎明《れいめい》を切りひらくまでの活躍が描《えが》かれる。

作者の意図《いと》は、むろん維新の元勲たちの功罪を明らかにするところにはない。むしろ、ついに維新回天《かいてん》の暁《あかつき》を見ることなく、若くして逝《い》った革命児の見事な生き方を、活写するところにこそあるといえよう。

恩師の鋭い人物寸評

戸田先生の読書法では、第二に登場人物の性格等をよく見きわめることが、肝要であるとされた。その点、『風霜』の主人公である*高杉晋作《しんさく》、*久坂玄瑞《くさかげんずい》の二人は好対照をなす。その性格の違いも、よく描かれていると思う。

いうまでもなく、二人は松下村塾の双璧《そうへき》であり、逸材《いつざい》である。高杉の動に対して、久坂は静。晋作が豪放磊落《ごうほうらいらく》であるのに対して、玄瑞は実直で真面目な性格であった。吉田松陰が家で寝ているとき、彼の代講をしていたのは玄瑞である。もし間違ったりしたときには、松陰が隣室から指摘《してき》したこともあるという。

それに対して高杉晋作は、時には同志から不審《ふしん》に思われるような行動に出ることもあった。平然と「三千世界の烏《からす》をころし主《ぬし》と朝寝がしてみたい……」などと、宴席で謡《うた》うこともある。だが、それでいて稀《まれ》にみる読書人でもあった。幕末《ばくまつ》の志士のなかでは、最も多く本を読み、同時に剣の達人でもあった彼は、よく徳川方の*勝海舟《かつかいしゅう》と比較されたこともあるという。

　わが水滸会《すいこかい》では、こうした戸田先生の人物寸評を聞きながら、各自が思いおもいの意見を述べた。なかで、ある会員が「高杉晋作《しんさく》が、もう半年生きていたならば、時代は変わっていたでしょうね」と質問したのに対し、先生が答えられた内容は、今でも印象深いものである。

「たしかに、少しは変わったかもしれない。しかし、彼は、平時の人ではない。立派な人物だが、革命期の人物ではあっても、平時には向かないだろう。

むしろ*伊藤博文などは、松陰門下《しょういんもんか》では若輩《じゃくはい》で、『俊輔、イモ買ってこい』と言われていたが、平和になれば力を発揮《はっき》して、明治第一の政治家にまでなった。たいへん面白いことだ。したがって、君たちのなかにも、いろいろな性質の人がいるが、どんなに立派な人物でも、時代と場所を得て力が出るのです。どうか諸君も、自分の特質を生かして将来に備えてもらいたい」

このように、作品の時代的背景をとらえながら読むということは、戸田先生が一貫して強調された点である。

「どんな人間も、時代の動きから免《まぬか》れることはできない。時代の外にはいけないものだ。乱世の英雄も、もし泰平《たいへい》の時代に生まれたとしたら、酔生夢死《すいせいむし》に終わるかもしれない。また、平和な時代の碩学《せきがく》も、乱世に生まれたとしたら、流浪《るろう》の徒として終わるかもしれないだろう」

そう言って戸田先生は、時代の底に渦《うず》巻く激流の動向を、的確に見とおす洞察力《どうさつりょく》がなければならないとする。

たとえば『風霜《ふうそう》』に描《えが》かれる*周布政之助《すふまさのすけ》は、西国長州藩における政治家だ。彼は、一貫して松陰とその門下生の理解者だが、中央政界の動向にも通じた時代感覚をもっていた。

血気にはやる青年志士が、時に暴発しかねない行動を、彼は監督している。下手《へた》に制止すれば、周布自身が血祭りにあげられかねないときでも、彼は単身、浪士のなかに身をひるがえして入っていく。

「周布政之助《すふまさのすけ》は、他人からとやかく言われながらも、ともかく青年を愛し、高杉たちを応援した。活動資金を周布先生が工面《くめん》して出したので、彼らが思う存分《ぞんぶん》に働けたのだ。周布は偉い人物だ」

これが戸田先生の見方である。

もちろん人によっては、周布が青年を利用して政治をとったのだ、と見るのも可能であろう。だが彼は、藩から高杉や*桂小五郎に通じているものと見なされて、時には自身の地位がおびやかされることも度重《たびかさ》なった。

文久《ぶんきゅう》三年（一八六三年）六月――防長二州の危急存亡のときにあたり、周布は藩論を押し切って世子を説得《せっとく》する。弱冠《じゃっかん》二十三歳の高杉晋作《しんさく》を、馬関総奉行手元役・政務座役・奇兵隊《きへいたい》総監といった重職に就《つ》かせるためである。

「士気をふるいたたしむるの道は、時務を行うに足る機略縦横の人材を登用することにある、選ぶに人を得れば士気は期せずして昂揚《こうよう》いたすであろう(1)」

尾崎士郎えがくところの『風霜《ふうそう》』の一節だ。実際は、晋作が呼び出されるまでに、なお紆余曲折《うよきょくせつ》があったものと思われる。しかし、ともあれ時機到来である。待ちにまった晋作の出番がきた。彼は、その名も「奇兵隊」という、いかにも奇抜な発想の軍を率《ひき》いて立つ。

> 奇兵隊の義は、有志の者相集り候につき、陪臣《ばいしん》・雑卒・藩士を撰ばず、同様に相交り、専ら力量をば貴び、堅固の隊に相調へ申すべしと存じ奉り候。[2]

奇兵隊に応募する者は、陸続《りくぞく》として跡を絶たなかったという。陪臣とか藩士の資格を問わない。われこそ「力量」あらんと思う有志は、だれでも参加できる軍隊であった。

彼らは正規軍ではない、遊軍だ。そこには三百年ちかい武家中心の階層社会を、根底から覆すほどの新しい萌芽《ほうが》が、一斉に簇生《そうせい》した感があった。

晋作の呼びかけに応じたのは、名のある藩士ではない。無名の農民や町人も、われ先に武器をとって入隊してきた。松陰《しょういん》の言葉を借りれば「草莽《そうもう》の崛起《くっき》」ということになるが、現代風にいえば「民兵」とか「人民軍」とでも呼ぶ以外にないだろう。

その奇兵隊《きへいたい》を指揮《しき》した人物は、女物の被衣《かつぎ》をかぶって三味線《しゃみせん》をひく男であった。その男こそ、じつは「総監」の位にある高杉晋作《しんさく》であったのである。

「面白いじゃないか。こんなふうに悠々《ゆうゆう》と指揮した晋作は、よほどの大人物であった。われわれの人生も、すべて晋作のように、悠々と生きたいものだ。

もし歴史上の人物に会えるものなら、ぜひ高杉晋作には会ってみたいな」

車座《くるまざ》になった青年たちを見渡しながら、そう言って戸田先生は呵々大笑《かかたいしょう》されたものである。

▽――『風霜』（新潮社）からの引用（1）は初版本による。この小説は後に『高杉晋作』と改題され、講談社版『尾崎士郎全集』第八巻に収められている。（2）は奈良本辰也著『高杉晋作』（中公新書）による。

貧しい人びとへの共鳴

ユゴー『レ・ミゼラブル』

ヴィクトル・ユゴー*の『レ・ミゼラブル』を初めて読んだのは、私が十四、五歳のころであった。『噫《ああ》無情』と題した*黒岩涙香《くろいわるいこう》の抄訳《しょうやく》と、*豊島與志雄《とよしまよしお》の完訳が出ていたが、私は豊島の完訳をえらんだ。全三巻、原稿枚数四千枚にのぼるという大作である。『レ・ミゼラブル』は、一般には、原題より主人公ジャン・ヴァルジャンのほうが有名であった。あるいは『噫無情』という黒岩涙香のつけた題名によって、広く知られていた。

私の記憶では、たしか三回、読みかえしている。「日記」を繰《く》ると、昭和二十五年

（一九五〇年）八月三十日に「『レ・ミゼラブル』を読み終わる」と末尾に一行の記述があった。

これが三回目の読了であるが、真夏のある夜、雑司ケ谷《ぞうしがや》の墓地へ行って蓆《むしろ》の上に坐《すわ》り、月光の下で、懐中電灯をつけながら読んだこともあった。人気《ひとけ》のない墓地の静けさが、絶好の読書空間を提供してくれたのである。

「二度読む価値のない本は、一度も読むに値しない」という名著の定義があるが、私は『レ・ミゼラブル』を三度読み、なお時の経《た》つのさえ忘れ去っていたわけである。

それから二カ月ほど経ったころであろうか、映画化された『レ・ミゼラブル』が上映されていた。私も早速《さっそく》、新橋の映画館へ観《み》に行ったことが「日記」に記《しる》されている。

『レ・ミゼラブル』は、十九世紀はじめのフランスを舞台にした大河小説である。*ルイ十六世が処刑され、王政が崩壊《ほうかい》して、*ナポレオンが登場する。全ヨーロッパ席《せっ》捲《けん》を夢見るこの英雄は、ロシア遠征《えんせい》に失敗し、再起むなしくワーテルローの戦いで、*ウェリントンの率《ひき》いるイギリス軍に敗《やぶ》れている。——こうした十八世紀末に端を発する、激動期の歴史が克明《こくめい》に描写《びょうしゃ》され、作品の要所に挿入《そうにゅう》されている。

時代は王政から帝政へ、さらに共和政へと、その鼓動《こどう》を高めつつ推移していく。だが、ここで考えねばならぬことは、時代がどのように展開しようと、政体が、いかに理想に近づこうと、いつの世にも、社会の片隅に押しやられ、懸命《けんめい》に生き続ける「みじめな人びと」がいるという事実である。

『レ・ミゼラブル』とは「みじめな人びと」という意味であるが、ユゴーのペンの鋒《きっさき》は、こうした貧しい人びとの心情に共鳴しつつ、悲惨《ひさん》を凝然《ぎょうぜん》と見つめ「人為的に文明社会のなかに地獄をつくり(1)」だしている、さまざまな社会悪を糾弾《きゅうだん》してやまない。

物語の粗筋《あらすじ》は、すでに多くの人に知られている。

たったひときれのパンを盗んで牢《ろう》に入れられ、脱走と反抗の罪が加わり、十九年の牢獄《ろうごく》生活を強《し》いられた主人公ジャン・ヴァルジャン。刑期を終え、出獄した彼に、人間精神の気高《けだか》さを身をもって教えたミリエル司教。

猟犬のようにジャン・ヴァルジャンを追いかけまわす警官ジャヴェール。不幸な境遇にあって、母性のすさまじさをみせるファンチーヌ。彼女の死後、ジャン・ヴァルジャンにひきとられ、美しく成長する娘のコゼットと、その恋人マリユス青年。無頼《ぶらい》の徒のような性格を憎々しいまでに演ずる宿《やど》の主人テナルディエ。修道院の庭番で、ジャン・ヴァルジャンをかくまうフォーシュルヴァン老人。

ユゴー得意の二元的筆致《ひっち》が冴《さ》え、登場人物は皆、それぞれ鮮烈《せんれつ》な個性を輝《かがや》かせる。人間内面の善性と魔性《ましょう》が白日の下に顕《あらわ》にされる。

ミリエル司教に救われ、回心《かいしん》したジャン・ヴァルジャンは、マドレーヌと変名し、モントルイユ・シュル・メールという小さな都市で事業に成功する。みずからは質素を保ち、貧しい人びとには最大の愛の援助を惜《お》しまない。この徳行で彼は市長に推され、愛と善行に終始する日常は輝くばかりであった。

そんなある日、市長は「ジャン・ヴァルジャン」が隣の町で捕《つか》まったという報告を、ジャヴェールから受ける。彼は、自分とまちがって捕《とら》われたシャンマチウという人の冤罪《えんざい》を晴らすため、真夜中、馬車を駆《か》って裁判所へ行く。シャンマチウの冤罪は晴れた。かわって、ジャン・ヴァルジャン自身がふたたび牢《ろう》に入る。

——彼の罪というのはこうだ。

かつて、ミリエル司教の館を辞去した後、貧しい少年プチ・ジェルヴェの四十スーの銀貨が足元にころがってきたのを踏みつけて奪ってしまう。まったく無意識、魔のささやきとしかいいようのない一瞬であった。

まもなく正気《しょうき》を取り戻したジャン・ヴァルジャンは、犯した罪の重大さに気も狂わんばかりになって少年の姿を追うが、発見することができない。彼は、この罪によって終生、逃亡の人生を送らねばならなくなる。

再犯の罪の重さは誰《だれ》よりも知っている。しかし、自分の罪を他の人が償《つぐな》うという欺《ぎ》瞞《まん》に生きることは、彼自身、堪《た》えられなかったのである。

ジャン・ヴァルジャンに、人道の極致を教えたのは、ミリエル司教であった。この高徳の司教は、司教館の生活費は最小限にきりつめて、貧しい人びとへの援助に回している。

ジャン・ヴァルジャンが司教の銀の食器を盗んで捕まったとき、それは差しあげたものだと庇《かば》い、銀の燭台も持って行くようにと渡す。みずからは粗衣粗食に甘《あま》んじ、貧しい者が貧しさ故《ゆえ》に犯す罪には寛容《かんよう》の精神を忘れない。このミリエル司教の限りない慈愛にふれ、ジャン・ヴァルジャンは愛と同情に満ちた人生行路を見いだすのである。

空より大きな眺めは人間の魂

彼らの対極にテナルディエがいる。

貧しいファンチーヌは、幼《おさな》い娘コゼットを、テナルディエにあずけて働きに出なければならなかった。テナルディエに送る養育費を捻出《ねんしゅつ》するため、彼女は娼《しょう》婦《ふ》にまで身をやつす。ところが、テナルディエはファンチーヌからの送金を、すべて懐《ふところ》に入れてしまう。自分の娘には人形も買い与えるが、コゼットは食べ物さえ差別される。小さな女の子は誰《だれ》でも人形を欲しがるものだ。人形のないコゼットはサーベルを布にくるんで、人形にして遊んでいる。

このずるがしこい人間は、世の中が混乱するにつれて、ますます魔性《ましょう》に魅《み》入《い》られ、無頼《ぶらい》の徒におちぶれていく。

ジャン・ヴァルジャンとテナルディエ——この二つの魂《たましい》は、まったく異質な光を放っている。一方は真昼の太陽のようであり、他方は奈落《ならく》の闇《やみ》の色である。

こうしたユゴーの非凡な想像力が生みだした登場人物について、ボードレール*は「あの小説に出てくる連中は人間ではない[2]」と評する。たんなる批判と見るべきではあるまい。この評の根底に、かえって私はユゴーの人間洞察《どうさつ》の深さを見る。『レ・ミゼラブル』の登場人物は、彼の内面の心象風景の投影《とうえい》であろう。ジャン・ヴァルジャンはユゴーの良心の結晶《けっしょう》であり、テナルディエは魔性の顕現《けんげん》ではなかったか。それはユゴー自身が「この本は無限なものを主役とする一つのドラマである。人間はわき役なのだ[3]」と書いていることからも推量されるのである。

無限という聖なる魂《たましい》が、ジャン・ヴァルジャンという有限の人格に宿《やど》り、彼の無私の行動のなかに、無限が有限へ見え隠れしながら立ちあらわれているように思われるのである。

大洋よりも壮大なながめ、それは空である。空より大きなながめ、それは人間

の魂《たましい》の内部である。(4)

これは作中の一節だが、『レ・ミゼラブル』は人間の魂の内部にわけ入った作品であることを暗示している。そうした意味においては、作者みずからが吐露《とろ》するように、まさに「宗教的な作品」であるといえよう。

私の恩師は朝礼の訓話で、しばしばジャン・ヴァルジャンの人物像を語りながら、仏法者のあるべき人生というものを教えられていた。

私も、仏法を実践する一人として、同志の人生を見るような思いで『レ・ミゼラブル』を読んだ。同時に、人間の内面を真摯《しんし》に見つめ、そのなかに善の光明を探究《たんきゅう》し続けたユゴーという作家に、私は何か親しみさえ覚えるのである。

悲惨《ひさん》を鳥瞰《ちょうかん》するのではない。『レ・ミゼラブル』は、貧しい人びとへの共感によって描《えが》かれたものである。人物を描いても、歴史を探っても、町の様子を書いても、ユゴーの視座《しざ》は一寸も動かない。彼は、つねに底辺から如実《にょじつ》に観察し続ける。

たとえば、ワーテルローの真の勝利者はウェリントンではなく、無名の兵士カンブローヌであるというように。また、パリという都市を描写《びょうしゃ》するのに、彼は貴族の豪邸《ごうてい》には眼もくれず、下水道を見て歩くといったように――。

『レ・ミゼラブル』には歴史の記述が多い。これは一見、ストーリーとは無関係な気まぐれの配剤のようであるが、決してそうではない。歴史という大状況と、レ・ミゼラブル（みじめな人びと）という小状況とが、じつに鮮《あざ》やかに連関を保っている。歴史を描写することによって、ミゼラブルな状況が、より鮮明《せんめい》になるという計算しぬかれた作者の企図《きと》が成功している。

ユゴーは『レ・ミゼラブル』に十数年の歳月を費《つい》やした。ジャン・ヴァルジャンにはピエール・モーランという実在のモデルがおり、その事件は一八〇一年に起こっているから、それから起算すると六十年間の労作ともいえる。

ジャン・ヴァルジャンの数奇《すうき》な人生は、ユゴーの一面に似ている。ユゴーは一八四五年に貴族院議員になったが、のちに共和主義者となり、一八五一年十二月に起こったルイ・*ナポレオン（三世）のクーデターに反対する。抵抗者への虐殺《ぎゃくさつ》が始まり、身の危険を感じた彼は英仏海峡のガーンジー島に亡命する。以後、ガーンジー島に蟄居《ちっきょ》しつつ『レ・ミゼラブル』の完成を急ぐのであった。

モントルイユ・シュル・メールの市長となったジャン・ヴァルジャンの姿は、ユゴーの心のなかで、みずからの人生と一体化していたのではないだろうか。ジャン・ヴァルジャンは墓に名を刻《きざ》むことを拒否《きょひ》して死んでいったが、ユゴーも遺体は貧者の柩車《きゅうしゃ》に乗せて、貧しい人びとに囲まれながら死んでいくことを、生前から望んでいた。

ヒューマニズムを体現化したジャン・ヴァルジャンこそ、ユゴーの理想像であったろう。みずからが生みだした作品の主人公に、死の寸前まで一体化することを欲していたように、私には思われるのである。

▽――『レ・ミゼラブル』の訳書としては、豊島與志雄訳の岩波文庫版、斎藤正直訳の潮文庫版などを参照し、引用（1、4）は斎藤正直訳、（3）は『世界文学全集44　ユゴー　レ・ミゼラブル2』井上究一郎訳（河出書房新社）によった。（2）はアンドレ・モロワ著『ヴィクトール・ユゴーの生涯』辻昶・横山正二訳（新潮社）。

織りなす人物の長篇詩

吉川英治『三国志』

三国志には、詩がある。

単に尨大《ぼうだい》な治乱興亡を記述した戦記軍談の類《たぐい》でない所に、東洋人の血を大きく搏《う》つ一種の諧調と音楽と色彩とがある。

三国志から詩を除いてしまったら、世界的といわれる大構想の価値もよほど無味乾燥なものになろう。(1)

小説『三国志』の作者・*吉川英治の序文にある一節だ。

時は後漢の末世――広大なる中国大陸の各地に黄巾賊《こうきんぞく》が跋扈《ばっこ》している。赤色の彗星《すいせい》あらわれ、黒旋風が吹き荒れ、ために蒼天《そうてん》すでに死す凶兆《きょうちょう》に、人心は動揺《どうよう》していた。開巻劈頭《へきとう》、悠久《ゆうきゅう》と流れゆく黄河の畔《ほとり》に、ぽつねんと坐《すわ》りこむ青年は、何を見、なにを考えているのだろうか。――見ると、青年は腰に一剣を佩《は》き、飽かず黄河の水の行く末を眺《なが》めている。

「ご先祖さま、みていて下さいまし。いやこの劉備《りゅうび》を、鞭《むち》打って下さい。劉備はきっと、漢の民を興《おこ》します。漢民族の血と平和を守ります」[2]

天に向かって誓《ちか》うように、彼は空を拝して叫《さけ》んだ。……

後漢末から魏《ぎ》・呉《ご》・蜀《しょく》の三国鼎立《ていりつ》時代を経《へ》て、晋《しん》一国に統一されるまでの、雄大《ゆうだい》なる漢民族の長篇叙事詩ともいうべき『三国志』の幕開《あ》きである。

私は二十代のころ、この吉川『三国志』を何遍となく繰《く》りかえし読んだ。

青年劉備が、遥《はる》かに黄河の下流を眺望《ちょうぼう》する光景などは、あたかも一幅の絵のように、ありありと思い浮かんでくる。突如《とつじょ》、破《わ》れ鐘《がね》のような大音声《おんじょう》を放って張飛《ちょうひ》も躍《おど》りでる。

すると、鬚《ひげ》の関羽《かんう》も馬蹄《ばてい》を響《ひび》かせて馳《は》せ参ずるであろう。――そういった情景が、若き日の夢とロマンを喚起《かんき》していた。

当時の「日記」を見ると、昭和二十八年（一九五三年）四月七日の項に「第三回目の、『三国志』読了」とある。その前後、私は『新・平家物語』や『新十八史略』、それに『水滸伝《すいこでん》』といった長篇を、夢中になって読んだ。

「青年は歴史の本を読め。持つべきは史観である」との恩師戸田先生の指導を、私なりに実践していたのである。前後の日記にも「もっと勉強しなければならない」との自戒の記述が、しばしば出ている。

二年後の昭和三十年（一九五五年）春から九月にかけての半年間、吉川『三国志』は水滸会《すいこかい》の教材にもなった。

ある日、水滸会の幹事たちが、教材について戸田先生のところへ相談にうかがったときのことである。かなりの会員が、すでに『三国志』を読んでいることが報告された。

「いよいよ『三国志』を始めるか」
そう言って恩師は、破顔一笑《はがんいっしょう》され、われわれ水滸会《すいこかい》員の要望を容《い》れてくださった。明治生まれの先生は、すでに江戸元禄《げんろく》以来のロングセラーである*湖南文山訳『通俗三国志』五十巻を、青年時代から幾度となく読まれていたようだ。吉川『三国志』についても、その新聞連載中から愛読され、登場人物をあたかも掌中《しょうちゅう》の珠《たま》のように熟知されていた。

われわれ数十名の会員は、早速《さっそく》、分担して模造紙に「三国鼎立《ていりつ》図」を描《えが》き、あるいは時代背景を事前に調べたりした。しかし、戸田先生が出席する会合では、次々と立って述べる会員の意見が、いかにも底の浅いものであることを晒《さら》す結果になってしまう。

劉備玄徳《りゅうびげんとく》を中心に、関羽《かんう》、張飛《ちょうひ》のあいだに結ばれた「桃園《とうえん》の義」について、まず会員からさまざまな意見が出された。――「三人の同志が、よく目的を同じくして結束しているのを感じました」とか、「人間の縁の不思議さ、宿命のようなものを感じます」といった見方のほかに、ある会員などは悲壮な決意を秘めて「張飛の言ったように、同年同月同日に死ぬことが、丈夫の精神だと思います」と述べる。

そうした発言者の表情を、じっと見つめながら聞いていた戸田先生は、おもむろに口をひらいて言った。

「三人一緒に死ぬという精神はよいが、軍艦に乗っているわけではないから、実際は無理だろう。

それより大事なことは、三人がともによく互いの短所を知って、補いあっていけたから、団結できたのです。したがって、まず三人の性格上の違いを、よくみていかなければならない。どこに短所があるか、長所は何かを知っていくことが、互いに相手の人物を理解する基本となるものだ。

結局、三人が結束したのは、義を結んだときに、お互い好きになったからでしょう」

戸田先生の人物論議は、あたかも『三国志』の登場人物を、われわれの眼前に髣髴《ほうふつ》とさせるような話し方であった。

「劉備玄徳は、優柔不断であるから、曹操《そうそう》に敗《やぶ》れるような憂《う》き目にあっている。諸葛《しょかつ》孔明《こうめい》も、また玄徳《げんとく》も理想主義者であった。しかし『三国志』においては、曹操《そうそう》のごとき現実論者が、彼ら理想論者に打ち勝ってしまったという悲しみがある。

張飛《ちょうひ》は、粗雑で軽薄すぎるから、身を亡《ほろ》ぼすようなことになってしまった。ただし、彼は生命力には自信があったのでしょう。

関羽《かんう》は、重厚な人柄だ。時に損をするような、真面目な性格であるが、彼の偉《えら》さは義を立てぬいて、しかも自分を少しも偉いと思っていないところにあると思う」

このように「桃園《とうえん》結義」の三人のなかでは、恩師は関羽の性格を最も愛されたようだ。これは「義」という一点からみて、彼が誠実な「人格の花」ともいうべき生涯《しょうがい》を貫《つらぬ》いたからである。

「関羽は、信義の人であった。節操を尚《たっと》び、義を重んじて生きた……」

そう言って時に涙さえ浮かべながら語る恩師は、われわれに対して『三国志』の底流に潜《ひそ》む思想基盤《きばん》を教えてくださった。

それは、いわゆる儒教《じゅきょう》思想の講義ではない。たとえば「仁」が中国において大切にされるのは、専制や暴政が続いた後に、民衆のあいだに仁を行う人への憧憬《しょうけい》が昂《たか》まったからであるという。

中国思想についての恩師の説き方は、いわば独自の発想に由来《ゆらい》するものだ。従来の日本人が「中国」に対して抱《いだ》くイメージを、まったく転換《てんかん》してしまうような創見に溢《あふ》れていたのである。

読み返すたびに恩師の声

さて『三国志』の圧巻《あっかん》は、なんといっても「赤壁《せきへき》の戦」（二〇八年）の描写《びょうしゃ》に尽《つ》きよう。魏《ぎ》の曹操が率《ひき》いる八十万もの大軍と、江南《こうなん》の呉主孫権《ごしゅそんけん》との「史上空前の決戦」といわれるものだ。玄徳軍の軍師孔明が、一帆《いっぱん》の風雲に乗じ、その三寸不爛《ふらん》の舌をもって呉軍を説得《せっとく》。見事、赤壁の大捷《たいしょう》に導くまでの機略縦横の活躍が描《えが》かれる。

敗走する曹操が、かつて礼を尽くして迎えた関羽によって、一命を助けられる件《くだり》がある。曹操を「乱世の英雄」として高く評価しつつも、なかなか好きになれない恩師は、感にたえない表情で話していたのを忘れられない。

「曹操《そうそう》は、将軍として、たしかに偉《えら》い。人生の生き方として、彼に似ているのは、ナ*ポレオンか、織田信長のような英雄ではないか。

彼は奸雄《かんゆう》だ。自分に尽《つ》くした者でも、平気で殺すような、酷薄《こくはく》な人間である。

しかし、その曹操が、関羽《かんう》によって助かったのは、ずるい人間が、人の好い人間をだました姿だよ。あのとき、関羽でなかったら、あるいは曹操を倒せたかもしれない。

そこに、曹操の運勢があったんだなア」

もちろん小説では、いかにも曹操が悪人であったかのように描《えが》かれている。戸田先生は十分、そのことを承知のうえで話されたのであろう。

むしろ、ここで強調されていたことは、曹操の悪運の強さというよりも、孔明《こうめい》の戦《せん》略《りゃく》の失策ということであった。といっても、吉川『三国志』では、あえて孔明は失策を承知のうえで関羽を派遣したことになっている。しかし実際は、孔明といえども、そこまで読みとおしていたかどうか、はなはだ疑問である。

したがって恩師は、そのとき関羽でなく、張飛《ちょうひ》か趙雲《ちょううん》子龍《しりゅう》を派遣していれば、ついに曹操を倒すことができたはずだ、という。あるいは孔明自身であってもよい。それをしなかったのは、軍師孔明ほどの人が、駒の配置をまちがえたからであるという解釈になる。つまり、恩師が人物を知ることの重要性を説いてやまなかったのは、つねに人間の長所を見いだし、適材を適所に置くという発想にもとづくものであった。

戦時に向く人と、平時に有能な人がいる。戦闘には強くても、必ずしも良い官吏《かんり》になるとは限らない。どんな人でも、それぞれの特長に合う生き方に向けていけば、すべて生きてくるという指摘《してき》であった。

曹操が好きになれなかったのは、彼が晩年になって大成するにしたがい、慢心《まんしん》を生じ、自分を諫《いさ》める者があっても遠ざけたり、殺したりするようになったからであろう。

そうした例を挙《あ》げて、戸田先生は水《すい》滸《こ》会《かい》員に厳《きび》しく諭《さと》されたことがある。

「一つの組織のなかにおいても、反対の意見を出す者がなければ、その組織は発展しない。とくに青年部においては、年長者の言うなりになってしまう傾向がある。

故《ゆえ》に諸君は、幹部となっても、自分と反対の意見を述べる人を、つとめて大切に扱うようにしていきなさい」

あたかも遺言のような響《ひび》きをもつ言葉であった。

小説『三国志』後半の英雄は、いうまでもなく諸葛孔明《しょかつこうめい》である。

その孔明こそ、恩師が好んでやまない人物であったことは、知る人ぞ知るといってよい。孔明の心境をうたい上げた*土井晩翠《ばんすい》の「星落秋風五丈原」の詩《うた》を聞くたびに、いつしか目に光るものを宿《やど》す場面を、われわれは幾度となく目にしたものであった。

「人間おのおの長所があれば、短所もあるものだ。さすがの孔明とて、いかんともしがたいところがあろう。

蜀《しょく》の国に人材が集まらなかったのは、あまりにも孔明が才に長《た》け、几帳面《きちょうめん》すぎたからだ。しかも、彼には人材を一所懸命《けんめい》になって探す余裕《よゆう》もなかった。そこに後継者《こうけいしゃ》が育たなかった原因があると思う。

しかし、ともあれ孔明の死後、蜀は三十年間も保ちえたのを見れば、まったく人材がいなかったわけでもない」

いかにも万感胸に迫《せま》る恩師の感想であった。

私は、吉川『三国志』を読みかえすたびに、今でも恩師の声を聞く思いがする。

▽——『三国志』からの引用（1、2）は、講談社刊によった。なお、本文中にある湖南文山訳の『通俗三国志』は、一九八二—三年にかけて、第三文明社より、『絵本通俗三国志』全十二巻（落合清彦校訂）として、葛飾戴斗の版画三百五十点を挿入し、刊行されていることを付記しておく。

自然こそ最良の教師

ルソー『エミール』

世界の子どもたちが愛誦《あいしょう》する「結んで、ひらいて」のメロディーが、ジャン＝ジャック・ルソー*の作曲になったことは、あまり知られていない。単調なメロディーだが、童心をとらえて放さぬやさしさ、まじりけのない子どもらしさを一杯に湛《たた》えた歌である。

この童謡は、ルソーの代表的なオペラ『村の占者』のなかの一節である。そのことを私が知ったのは、たしか戦後まもないころ——『社会契約論』や『人間不平等起原論』、それに『エミール』など、ルソーの著作を集中的に読んだときのことであった。

なかでも『エミール』には感動した。そこには「結んで、ひらいて」の自然な旋律《せんりつ》そのままに、巨星の児童教育に傾《かたむ》けた情熱が、深く、静かに迸《ほとばし》っているかのようだった。

恩師戸田城聖先生に師事してからも、この『エミール』は、先生と私とのあいだで、幾度となく話題になった。教職を経験されたことのある恩師も、ルソーの教育理念には強い関心を抱《いだ》いていたようである。私の「日記」には、昭和二十五年（一九五〇年）十月二日の項に次のような走り書きがある。

夕刻、恩師と共に、小岩のK宅を訪う。二人して、電車中にて、種々仕事の話。帰り、小岩駅前にて、おすしを御馳走《ごちそう》になる。
帰りの車中は、エミールの話、文学の話に花が咲く。目黒駅まで、お送りする。

そのときの会話の一々は覚えていないが、戸田先生の恩師の牧口常三郎先生もまたルソーを愛読されていた話をうかがったことがある。なるほど、牧口先生の畢生《ひっせい》の大著『創価教育学体系』にも、しばしばルソーの名が見える。その一部を抜粋《ばっすい》すると、たとえば教育の改革案を展開されるなかに、次のような記述が見られる。

　コメニュース、ルッソー等の教育改革家の覚醒以来の事で、ペ*スタロッチが敢然旧《ふる》い伝統に反抗して、開発教授の新旗標を樹てたのは即ちこれである。然る所、因襲の久しき教育と云へば、自ら知識の伝授と心得たのは邦《くに》の東西を問はぬ状態で、惟《おも》へば希臘《ギリシア》の昔ソクラテースが知識は伝授することは出来ぬと道破《どうは》して居るのであるが、今に尚ほ此の謬が改まつて居らないのによる。入学試験制度の結果といふ事も出来やう(1)。

このように、牧口先生が「因襲の久しき」と糾弾《きゅうだん》された知識偏重《へんちょう》の教育——それは、ルソーの『エミール』でも痛撃されている。思うに、この二つの東西の著作は、教育理論の深い次元で合致するものがあるようだ。

脈搏《う》つルソーの魂の叫び

さて『エミール』は「万物をつくる者の手をはなれるときすべてはよいものであるが、人間の手にうつるとすべてが悪くなる」(2)という衝撃的な、冒頭《ぼうとう》の一節に始まる。この短い言葉のなかに、ルソーの教育理念が圧縮《あっしゅく》されているといっても過言ではあるまい。彼は「自然にかえれ」の箴言《しんげん》によって周《あまね》く知られているように、自然の善性というものを固く信じ、愛する哲人であった。

ルソーは、自然性を離脱して人為化することを、終始、戒《いまし》めていた。教育にとっては、自然こそ最良の教師であり、人間の教師は、生徒が自然状態から脱《ぬ》け出るのを見張る、いわば番人のような役割を果たせば十分であるという。

自然こそ父であり、母であり、そして偉大なる万人の教師である。――その基本精神にそって、ルソーは『エミール』を完成させた。彼は「二十年間の省察《しょうさつ》と三年間の仕事を必要とした」(3)と告白している。まさに『エミール』こそ、ルソーの血であり、魂《たましい》の奥底《おうてい》からの叫《さけ》びであったろう。

題名のエミールは、一人の男の子の名前である。彼は、学校教育によってではなく、一人の教師（ルソー）によって、一対一の教育を受けていく。――この設定は、学校教育をまったく受けず、独学で十八世紀のヨーロッパに屹立《きつりつ》する哲学の地歩を築いたルソーの、少壮の日々の軌跡《きせき》が投影《とうえい》されているものと考えられる。

エミールは、あらかじめ教師によって作成された教育のプログラムにそって、理想的な成長を遂《と》げる。そのプログラムとは、子どもの成長段階を、大別して三つに分けるものであった。

十二歳までは感覚的生の時期で、自然の教育、事物の教育が主眼とされる。その次の段階として、十二歳から十五歳までは、功利的生の時期で、事物の効用、使用法、価値判断などを習得する。そして、十五歳以後は、理性的生、道徳的生の時期に入り、善悪の問題、また神について、思索《しさく》をめぐらすようになる。――以上のような経過をたどり、エミールは教師によって丹念《たんねん》に教育される。

第一の時期の自然の教育とは、身体の内的発育をできるだけ促《うなが》すように配慮《はいりょ》することである。身体にぴったりした衣服を着せて、子どもの伸びのびとした屈伸運動を妨《さまた》げるようなことは、自然の教育に反する。この意味から、エミールには、少し大きめの、ゆったりした着衣が与えられる。

また、事物の教育とは、ルソーが「実物！　実物！　わたしたちはことばに力をあたえすぎている、ということをわたしはいくらくりかえしてもけっして十分だとは思わない[4]」と原則論を述べている部分に、端的にあらわれている。

また「わたしはエミールがけがをしないように注意するようなことはしまい。かえってかれが一度もけがをせず、苦痛というものを知らずに成長するとしたら、これはたいへん困ったことだと思うだろう。苦しむこと、それはかれがなによりもまず学ばなければならないことであり、それを知ることこそ将来もっとも必要になることなのだ[5]」という一節も、実際の体験が、それ自体、貴重な教育であるとする信念を明《めい》瞭《りょう》に物語っている。つまり、子どもの観念は、経験から生ずるものであり、言葉によって形成されていくものではない。ここに、ルソーが「事物の教育」に力点をおく最大の理由がある。

こうして感覚的生の時期に、エミールは緑豊かな大自然のなかで、自然の教育、事物の教育をほどこされる。この背後に「あの純真な幼《おさな》い者たちがたちまちに過ぎさる短い時を楽しむことをさまたげ」「自然がかれらにあたえている短い時をうばいさって、あとでくやむようなことをしてはならない。子どもが生きる喜びを感じることができるようになったら、できるだけ人生を楽しませるがいい。いつ神に呼ばれても、人生を味わうこともなく死んでいくことにならないようにするがいい(6)」という、一般に「子どもの発見」といわれる独特な観念が脈搏《みやくう》っていることを忘れてはなるまい。

第二の功利的生に入ると、エミールは、感覚的生の時期に体得したことを基準にして、世の中の技術や事物について独自の判断を加えていく。

人びとが道具を使い、技術に慣れ親しんでいる姿を見て、エミールは「ああいう人たちはみんな、りこうなばかものだ。まるで自分の手や指がなにかの役にたつのを恐れているかのように、たくさんの道具をつくりだして、手や指をつかわないようにしている。たった一つの技術をもちいるのに、無数のほかの技術にしばられている」[7]と嘆息《たんそく》する。ここにも、技術や道具を使用することを自明のこととせず、つねに「自然」という根源へ戻って、事物に判断を下していくべきだとの思想が表明されている。

さらに、第三の道徳的生の年齢に達したエミールは、パリの優雅《ゆうが》な社交界を垣間《かいま》見る。一見、華麗《かれい》な貴族の世界も、その裏には、人間の煩悩《ぼんのう》が渦《うず》巻いていることを知り、絶望する。

いまやエミールは人間的に成長し、結婚適齢期を迎えている。彼は、教師から名前だけ知らされている理想の恋人ソフィを求め、パリを発《た》つ。あてのない旅をさすらううち深い谷あいの道に迷い、一軒の農家に投宿する。その農家の娘が「彼の恋人」ソフィとなる。エミールはソフィと結婚し、広々とした田園で、自然人としての生活を楽しく送ることになった。

この小説の終章は、さながら恋愛小説の甘美ささえ湛《たた》えているが、それも、ルソーの想像力、才筆によって見事に整合されている。

概略《がいりゃく》、以上が『エミール』の粗筋《あらすじ》である。このほかにも、この小説の白眉《はくび》とされる「サヴォワの助任司祭の信仰告白」で、ルソーの宗教観が詳細《しょうさい》に展開されるが、ここでは、教育論の独自性という点に焦点をあてて要約した。

人間復興の精神に共鳴

『エミール』が発刊されるや、たちまち世は騒然《そうぜん》となった。一七六二年、ルソー五十歳の節は、生涯《しょうがい》でいちばん仕事をした時である。また多難な砌《みぎり》でもあった。その年の一月『マルゼルブへの四つの手紙』を書いているが、書簡《しょかん》とはいえ、名文として名高い。また四月『社会契約論』を発表し、ついで五月には『エミール』がオランダとパリで発売されたのである。『エミール』発刊の波紋は、ルソー自身にもおよんだ。六月、官憲は『エミール』を押収《おうしゅう》し、焚書《ふんしょ》にしている。同時にルソーは、パリ高等法院で有罪の論告を受け、スイスのモチエに逃《のが》れた。

告発はソルボンヌ神学部が行い、罪状《ざいじょう》は『エミール』に書かれた教会への鋭《するど》い批判、また人間の内なる良心と自然の善性こそ真実の神と断じたルソーの信仰観が、既成《きせい》の宗教権威《けんい》をいちじるしく損《そこ》なったという理由である。そのほかにも、学校教育への痛《つう》罵《ば》、社交界の偽善《ぎぜん》を白日の下に暴露《ばくろ》したこと等で、体制側の人びとの感情を逆なでしたことが、ルソーの立場を苦しくしたのは、いうまでもあるまい。

ルソーは官憲に追われる身となった。だが、『エミール』の反響は、児童教育の福《ふく》音書《いんしょ》と呼ばれるほど、人びとの心を打った。ある伝によれば、自分の子をエミールそっくりに育てようと試《こころ》みた人も出たという。

しかし、思想上の宿敵*ヴォルテールなどは、相変わらず冷《ひや》やかな眼で見ていたようだ。彼は、かつてルソーが『人間不平等起原論』（一七五五年）を発表したとき、「あなたの本を読むと、四つ足で歩きたくなったが、残念ながらその習慣は五十年来廃止している」[8]と揶揄《やゆ》したことがある。

このように、賛否相半《あいなか》ばする論評を背に、ルソーは放浪《ほうろう》をかさね、『孤独な散歩者の夢想』という遺作も未完のまま、一七七八年の夏、六十六歳で急死した。その存命中の激情と不遇《ふぐう》な晩年のコントラストのなかに、私は、ルソーという巨人の宿命の光と影を見る思いがするのである。

ルソーの思想の光源は、すでに生前から西欧世界を照らしていた。ドイツにおいては、*カントをして「人間の真の価値をさとった」(9)といわしめたほど、その盛名は轟《とどろ》いていた。また*ゲーテも「ルソーとともに新しい時代がはじまる」(10)と、彼の著作を読んで賛同している。

死後は、彼の思想はいっそう光度を増し、ダイナミックな展開を遂《と》げる。ルソー死後十一年にして起こったフランス革命では、*ロベスピエールなどによってルソーの思想が継承《けいしょう》され、革命の導火線の役割を果たしたことは、あまりにも有名である。またアメリカの独立革命にも理論的根拠を与え、中国、ロシア、日本にまで、ルソーの思想的影響《えいきょう》は流布している。

わが国においては、*中江兆民《なかえちょうみん》や*島崎藤村らの文学者にルソーの影響は受け継《つ》がれた。中江が、自分の名を「億兆の民」をあらわす兆民とし、庶民《しょみん》を誇《ほこ》らかに自称していたことなども、ルソーの影響によるものと見る人もいる。

現代においても、ルソーは謎《なぞ》の哲人、型破りな天才等と評される。その研究も、研究者の数だけある、といわれるほど多彩である。

私も、これまでルソーについては何回か講演でも言及し、著作のなかでも浅学の一端を述べたことがある。彼の思想の根幹をなす自然人の思想、さらに、そこから創造される人間復興の精神には深く共鳴を覚える。

恩師戸田先生も「子どもは、機会があれば田舎《いなか》へ行かせて、はだしで土を踏ませなければ、丈夫に育たない」と、よく語っておられた。私は今でも、ルソーを読むと戸田先生のこの言葉を鮮《あざ》やかに想起するのである。

▽――『エミール』からの引用（2、4〜7）は、今野一雄訳の岩波文庫版によった。また、ルソーの伝記的部分に関して、（3）は同書の解説、（8）は平岡昇著「ルソーの思想と作品」（中央公論社『世界の名著30ルソー』所収）、（9、10）は桑原武夫編『ルソー』（岩波新書）等を引用および参照した。なお、『創価教育学体系』からの抜粋（1）は『牧口常三郎全集』第六巻（第三文明社）によって照合した。

信念に生きる青年のドラマ

デュマ『モンテ・クリスト伯』

世界的な小説をつねに読んでいきたまえ。——恩師の戸田城聖先生が、いつも青年に教えられていた読書の基本である。

水《すい》滸《こ》会《かい》の教材は、この恩師の精神にそい、慎重にえらばれた。師もまた厳格であった。会員の企《き》画《かく》した案が、師の構想に適《かな》わない場合もある。そんなとき、戸田先生は容《よう》赦《しゃ》なく「レベルが低い。主人公も二流、三流の人物だ。一流のものを学ばなければならない」と言下に叱《しっ》咤《た》された。

恩師はまた「書を読め、書に読まれるな」とも薫《くん》陶《とう》されていた。なるほど水滸会は、

とおりいっぺんの読書会ではない。明確なる思想と信念を持つ者が、一書の紙背《しはい》にまで徹《てっ》して思想を読みとるのである。そこには、まさしく思想と思想との激越《げきえつ》な戦闘を思わせるような、真剣なる気合の熱気がこもっていた。

いったい、「書を読む」とは、いかなることであるか。――恩師は、それを身をもって青年に教えられたのである。

たとえば、アレクサンドル・デュマ*の『モンテ・クリスト伯』が教材に取り上げられたことがある。戦時下の悪法たる治安維持《いじ》法によって、故《ゆえ》なく獄《ごく》につながれた恩師は、そのときの獄中《ごくちゅう》生活を語り、およそ政治犯と呼ばれる者の苦衷《くちゅう》の心事を吐露《とろ》されていた。

エドモン・ダンテスは、その獄中での無念を晴らすために、復讐《ふくしゅう》の鬼と化した。しかし恩師は、二年近くの獄中での苦闘と思索《しさく》を発条《ばね》とし、仏法者として偉大な人間革命を遂《と》げていったのである。

さて『モンテ・クリスト伯』は、一八四六年に完成した大デュマの代表作である。

もとは新聞の連載小説で、たまたま一日でも休載すると、パリ市民はむろんのこと、フランス全土が陰鬱《いんうつ》の気につつまれたほどであるという。今でも国境を越え、世紀をこえて、広く人びとに親しまれている世界文学だ。

わが国に紹介されたのは明治の中期、関直彦によって『西洋復讐《ふくしゅう》奇譚《きたん》』の題で翻《ほん》案《あん》されたのが最初であるという。それから十数年して、かの*黒岩涙香《くろいわるいこう》が『巌窟王《がんくつおう》』という見事な題をつけ、一世を風靡《ふうび》する国民愛読の書としてしまった。

内容は復讐物語であるが、血なまぐさい陰湿《いんしつ》さは、この本にはない。不動の意志と信念を体して、計画どおり目的を果たす。ロマンに溢《あふ》れ、詩情豊かな海の香り、エキゾチックな雰囲気《ふんいき》も、ゆったりと全篇に流れている。軽妙な展開、そして時にはスーパーマンのように痛快な主人公の活躍は、思わず読者の血を沸《わ》きたたせずにはおかない。

いつしか読者は、あたかも自分が小説の主人公であるかのような錯覚《さっかく》にとらわれてしまう。エドモン・ダンテスの人間心理は、まことに複雑微妙に揺れながら、必死に復讐に生きる。まるで悪人懲罰《ちょうばつ》を命令された神の使徒のように……。実際、牢《ろう》から出て、モンテ・クリスト島で無限の財宝を手にしたときの彼は、そう確信していたにちがいない。

　エドモン・ダンテス――彼は十九歳の純粋無垢《むく》な青年航海士であった。およそ人を疑うということなど知らない種類の若者である。その青年が「巌窟王」に変身するには、それなりに重大な理由があった。

　物語は、彼が一つの航海を終え、マルセーユに帰港したところから始まる。航海中、船長が急死した。そのあとを船長代理として統率《とうそつ》してきたダンテスが帰港後、船主から船長昇格の命を受ける。

　恩師は、このような冒頭《ぼうとう》の一節から、はやくも作者の意図《いと》を読み取り、次のように述べている。

「デュマは、最初、ほんとうの青年らしさを書きたかったのであろうと思う。ダンテスは、若々しい若木そのものである。学問はないが、頭が良い。船長が死んだときに、船長代理を堂々とやってのけたということは、その頭の良さを示している。

青年には、純真さがなければならない。デュマは、生気みなぎる青年の、フランスの熱血を書き切ったのである。

およそ人間には、肉体年齢と精神年齢とがある。デュマは、ここで若々しい生命に向かって、一つの人生の嵐《あらし》を吹きかけ、生きるか死ぬかの思いをさせた。肉体的にも精神的にも、人生の苦しみを味わったものが強くなる。故《ゆえ》に青年は、安逸《あんいつ》を求めてはいけない」

帰港したダンテスは、朗報をもって真っ先に老父に会い、そして恋人メルセデスと喜びの再会を果たす。その翌日、めでたい婚約披露宴《ひろうえん》の最中、あまりにも唐突《とうとつ》に、予期しない不幸が彼の身を襲う。

青年ダンテスは、政府転覆《てんぷく》をもくろむ国事犯の廉《かど》で捕縛《ほばく》されたのである。むろん、身に覚えのない罪科であった。

彼を陥《おとしい》れようと謀《はか》ったのは、ほかならぬ彼の友人であった。一人は、ひそかにメルセデスに想《おも》いを寄せるフェルナン。もう一人は、ダンテスの船長就任《しゅうにん》を嫉《ねた》む船の会計係、ダングラールである。

不幸は度重《たびかさ》なるものである。ダンテスを尋問《じんもん》した代理検事、ヴィルフォールは、保身と野心とのために、この無実の青年を終身刑とする決定を下した。幸福の絶頂にあったはずのダンテスは、わずか一日のうちに不幸の奈落《ならく》に突き落とされた。彼は国事犯の重罪を着せられて、絶海の孤島の石牢に幽閉《ゆうへい》されてしまう。

牢に入ったダンテスは、いったい誰《だれ》が自分を陥れたのかを知らない。みずからの運命を呪《のろ》い、社会の不条理に怒《いか》り、そして法の番人の欺瞞《ぎまん》に痛憤するのであった。

ところが、おなじく地下牢に閉《と》じこめられていた老神父ファリア師とのあいだに、秘密の通路が穿《うが》たれた。ダンテスは、この神父を親とも思い、師とも仰《あお》いで私淑《ししゅく》していく。彼はファリア師の鋭《するど》い推測から、陰謀《いんぼう》を仕組んだ者の正体を知らされ、思わず慄然《りつぜん》とせざるをえない。

ダンテスが入牢《にゅうろう》してから十四年目である。獄中《ごくちゅう》における唯一《ゆいいつ》の話し相手であるファリア師が息を引きとった。すでにダンテスは、師の広汎《こうはん》な知識と教養のすべてを授かり、莫大《ばくだい》な財宝のありかを教えられている。彼は運を天にまかせて、老師の遺体と入れかわり、たくみに脱獄した。

モンテ・クリスト島の財宝を手に入れたダンテスは、いよいよ復讐《ふくしゅう》の旅にのぼる。あるときは「船乗りシンドバッド」と名乗り、またあるときは「ブゾーニ師」「ウィルモア卿《きょう》」と変名して、まさに神出鬼没、ひたすら目的の実現に邁進《まいしん》していった。

そしてダンテスは「モンテ・クリスト伯」となって颯爽《さっそう》と登場する。計り知れない財宝と、衆目を魅《ひ》きつけてやまぬ端整な容姿、さらには知性あふれる言動——彼は、たちまちローマの話題をさらい、花の都パリの社交界に君臨《くんりん》していく。

他方、十四年の歳月は、彼を牢《ろう》に追いやった三人の身にも、またかつての婚約者メルセデスの身の上にも、それぞれ重大な変化を与えていた。会計係のダングラールは、スペイン戦争で巨利を得、成り金の銀行経営者にして男爵《だんしゃく》である。また、恋敵のフェルナンは、モルセール伯爵《はくしゃく》と改名し、念願のメルセデスを妻にして一子アルベールをもうけている。彼は貴族院議員にもなっていた。そして代理検事であったヴィルフォールは、いまや検事総長として権力の座に就《つ》き、法の番人の威厳を実直に保っている。

みな一流の名士である。いくらダンテスが復讐の炎《ほのお》を燃やしたとしても、容易には失脚《しっきゃく》しない地位と名声を築いていた。だが、ダンテスは、驚《おどろ》くべき忍耐《にんたい》力と不屈《ふくつ》の意志をもって、次々と所期の目的を果たしていく。――この長篇の面白さも、後半はダンテスの復讐譚《たん》に移っていくが、たんなる筋書きの流れに身をゆだねる読み方であってはならないと、私は思う。

「青年は信用が財産」

ふたたび戸田先生の読書論に戻ろう。

水《すい》滸《こ》会《かい》で『モンテ・クリスト伯』が教材となったのは、昭和二十九年（一九五四年）のことであった。私の「日記」の三月九日の項には、次のように記《しる》されている。

六時。本部にて、水滸会行わる。

『モンテ・クリスト伯』に入る。第二期生、第三期生と、優秀なる青年の輩出《はいしゅつ》を、心から期待する。

先生の観察、思索《しさく》、見解の偉大さ、本当に私は驚《おどろ》いた。

恩師は水滸会《すいこかい》員の意見を注意深く聞きながら、みなの議論が出尽《つ》くしたころを見はからい、的確な寸評と、いかにも独創的な見解を披瀝《ひれき》するのである。

ダンテスが社交界で成功した理由は何か。——会員のあいだからは、さまざまな理由が挙《あ》げられた。

——財力である。彼は持てる財宝を存分《ぞんぶん》に使って成功を収めた。

——智慧《ちえ》と雄弁の力によって勝った。社交の慎重さ、風貌《ふうぼう》の優《やさ》しさと相まって、彼には人を見抜く力があった。

——いや、根本は復讐《ふくしゅう》を遂《と》げようとする一念の力である。どのようにしたら効果的な復讐となるか、相手をよく観察し、また社交界の性質なども勉強している。……

このような会員の意見に対して、恩師はやや否定的であった。そして、むしろ青年らしい社交のあり方を説いていった。

「若い諸君は、ダンテスのような行き方をとる必要はない。二十代の青年が、敵か味方かを一々さぐり、考えているのでは、純真さがなくて、私は嫌《きら》いである。

青年には信用が財産である。しかも、信用を得る根本は、約束を守るということである。できないことは、はっきり断《ことわ》る。そのかわり、いったん引き受けた約束は、何を犠牲《ぎせい》にしても絶対に守ることだ。これが青年の社交術であり、金はかからないよ」たしかに、ドラマの筋を追うだけでは、こういった独特な視角の教訓は得られまい。恩師が「書に読まれるな」と言われた意味が、実感として胸におさまった。

戸田先生はまた、必ずしもダンテスの復讐譚《たん》に賛成していたわけではない。むしろ「陰険で、執念《しゅうねん》深いのは、いやだな」と言われていたのを、私は記憶している。

「なぜ、あのような方法で復讐をするのかというと、キリストの神に力がないので、人間が神に代わって裁《さば》くのだという思想が、この本の全体を貫《つらぬ》いていると思う。

このようなデュマの考え方に、私は反対である。人間が神に代わって罰するという考えは間違っている。法罰でいかなければならない。法に力があるときには、人間が人間を罰する必要はないからである」

作者のデュマにしても、これを悪人必罰の復讐譚《ふくしゅうたん》で終わらせるには限界があることを、あるいは感づいていたかもしれない。

フェルナンが自殺し、ヴィルフォールは発狂し、そしてダングラールが破産したにもかかわらず、ダンテスの心には、復讐の達成による充足感はなかった。彼は罪悪感にさいなまれ、空《むな》しさに揺れる心情を告白している。

「わたしを敵にたいして反抗させ、わたしを勝たせてくれた神、その神は（わたしにはよくわかっている）わたしの勝利のあとにこうした悔恨《かいこん》の気持をもたせたくないと思われたのだ。わたしは、自分を罰したいと考えた」[1]

つまり作者は、ダンテスにこのような悲痛な言葉を吐《は》かせなければ、その作品の幕を閉《と》じられなかったのであろう。ここに私は、デュマの本心を見る思いがしてならない。

ともあれ恩師は、一篇の小説を読むに際しても、物語の底流にある思想は何か、作者の意図《いと》がどこにあるかを深く読みとらなければならない、と言われる。さらに、その作品が世界文学であれば、舞台となる国の社会事情や時代背景を事前に調べておく必要があろう。

私たちは『モンテ・クリスト伯』を読むにあたり、この小説の背後につねに見え隠れする*ナポレオンの存在にも注意を払った。また、フランスにとっては未曾有《みぞう》の動乱期にあたる十九世紀初頭の歴史を、絶えず念頭におきつつ読んでいったのである。既《き》成《せい》の権威《けんい》が崩壊《ほうかい》し、キリスト教の力も弱まりつつあった時代――人心の動揺《どうよう》する社会にデュマの『モンテ・クリスト伯』が喝采《かっさい》を博した背景も掘り下げられた。

そうした青年の熱っぽい議論を聞きながら、恩師は時に厳格な表情を見せつつも、いかにも愉《たの》しそうに語っていた姿が忘れられない。今にして思えば、戸田先生は私たちに貴重な教訓を、全力を挙《あ》げて遺《のこ》されたのである。

▽――『モンテ・クリスト伯』からの引用（1）は、生島遼一・奥村香苗訳の潮文庫版（全四冊）によった。

大いなる運命への挑戦

デフォー『ロビンソン・クルーソー』

十八世紀の初頭、イギリスに新しいタイプの人間が、一人の作家のイマジネーションによって生みだされた。正確には一七一九年四月——ダニエル・デフォー*が創作した『ロビンソン・クルーソー』である。

作品が発表されるや、世は騒然《そうぜん》と沸《わ》きかえった。称賛《しょうさん》の声援だけではない。デフォーの設定した状況が非現実的だ、あるいは心理描写《びょうしゃ》に矛盾《むじゅん》がある、といった非難の冷笑もある。無数の賛否の渦《うず》を起こしながら、人口に膾炙《かいしゃ》し、いつしか「西洋近代人の原型」という確かな評価に収斂《しゅうれん》されていった。

ロビンソンが乗船する船が、絶海の孤島に漂着したところから、彼の苦闘が始まる。彼は不屈《ふくつ》の精神力と鉄壁《てっぺき》の意志の力によって、前途を切り開いていく。じつに二十八年と二カ月十九日――その一日一日は、すべて生きぬくための戦いの連続であった。

みずから行動し、実践する以外には、一日たりとも生を長らえることはできない。彼は周到な計画を立て、知力の限りを尽《つ》くして工作と生産に励《はげ》む。その合理性とピューリタニズム、そして絶望の淵《ふち》に立って、なお一縷《いちる》の希望を捨てない強靭《きょうじん》な魂《たましい》は、新大陸にフロンティアを見いだしたアメリカ移住者の生きる規範《きはん》ともなった。いわばロビンソン・クルーソーは、旧世界をとびだした西欧近代人にとっての鏡と評される人間類型である。

作品が発表されて二百数十年を経《へ》た今日《こんにち》、ロビンソン・クルーソーなる「人間」の話は、多くの人びとの脳裡《のうり》に今なお刻《きざ》み続けられている。「ロビンソン的人間類型」という社会科学の用語さえできている。それだけ強烈な性格を有しているからだろう。たしかにロビンソン・クルーソーの置かれた状況は特殊であり、その生き方は鮮烈《せんれつ》である。生きるために犯さなければならない、さまざまな罪悪と、聖書の教える神の摂《せっ》理《り》に背いてはならぬという良心の叫《さけ》びとが、彼の胸中《きょうちゅう》に去来し交錯《こうさく》する。

　このロビンソンの葛藤《かっとう》が、近代人のジレンマを映《うつ》しているように、私には思われる。彼は、矛盾《むじゅん》を矛盾としてつつみもちながらも「生存」を最優先させていく。その生涯《しょうがい》は、人間とは何か、人生とは、社会とは、といった根本命題を、人びとの心に問いかけているようだ。

　とくに、前途洋々たる青年であれば、その遥《はる》かな人生航路の船出にあたり、いかなる一生を選択《せんたく》するか、大いに迷うものだ。それが青年の特権でもあろう。目標を定め、航行を始めても、航路は決して一様ではない。凪《なぎ》の日もあれば、万丈《ばんじょう》の波に翻弄《ほんろう》されることもあろう。「人生は航海なり」と*ユゴーは言ったが、名航海士であったか否《いな》かは、終章において決算されるものだ。

　ロビンソンの場合、文字どおり船乗りになって世界を航海したいという望みを持っていた。父親は、波瀾《はらん》に生きるより平凡《へいぼん》に生きることを彼に諄々《じゅんじゅん》と説得《せっとく》する。

「勤勉と努力しだいでは財産をきずくのも思いのままだし、だいいち安らかで楽しい生活もおくられるではないか。（中略）運を賭して外国にいって一と旗あげ、尋常いちょうでない仕事をやって名前をあげようなんていう連中は、どん底生活にあえいでいるような連中か、さもなければ、ひどく野心的な、金と運に恵まれた連中かそのどちらかなのだ[1]」

だが、ロビンソンは、両親の反対を押し切ってみずからの描《えが》いた航路に乗り出す。そして嵐《あらし》に遭《あ》い、難破し、ただ一人の生存者として孤島に漂着する——そのあまりの運命の苛烈《かれつ》さに、彼は父親の忠告を無視した浅薄《せんぱく》さをみずから厳《きび》しく責め、後悔《こうかい》する。

青年時代には、決然たる行動が憮然《ぶぜん》たる後悔に変わることが少なくない。だが、暗《あん》礁《しょう》に乗り上げたとき、どのように未来を切りひらくかが、その人の真価となる。『ロビンソン・クルーソー』には、青年の短慮《たんりょ》と、挫折《ざせつ》後の果敢《かかん》な再出発とが、デフォーの才気によって見事に描かれていく。

そうした意味では、早くから学校教育の一課程において、ロビンソン・クルーソーの教訓が取り上げられる意義は、決して少なくない。このことはルソー*も『エミール』のなかでふれており、最初に読ませるべき本として『ロビンソン・クルーソーの生涯と奇《く》しくも驚《おどろ》くべき冒険』(原題“The Life and Strange Surprising Adventures of

Robinson Crusoe”）を挙《あ》げている。

宗教は人間の根本法理

私も少年のころ、たしか『十五少年漂流記』とともに収められた『ロビンソン・クルーソー』を、改造文庫版で読んだ。遠い日の記憶をたどっていくと、そのころ、外国の冒険譚《ぼうけんたん》を夢中になって読みふけった一時期がある。世界地図をひろげては、ロビンソンが漂流したとされる航跡を想定してみたりした。

戦後になって戸田先生に邂逅《かいこう》すると、先生自身の獄中《ごくちゅう》体験との比較のうえで、よくロビンソン・クルーソーの孤島生活が話題になった。

たとえば、無人島でのロビンソンの生活の第一課は、まず時間の経過を知ることから始まる。彼は木の側面にナイフで刻《きざ》み目をつけ、日付と曜日を記録している。そのことにふれて戸田先生は「私も獄中で、時間を知りたくて、棒を立てて日時計を作ってみた。そうとう確実に知ることができるようになったよ」と、つい昨日のことのように語っておられた。

作者のデフォー自身は、実際には孤島生活を経験したわけではない。彼は作家生活に入るまえに、現実の政治に関係して、二度の入牢《にゅうろう》体験を持っている。おそらく、そのときの孤独な体験から、時間の経過に対する関心の切実さを知ったのであろう。

アレクサンドル・デュマ*も『モンテ・クリスト伯』において、その主人公が十四年におよぶ獄窓《ごくそう》生活のなかで、時間の感覚を失い、日付も年号もわからなくなって焦燥《しょうそう》感《かん》に陥《おちい》る様《さま》を描《えが》いている。

ダンテスにしても、クルーソーにしても、戸田先生が主人公を語る口調は、まるで掌中《しょうちゅう》の珠《たま》をさすように、自在に論評されていく。時間とは何か、といった問題についても、過ぎゆく時の測定の仕方から、哲学的な時間の概念《がいねん》へと論及される。

「時間というものは永遠だ。なにか相対するものがあるからこそ、時間というものがあるので、相対する何物もなければ、一念であり、それが永遠であるのだ」

また戸田先生の読書法は、水滸会《すいこかい》の教材となった本について「作者は、この本で何を言わんとしているのか」を、最初に掘り下げていく。会員の境涯《きょうがい》に応じた意見が、ほぼ出そろったところで、おもむろに考えを述べられる。

「ロビンソン漂流記は、その時代の頽廃的《たいはいてき》な怠惰《たいだ》と栄華《えいが》に反駁《はんばく》した書である。また、クルーソーの孤独の苦しみは、まだ切実にでていない。私の獄中《ごくちゅう》の苦しみと比べて、まだまだ甘《あま》く、筆の先で弄《もてあそ》んでいるように思える。

だいたいクルーソーの境遇は、無から出発したのではなく、必要な道具は全部、船のなかから供給されているから、まだ切実とはいえない」

ちなみに、難破した船から彼が持ち出した持物は銃と火薬、大工《だいく》道具、ナイフやフォークなどの生活用具のほかに、コンパス、日時計、望遠鏡、海図、そして聖書、さらにはペンとインクと紙もあって、はじめは日記を付けることさえできた。

作者は、あらかじめロビンソンに必要な用具を持たせている。しかし、獄中における戸田先生は、茶殻《ちゃがら》を噛《か》みくだいてインクをつくり、思索《しさく》の結晶《けっしょう》を一字でも文字にとどめようと工夫されたという。

だが、囚《とら》われの身と孤島生活との決定的な違いは、何よりも獄窓《ごくそう》には自由がないことである。無人島とはいえ、ロビンソンには島中を歩きまわる自由があった。彼は住居を構え、一つの別荘と広大な牧場をつくり、小さな舟を持っている。最後の三年間の島生活では、フライデーという忠僕《ちゅうぼく》も得、上陸してきたスペイン人や母国人に島の「総督」として振る舞う力さえ蓄《たくわ》えていた。

　そうしたロビンソンの孤島生活について、戸田先生は「これはフィクションだよ。塩を作ることが書いてないじゃないか」と言われたのを、私は鮮明《せんめい》に記憶している。絶望と極限の世界を描《えが》こうとしたデフォーと、獄中の孤独を体験した戸田先生との、厳《きび》しさの違いによるのかもしれない。

　ロビンソンは、両親の許《もと》を去るときには、神の存在を信じない不信の人であった。しかし孤独の運命に身をゆだねているうちに、頑《かたくな》な彼の心にも信仰心が芽生えてくる。そして、無人島の洞穴《どうけつ》のなかで熱病に襲《おそ》われたときに、手元の聖書をひもとく。以後は、彼の信仰告白が、何回となく繰《く》りかえされる。見方をかえて読むと、作者はプロテスタントの倫理《りんり》観を説くために、この本を著《あらわ》したとも思われるほどだ。そのため、子ども向けの省略本や非キリスト教国などでは、翻訳《ほんやく》にあたって、その部分が意図《いと》的に削除《さくじょ》される例もある。

しかし、水滸会《すいこかい》では、むしろロビンソンの信仰観、運命観を真正面から討議した。――運命は神がつくったもので、どうにもならない神の摂理《せつり》であると作者は見ている。そこにキリスト教思想の反映がある。

次々に発表する会員の意見が、どうやらこの辺に落ち着きそうなころ、戸田先生は厳然と言われた。

「宿命をどう扱うかによって、宗教の正邪がわかる。――運命はない、すべて努力によって解決するのだ、という努力説もある。しかし、人間誰《だれ》しもいかに努力しても、解決できない運命をもっているものだ。運命の根本を知らないで、今世だけの性格がつくりだすものと思っているのは誤《あやま》りである。

人間は子どものときから、運命をどう解決していくかを考えているものだ。しかし、どうしても解決できないので、宗教に求める。だが、まちがった宗教は逆に宿命を悪い方向にもっていくように手伝っている。この小説でも、キリスト教の諦《あきら》めの運命観によって、島の生活を諦めている。ここに幸福観をもたせようとしている」

ロビンソンは運命に抗し、運命を呪《のろ》い、そして不可視《ふかし》な運命に伏した。それは、作者デフォーの運命観でもあったろう。

戸田先生は、運命や信仰について語るときには、ひときわ語気を強められた。それは、いうまでもなく、宗教こそ、人間の幸不幸を左右する根本法理であるとの強い信念からである。

▽――文中『ロビンソン・クルーソー』からの引用（1）は、平井正穂訳の岩波文庫版による。吉田健一訳『ロビンソン漂流記』（新潮文庫）も参照した。

時代を変えた民衆の風

サバチニ『スカラムーシュ』

ラファエル・*サバチニ作の『スカラムーシュ』は、かのフランス大革命を背景にした、まさに血わき肉おどる熱血小説である。大衆小説としての面白味と、歴史小説の教訓も加味したこの名作は、一九二一年にイギリスで出版されるや、たちまち評判を呼び、アメリカでは長いあいだベストセラーを続けたといわれる。

わが国では、昭和三年（一九二八年）に改造社の「世界大衆文学全集」第二十七巻として、小田律氏の翻訳《ほんやく》で出版されている。私は戦後、それを神田の古本屋街で見つけて読んだ。

親友を抱きかかえるアンドレ・ルイ

一人の才知あふれる青年が、激動のフランス大革命期を舞台にして縦横に活躍するロマンは、まことに痛快そのものであった。あたかも敗戦直後の日本にも、混沌《こんとん》たる激動期に通ずる雰囲気《ふんいき》があったからであろうか。

この小説を読んでフランス大革命に興味《きょうみ》を抱《いだ》いた私は、相前後して、ヴィクトル・*ユゴーの『九十三年』も読んだ。また『スカラムーシュ』が映画化され、昭和二十八年の新春ロードショーとして有楽座で上映されたときにも、数人の同僚と一緒に観《み》ている。

しばらくして三笠書房から大久保康雄訳の『スカラムーシュ』が「百万人の世界文学」と銘打たれて出版されると、早速《さっそく》、華陽会《かようかい》の教材に取り上げられていった。

大革命以前のフランスは、特権階級に属する一部の僧侶《そうりょ》と貴族が君臨《くんりん》し、第三階級と呼ばれた平民は虐《しいた》げられ、苦しめられていた。徹底《てってい》した差別主義の社会である。だが、やがてアンシャン・レジーム（旧体制）の圧政は、奇《く》しくも第三階級の底力によって打ち破られていく。しかも、その発端は一地方の小さな不満の火が、くすぶり出したところから起こっている。わずか一、二カ月のうちに、革命の火は連鎖的に燃えひろがり、いつしかパリの都をおおい尽《つ》くすまでになっていった。

サバチニが描《えが》く『スカラムーシュ』は、そのフランス大革命の発端から、もっとも昂揚《こうよう》しつつあった時期までを舞台背景としている。主人公のアンドレ・ルイ・モローは、些細《ささい》なことから革命の火つけ役になってしまった。

もともと彼は、父母の名も知らず、養父によって育てられた、穏健《おんけん》な考えの若者である。ところが、ある事件をきっかけにして、彼は急進的な行動と、変転きわまりない生活に入っていく。

アンドレの運命を大きく変えたのは、親友の神父フィリップ・ド・ヴィルモランが決闘で殺されたときのことである。決闘のいきさつは――ヴィルモランが母親のことを、ラトゥール・ダジール侯爵《こうしゃく》から「身持ちが悪い」と罵倒《ばとう》され、憤激《ふんげき》のあまり侯爵の頰《ほお》を平手で打ってしまったことに端を発する。打たせたのは、侯爵の罠《わな》である。

若きヴィルモランは稀有《けう》な雄弁家であった。特権階級を攻撃《こうげき》する正義の言論は、喉《のど》元《もと》を射るような鋭《するど》さがある。彼を生かしておくことは、ダジール侯爵にとって危険このうえないことであった。

罠にはまったヴィルモランは、侯爵を侮辱《ぶじょく》したかどで決闘を申し込まれる。だが、剣の達人と、筆以外は手にしたこともない聖職者との決闘である。勝敗は戦わずして明らかであった。双方剣を構えてからヴィルモランが倒れるまで、ほんの一瞬の出来事である。

鮮血を流し、見るまに青ざめ、死んでいくヴィルモラン——立ち会い人のアンドレは親友の身体を抱《かか》えながら、不条理な決闘の顚末《てんまつ》に怒《いか》りの炎《ほのお》を燃やす。そして彼は、亡《な》き友の正義感と雄弁とを、みずから承継《しょうけい》せんものと固く心に誓《ちか》うのである。

この事件があってからアンドレは、特権階級に対する反撃を開始する。穏健であった彼の性格は、火を噴くように苛烈《かれつ》な精神へと変貌《へんぼう》していった。

「ひとかどの人物は、必ずなにかのきっかけをつかんで、決然と立ち上がるものだ。とくに人間の死というものに直面したときの決意は、もっとも強く、大きいものがある」

アンドレが親友の死を転機として立ち上がっていく場面について、戸田先生は、このように語っておられた。それは、恩師である牧口初代会長の獄死《ごくし》を牢《ろう》の中で聞いたときの衝撃と、胸中《きょうちゅう》に秘めた決意を、沁々《しみじみ》と思い出されているような口調であった。

激浪の人生進む主人公の魅力

アンドレ・ルイの人生行路は、波静かな大洋から一転して激浪《げきろう》へと突き進んでいく。まるで人が変わってしまったかのように――。

若き弁護士《べんごし》である彼は、故ヴィルモランの雄弁をそのまま受け継《つ》ぎ、国王代理判事を訪《たず》ねて公平な裁《さば》きを要求する。事件の顚末《てんまつ》を詳細《しょうさい》に説明し、件《くだん》の決闘は、合法を装った殺人である、と。

ここでサバチニは、風車に向かって突進するドン・キホーテの話を挿入《そうにゅう》している。養父のケルカディウ公は、告訴におもむこうとするアンドレに対して「お前、ドン・キホーテを読んだことあるだろう。彼が風車に向かって突進した時何が起こった？

お前の身に起こるのはあれと同じだ[1]」と、その無謀《むぼう》な行為を揶揄《やゆ》していた。

アンドレは、養父の保守主義を熟知している。その程度の揶揄で、男が一度きめた信念をくつがえすことはできない。彼は皮肉《ひにく》まじりに反撃して、養父のもとを去っていった。

「もし風車が強すぎるようでしたら……」「……風のほうを何とかするようにつとめてみるつもりです[2]」と。

つまり、風車は特権階級であり、風は民衆である。風車は槍《やり》では倒せないが、風が吹けば、いやでも回りだすだろう。まさにフランス大革命は、民衆が巻きおこした一陣の風が風車を回しに回し、やがて全ヨーロッパにヒューマニズムの薫風《くんぷう》を吹きこんでいったものである。

サバチニの筆は、じつに軽快である。ドン・キホーテと風車の話が出てきたところで、戸田先生もハタと膝《ひざ》を打たれ、いかにもわが意を得たという表情であった。

ところで、絶大な権限をもつ国王代理判事という風車は、田舎《いなか》出の一弁護士の小さな槍には微動《びどう》だにしなかった。無念の涙をのんで帰る道すがら、アンドレは急進派の若者の騒然《そうぜん》たる群れに出会う。それは、一人の学生が当局の役人の銃弾に当たって死んだことへの抗議の集会であった。

アンドレは、銅像の台にのぼって「レンヌの市民諸君！　われわれの母国はいま危険に瀕《ひん》している(3)」と、あらん限りの声をふりしぼって叫《さけ》ぶ。ついで邪悪《じゃあく》な政治を弾劾《だんがい》し、親友が不法な決闘で殺されたこと、その告訴を代理判事が無視したことなどを、熱烈な調子で訴《うった》えた。

この演説の効果は、電撃的であった。大喚声が湧《わ》き、群衆は熱気につつまれていった。風車を相手にして失敗したばかりのアンドレは、ここでは風を支配する人となったのである。

民衆からの絶大な支持を受けたアンドレは、早速《さっそく》、レンヌの急進派の代表として、運動の中心地ナントに派遣される。そこでも彼は、大衆を前にして祖国フランスの危機を訴え、第三階級の奮起を促《うなが》す熱弁をふるう。レンヌと同様に、ナントの町も騒然とし、ほどなくしてパリの革命的状況へとつながっていくのである。

ここで戸田先生が、群集心理について指摘《してき》された言葉を、私は肝に銘じている。

「大衆は、一人の煽動者《せんどうしゃ》によって、どうにでも動いていくものだ。したがって、中心に立つ者の言語、動作というものが大事になってくる。群衆を見下してはいけない。いつも民衆の味方になっていくようでなければならない」

革命の因となる病弊を嘆く

さて、急進派の英雄に祭りあげられたアンドレは、他方、特権階級にとっては仇敵《きゅうてき》と目《もく》されるようになった。彼を「煽動罪」に問う手配書が各地に貼られ、偽名《ぎめい》をつかっての逃亡生活を余儀《よぎ》なくされる。

もっとも、すでに平穏な生活に見切りをつけた彼にとって、波瀾《はらん》の人生は覚悟のうえであった。彼は逃亡の途次、旅芸人の一座にまじって身を隠す。

旅廻《まわ》りのビネ一座は、イタリア喜劇の伝統をフランスに復興しようとする。その劇団の脚本《きゃくほん》を、座員と巡業しながら書くことになったアンドレは、たちまちにして才能を発揮《はっき》し、抱腹絶倒《ほうふくぜっとう》の喜劇を次々と編みだしていく。

一座の当たり狂言は、いうまでもなく「スカラムーシュ」である。スカラムーシュとは道化役者の意で、彼自身が道化役を演じ、各地で爆発的な人気を呼んで、いつしか一座の中心人物になる。

ともあれ、こうした物語の進展に並行して、現実の大革命の様相も、ますます濃くなっている。もはや、アンドレが起こした民衆の風が、巨大な風車を押し倒しかねない気配を見せていた。各地で好評を博したビネ一座は、その圧倒的な人気を背景にして、ナントの劇場に乗りこんでいく。

アンドレは、そこでダジール侯爵《こうしゃく》が観劇しているのを見つけると、舞台上から名指しで特権階級の悪事を暴《あば》く。劇場は蜂《はち》の巣をつついたような騒《さわ》ぎとなり、アンドレは辛《から》くも脱出《だっしゅつ》して、ふたたび身を隠さなければならなくなった。

その後の主人公は、大革命前夜のパリに登場し、剣の修行に打ち込んでいる。孜々《しし》として一剣を磨《みが》いた彼は、並はずれた能力と努力とによって、短期間のうちにフェンシングの教師となり、名剣士と謳《うた》われるまでになった。

バスチーユ襲撃の後、アンドレの剣の師は革命の犠牲者《ぎせいしゃ》となった。作者サバチニは、本書の扉にフランスの歴史家*ミシュレのエピグラムを記《しる》している。

良識のある者は、革命による災害を嘆くのみでなく、革命を起こす原因となった病弊そのものをもまた嘆くものなり(4)。

おそらく作者の意図《いと》も、ここに尽《つ》くされていよう。小説には*ロベスピエール、*ダントン、*マラーといった実在の人物も登場するが、彼らは野心家として描《えが》かれている。むしろ架空《かくう》の人物ではあるが、この小説に登場する主人公のアンドレたちのほうが生きいきとしているのは、大革命の主役が無名の庶民《しょみん》の起こした風であったことを、作者は訴《うった》えたかったからであろう。

▽——文中『スカラムーシュ』からの引用（1〜4）は、加島祥造訳の潮文庫版によった。

古代都市の栄光と悲劇

リットン『ポンペイ最後の日』

今から千九百年まえ――西暦七九年八月下旬のことである。ローマ帝国の植民都市ポンペイの市民は、数日まえから感じられた不気味な地鳴りにおびえながらも、きょうもまた燦々《さんさん》と降りそそぐ南国の明るい太陽の下、陽気で自由な生活を送っていた。

ポンペイの人口は二万から三万、南イタリアの中都市である。ベスビオ山の南麓《なんろく》に沿って展開し、世界でもっとも美しいといわれるナポリ湾に面していた。なにしろ「ナポリを見て死ね」といわれるほどの風光明媚《ふうこうめいび》の地である。当時のローマ帝国の富豪たちも、この地に別荘を持っていた。

ポンペイ　ディオスクレス家の壁画
アンドロメダとペルセウス

市民の一日の生活は夜明けとともに始まる。地中海各地とイタリア半島の内陸諸都市とを結ぶ物資の集散地でもあったポンペイは、にぎやかな商業の町でもあった。ほとんど午前中に一日の仕事をすませ、午後は市内に三つはあった大きな公衆浴場へ出かけていく。スポーツで汗を流しては浴場に入り、温水プールで泳いではサロンで談論の花をさかす。さながら浴場は市民の社交場でもあった。

豊かなポンペイ市民の生活は、いささか享楽《きょうらく》的であったようだ。街路は舗装《ほそう》され、各戸に水道も引かれている。市の東部にある円形闘技場は二万人以上を収容でき、そこで奴隷《どれい》の剣闘士の試合や、ライオンや猛牛と戦う剣士のショーが見られた。アイシャドーを塗って現代風の化粧をほどこした貴婦人たちが、強くて眉目《びもく》秀麗な剣の闘士に熱狂的な声援を送る。野獣の鮮血が流れ、残酷《ざんこく》にも奴隷や罪人が殺されたのである。

その是非はともあれ、当時のポンペイ市民は、日々このような生活を過ごしていたようだ。一見、将来には何の不安もないように見えていた。

ところが、ユリウス暦（陰暦）で八月二十四日のことである。昼ごろ、まるで松の木のような形をした灰色の雲が、ベスビオ山から、いきなり空高く湧《わ》き上がった。と見るや、天地も裂《さ》けるかのような爆発音とともに、軽石や焼けた土砂が雨のように降りそそいできた。街は見るまに灰と岩石で埋めつくされていく。

　その日の模様を伝える小プリニウスの手紙によると、恐怖で顔をひきつらせた市民が、先を争って逃げだす。地面は絶え間ない地震で波うつように揺れに揺れ、両足がすくむ思いであったという。

　ベスビオ山の噴火は夜になってもやまず、地震は相変わらず続き、時折、不気味な火柱が夜空を焦《こ》がす。翌日になっても空は夜のように暗く、人びとは松明《たいまつ》の明かりをたよりに海岸から船に乗って脱出《だっしゅつ》したという。

　栄光と繁栄《はんえい》の高みにあった古代都市ポンペイは、こうして一夜にして地獄のどん底に突き落とされ、忽然《こつぜん》として視界から消えていったのである。

　私がポンペイ市の悲劇の物語を知ったのは、少年のころである。戦前、改造社版の「世界大衆文学全集」のなかに、*リットン卿《きょう》の『ポンペイ最後の日』という歴史小説が小池寛次訳で収められ、それを夢中になって読んだ。たしか、映画も輸入されて日本で上映され、友人と一緒に観《み》た記憶がある。

戦後、昭和二十八年（一九五三年）になって、新たに堀田正亮訳の『ポンペイ最後の日』が三笠書房の「百万人の世界文学」シリーズの一巻として出版された。戸田先生もこの小説を愛読されたことがあるらしく、華陽会《かようかい》の求めに応じて教材に取り上げられている。

作者のバルワー・リットン卿は、一八〇三年五月二十五日、ロンドンで生まれた。彼はケンブリッジ大学に在学中、すでに詩集を出して文才を認《みと》められ、卒業後はジャーナリスト、詩人、劇作家として活躍する。

ちなみに、リットン卿は政治家としても名を知られ、二十代で代議士となり、一八五八年には植民地相にもなった。その二年まえにはグラスゴー大学の総長にも就任《しゅうにん》しているから、いわば十九世紀の大英帝国の一翼を担《にな》う万能選手であったわけだ。

その彼が三十歳の秋、イタリアを旅行してポンペイ市の遺跡に立ったとき、思わず胸にこみ上げてくるものがあったらしい。作者は、千七百年以上も昔に、そこで生き、愛し、戦った古代人の姿を想像して、生きいきと現代に甦《よみがえ》らせようとした。全訳すれば千五百枚にものぼるという長篇を一気呵成《かせい》に書き上げ、翌年出版したのである。

むろん、この物語は総《すべ》てフィクションではあるが、何回読んでも感動的な味わいを持っている。それは十八世紀中葉から、ポンペイ遺跡の発掘が始まり、ローマ帝国の盛時をそっくり再現するその模様が、広く興味《きょうみ》をそそっていたという要素もあろう。だが、それにもまして作者の古代への情熱と、該博《がいはく》な知識欲によって時代背景を考証し、さながらポンペイ人が生きかえったかのような筆致《ひっち》で描《えが》かれているからではなかろうか。

「人間の魂」を掘り下げる

物語の主人公は、アテネ生まれの貴族グラウクスと、ギリシア系の美女イオーネである。二人の恋の物語が粗筋《あらすじ》の太い線となって展開していくが、作者の意図《いと》は明らかに埋没《まいぼつ》直前のポンペイ市を再現するところにおかれていた。そのため、たんなるラブ・ロマンスに終わらせず、複雑に入り組んだ人間模様の糸を縦横に織りなしていく。光輝《ひかりかがや》くポンペイの繁栄《はんえい》の陰には生涯《しょうがい》、奴隷《どれい》の身に甘《あま》んじなければならない不幸な人びとがいた。彼らが自由な市民の享楽《きょうらく》的な生活を足下から支えていたのである。作者は目の不自由な花売り娘ニディアを重要人物として配し、彼女の生き方のなかにこそ真実の愛を見いだそうとしているかのようだ。

この小説のもう一つの主題は、人間の魂《たましい》の問題である。美しいイオーネの後見人でありながら、死の間際《まぎわ》までグラウクスの恋敵であり続けたアルバセスは、エジプトから来たイシス教の黒幕であった。彼は「火の帯の主」として市民から恐れられ、占星《せんせい》術と怪《あや》しい秘儀《ひぎ》によって莫大《ばくだい》な富《とみ》を築く。

イオーネの兄のアペーシデスも、はじめはイシス教の僧官であった。だが彼は、いつかアルバセスの邪悪《じゃあく》とイシス教の誤《あやま》りに目覚め、そのころポンペイの貧しい人びとの心をとらえ始めていたキリスト教に改宗しようとする。

アペーシデスは、初期キリスト教の熱心な伝道師であるオリントスと相談して、ポンペイ市民の前に改宗の名乗りをあげる予定であった。ところが、二人の会合の場にアルバセスが来て、アペーシデスは殺され、オリントスは教唆《きょうさ》者の罪を問われることになる。たまたま現場を通りかかったグラウクスも、アルバセスと通じていた巫女《みこ》の調合になる毒薬を飲まされて精神錯乱《さくらん》状態に陥《おちい》り、アペーシデス殺害の犯人に擬《ぎ》せられてしまった。

若きグラウクスは悲劇の詩人である。オリントスはまた殉教《じゅんきょう》者であった。そして、情熱的な恋に生きるイオーネ――この三人は、健全なローマの栄光を体現しているかのような、人間性にあふれた生き方の人間像である。

それに対して、貪婪《どんらん》な妖術《ようじゅつ》師のアルバセスやイシスの僧官カレヌス、富豪のディオメッド家に寄生する人びとは、病《や》めるポンペイの陰の側面を代表する人物として描《えが》かれる。さらには、グラウクスとオリントスに死刑を宣告し、二万人を収容する大衆の面前で猛獣の餌食《えじき》に供しようとする市民の異常性は、近代人たる作者の同感しえない部分であったろう。

彼ら二人が、まさに公開処刑されようとする寸前に自然は怒《いか》りを発し、ベスビオ火山の大爆発を見るという設定になっている。いかにも大衆小説的な結構だが、ここに作者の意図《いと》がこめられていることは明らかだ。

この長篇の最終章は、ポンペイ最後の日の人間の生き様《ざま》を描写《びょうしゃ》することによって、一挙に盛り上がりをみせる。

死刑執行《しっこう》の直前に九死に一生を得たグラウクスは、ニディアの案内によってアルバセスの家に走り、そこに監禁されていたイオーネを救出する。三人は互いに助け合い、励《はげ》まし合いながら、脱出《だっしゅつ》の船をめざして海岸へと急ぐ。

もう一人の死刑囚オリントスは、恐ろしい虎口《ここう》を脱した運命を神に感謝して、ひざまずいたまま祈りに耽《ふけ》っていた。彼はグラウクスに促《うなが》されて立ち上がるが、信徒の安《あん》否《ぴ》を気づかって逃げようともせず、息子《むすこ》を闘技場で失ったばかりの老人の祈りに唱和していった。

一方、イシスの僧官たちは気も動顚《どうてん》してしまい、祭壇の周囲に集まって燈明をあげ、香を焚《た》こうとするが、それもできずに居すくまっていた。奴隷《どれい》たちは皆、逃げだしてしまったのに、ある者は泣いて平伏し、祈り、そして祭壇の前で降りそそぐ土砂に埋まり、永遠の眠りについたという。

ポンペイの発掘は、一七三八年以来、組織的に行われ、ローマ帝政時代の古代都市の全貌《ぜんぼう》がしだいに明るみに出されていった。リットン卿《きょう》の歴史小説が欧米で反響を呼んだのは、それより百年たったころである。それに刺激されてか、一八六〇年以後、本格的な発掘作業がなされるようになった。以来百年、埋没《まいぼつ》当時のポンペイ市の三分の二、あるいは五分の四はふたたび陽光を浴びて地上に姿を現し、今日《こんにち》なお発掘は続けられているという。

埋没当時の模様は、リットン卿の小説では大惨事のように描《えが》かれているが、二万人以上の人口のうち死者は約二千と推定され、大半は海上への脱出《だっしゅつ》に成功したようだ。ただし富豪の家に死者が多く、両手に金貨や銀貨を握りしめたまま死んでいたり、宝石箱を持ったまま息絶えた人も見られるという。

おそらく、一旦《いったん》は逃げだしたのに、噴火が一時おさまりかけたのを見はからって家に戻り、持てる金銀財宝を運びだそうとしたのだろう。ローマ帝国の富豪たちは、数百あるいは数千人の奴隷《どれい》を使用していたという記録もあるが、これらの死者のなかには、主人のために財宝を持ちだそうとした忠実な奴隷も含まれているかもしれない。だが、金銀財宝のために生命を落としたその姿は、人間の悲しい性《さが》を示しているように思えてならないのである。

いずれにせよ、ポンペイの最後の一日は、人間の運命と文明の興廃《こうはい》というものを、いやでも深刻《しんこく》に考えさせる。ちょうど今から千九百年まえのその日に何が起こったのか。——懐《なつ》かしい少年時代の本のページをめくりながら、私は遥《はる》かな歴史の回想に耽《ふけ》りつつ筆を擱《お》くことにしたい。

▽——村川堅太郎編『世界の歴史2　ギリシアとローマ』（中央公論社）、J・J・デイス『ヘラクラネウム　よみがえった古代ローマ都市』穴沢和光訳（学生社）、ロード・リットン『ポンペイ最後の日』堀田正亮訳（三笠書房）を参照した。

続 若き日の読書

一九九三年十一月　第三文明社刊

人間の魂に触れる詩

ホイットマン『草の葉』

「仲間よ、これは書物ではない、これに触《ふ》れる者は人間に触れるのだ（1）」——なんと自信にみちた言葉だろう。仲間とは庶民《しょみん》である。詩人は、庶民の感情を詩に託《たく》し、高らかに胸を張って歌っている。

若き日、ホイットマン*の詩集『草の葉』を手にしたとき、真っ先に閃《ひらめ》いた印象である。頁《ページ》を繰《く》ると、自由を謳《うた》い、平等を愛し、友情を讃《たた》える詩が胸を打つ。民主の叫《さけ》びが聞こえる。

私は当時、数えで二十三歳だった。この本は、私の青春とともにあった。二十代の

私にとって、この書は勇気・未来・熱情を心に吹きかけてくれたものだ。

〝人の自主〟をわたしは歌う、素朴《そぼく》な、個の人間を、
が、それにもかかわらず口にする、〝民主的〟という言葉を、〝大衆と一緒に〟という言葉を。

生理機能なら、頭のてっぺんから足の爪先《つまさき》にいたるまでわたしは歌う、
ただ面相だけばかりではない、脳味噌《のうみそ》だけばかりでも、一本立ちでは〝詩神〟にとって価値はない、あえて言う、五体そろった〝形態〟こそはるかにより価値があるのだ、
〝女性〟を〝男性〟と平等にわたしは歌う。(2)

これは「〝人の自主〟をわたしは歌う」との『草の葉』冒頭《ぼうとう》の題詩《だいし》の一節。彼は底知れぬ情熱と、活力溢《あふ》れる生命を讃歌《さんか》し、陽気で、奔放《ほんぽう》な行動力の新たな人間を、心

からの共感をこめて歌った。

また彼は、素朴《そぼく》で広大なる自然を歌った。瑞々《みずみず》しい草の葉、青草の大地に生きる庶《しょ》民《みん》への人間愛、貧しくとも緑の新天地を求めゆく開拓《かいたく》者たちを歌った。彼の詩は、民衆の誰《だれ》もが共鳴しうる「人間の詩《うた》」だ。まさしく人間の魂《たましい》に触《ふ》れる詩といってよい。

逆境の中から歌い出す

アメリカの「国民詩人」といわれたウォルト・ホイットマン。彼はニューヨーク州ロングアイランドの小さな村、ウエストヒルズに生まれた。貧しい農家の九人兄弟の上から二番目、家族からは「ウォルター」と愛称された。

大工《だいく》仕事が好きだった父親は、ウォルターが四歳のとき農業をやめ、住みなれた土地を売り払ってブルックリンに移り住んだ。だが、子だくさんの一家の生活は苦しく、ホイットマンも十一歳で通学をやめ、小学校五年までしか行かせてもらえなかった。

働きに出た少年ウォルターは、弁護士《べんごし》事務所の給仕《きゅうじ》を皮切りに、医師の家で使い走りをしたり、さまざまな職を転々とする。少年は、やがて印刷所の植字工《しょくじこう》見習いになり、何よりも「活字」の知識を身につけたことが生涯《しょうがい》の財産となった。文学書を読みあさり、新聞に論文や随筆を投書するまでに成長した。いわば「活《い》きた学問」を身につけて大きく育ったのである。

少年ウォルターは、十四歳のとき家を出て自立し、その後、十七歳のときから小学校の教師を務《つと》めた。生徒の家に寄宿して学校に通い、二年間に七校も変わったという。成人すると、大統領選挙などでは支援の活動にも積極的に参加したが、建前《たてまえ》と本音《ほんね》の違う政治の世界に失望し、やがてジャーナリストとしての道を歩むことになる。

二十二歳のときニューヨークに戻ってからは新聞の植字工をしたり、また記者としても活躍した。彼は若いころに二十四篇の小説を書き、そのうち一篇は二万部も売れるなど、多様多彩なる文筆活動を展開した。一八四六年三月（二十六歳）には、ブルックリンで発行される新聞の主筆《しゅひつ》にまでなった。

念願のジャーナリストである。彼は、社説に書評に劇評にと縦横無尽《じゅうおうむじん》の筆をふるった。しかし、奴隷《どれい》制度廃止の意見で社主と衝突《しょうとつ》、退社のやむなきにいたる。彼は急進的ではないが、熱心な奴隷《どれい》解放論者であった。

若きホイットマンは、信念の筆を決して枉《ま》げなかった。かえって逆境を発条《ばね》に、新しい世界に挑戦《ちょうせん》していったのである。アメリカ南部を旅行し、いくつかの新聞に記事を書くかたわら、父親の仕事を手伝ったりした。バスの運転手や渡船夫、街の労働者など多くの友人を得た。庶《しょ》民《みん》とともに、懸命《けんめい》に生きぬくなかで、真の人間の魂《たましい》の息吹《いぶき》を吸収していったのであろう。このことが、あとで『草の葉』の「国民詩人」として庶民の共感を得る土壌《どじょう》ともなっている。ホイットマンは三十二歳ごろ、みずからブルックリンに建てた家で印刷所と書店の経営を始める。そして、逆境にあっても雑草のように強い詩人として、彼は人間の魂に触《ふ》れる詩を歌おうとしたのだ。

また「何の拘束《こうそく》も受けず、本来の活力のままに」、己《おのれ》のヴィジョンを語る詩人たろ

うとしたのである。詩人として立つにあたり、こんな自戒の言葉を書きとめている。

「わが詩は――簡単《かんたん》明瞭であること――超自然であってはならぬこと」

「これから幾世紀の後までも流用さるべきもののみを取り入れることに注意せよ」

「完璧《かんぺき》な詩歌《しいか》とは、単純で健康で、自然であること――天使やギリシア神話の怪物《かいぶつ》どもの出てこないこと、不潔でないもの、消化不良や自殺的意志のないもの……(3)」

「国民詩人が遂に出現した」

さて一八五五年、ホイットマンは三十六歳のとき詩集『草の葉』を自費出版した。著者名の代わりに一枚の労働者風の肖像《しょうぞう》を掲載《けいさい》しただけのもの。目次もなく、たった十二篇の作品が、すべて無題のまま収められている。体裁《ていさい》も九十五頁《ページ》の薄い四つ折り判。部数は七百九十五冊。

ホイットマンは、それでも自信たっぷりだった。みずから匿名《とくめい》で推薦文《すいせんぶん》を書き、いくつかの新聞や雑誌に発表した。そのうちの一つに、こんなのがある。

「アメリカの国民詩人が遂《つい》に出現した。朴訥漢《ぼくとつかん》で体軀《たいく》偉大、性傲岸《ごうがん》、情深《なさけ》く、食《く》い飲みかつ産《う》む。その服装は男らしく自由である。彼の顔は陽《ひ》に煆《や》け、顎鬚《あごひげ》が生《は》えている。彼の姿勢は雄々《おお》しく真《ま》っ直《す》ぐだ(4)」

この一文は、のちに彼の代表作としてよく引用される「わたし自身の歌」のなかの次の一節に、きわめてよく似ていよう。

ウォルト・ホイットマン、一個の宇宙人、正真正銘のマンハッタン子、
騒ぎ立てることが好きで、肥《ふと》り肉《じし》で、肉感的で、よく食い、よく飲み、(中略)
メソメソ屋ではなく、男たちや女たちのうえにはだかるものでもなければ、彼ら
　から超然と離れているものでもない、
不道徳者にくらべて堅造《かたぞう》というのでもない(5)。

これがウォルト・ホイットマンの自画像であろうか。

しかし詩集の評判は、必ずしも芳《かんば》しくなかった。ある雑誌は「形式に拘泥《こうでい》せぬ奇妙

な詩集(6)」と書き、またある雑誌は「ホイットマンは豚《ぶた》が数学を解《かい》さない程度に芸術に理解がない(7)」と酷評《こくひょう》した。

ただ一つ救われたのは、そのころ「アメリカ詩壇の大御所」といわれた*エマソンから『草の葉』出版二週間後に、激励《げきれい》の手紙が届いたことであろう。この「コンコードの哲人」とも呼ばれた高名な思想家は「アメリカが元来《がんらい》有した叡智《えいち》のうちで最も卓抜《たくばつ》な作品である」と激賞している。この詩集は〝太陽光線〟の如《ごと》く、まさに「確固として人を鼓舞《こぶ》する」とも讃《たた》えていた。

こうして大家《たいか》からの手紙にも励《はげ》まされたのであろう。ホイットマンは翌年、新たに二十篇の作品を加え、合わせて三十二篇の詩を収録、三百頁《ページ》を超える第二版を自費出版した。表紙にはエマソンからの手紙の一節「偉大なる経歴《けいれき》の冒頭における貴下に挨《あい》拶《さつ》を送る(8)」との句が、金文字で記された。

ここに「大道の歌」と題する作品がある。詩人にとっては、この宇宙そのものが、旅する魂《たましい》のための道であると歌う。私も昭和三十年（一九五五年）の「日記」に、その一節を書きとめたものである。

いつまでも生きとして、いつまでも前方へと、
堂々と、荘重に、悲痛に、引っ込んで、もがいて、物狂《ものぐる》おしく、手に負えず、
　弱々しく、不満足で、
絶体絶命に、誇《ほこ》らかに、溺愛《できあい》して、人々に受容され、人々に排斥《はいせき》され、
彼らは行く！　彼らは行く！　わたしは彼らが行くのを知っている、が、彼らが
　どこへ行くかは知らないのだ、
だが、わたしは彼らが最もよきものの方へと行くことだけは知っている――偉大
　な何ものかの方へと。[9]

詩人は「宇宙の堂々たる道路に沿っての男女の」[10]魂《たましい》の前進のために、終生歌い続けた。初版から五年後、一八六〇年に出た第三版では新たに百二十二篇を加え、四六判で四百五十六頁《ページ》の分《ぶ》厚《あつ》い本となった。版を新しくするたびに作品の数をふやし、死の前年に出した第九版（いわゆる臨終版）では、四百篇近い作品が収められるにいたった。

その間、なんと三十六年である。ホイットマンは自身の生涯《しょうがい》の輝《かがや》かしい記念碑《きねんひ》として、この詩集一冊に賭《か》けた。彼こそは『草の葉』とともに成長し、大衆のなかに生きぬいた詩人といっていいだろう。

『草の葉』第三版が出た翌年——一八六一年四月に「南北戦争」が勃発《ぼっぱつ》した。この戦争でホイットマンの弟ジョージが前線で負傷したという報《しら》せが届くと、すぐさま彼は最前線にかけつけた。幸い弟の傷は軽かったが、兄は戦場に残り、しばらく負傷兵《ふしょうへい》の治療や看病に奔走《ほんそう》、戦争の悲惨《ひさん》を目《ま》のあたりに見た。

戦争終結後、尊敬するリンカーン*大統領が暗殺《あんさつ》されるという衝撃的な事件も起こった。こうした南北戦争での体験やリンカーン追悼《ついとう》の詩も、第四版から収められている。また、このころからイギリスなどでもホイットマンの詩が注目されるにいたっている。

日本と東洋への憧れ

ところで、ホイットマンの詩には未知の世界に憧《あこが》れるものが多い。とくに東洋的なものに憧れていたことは、多くの論者が指摘《してき》するところだ。たとえば南北戦争の前年（一八六〇年）、日本から初の使節団《しせつだん》がアメリカを訪《おとず》れた。

西の海を越えていま日本から渡来した、
頰《ほお》に日焼けのあとをとどめ、二本の刀《かたな》をたずさえる礼儀《れいぎ》正しい使節たち、
無蓋《むがい》の馬車にゆったりと身を託《たく》し、無帽のまま、動ずる気配《けはい》もなく、
きょうマンハッタンの街《まち》を進む。

「自由」よ、使命を帯《お》びる日本の貴公子《きこうし》に伍《ご》して、
うしろからつき従い、上からのぞき、まわりに群《むら》がる行列のなかに、あるいは進

みゆく隊列《たいれつ》のなかに、
わたしが認めているものを他人も見ているかどうかは知らず、
ともかく歌おう君のために「自由」よわたしの目にうつるものの歌を(11)。

これは「ブロードウェイの華麗《かれい》な行列」と題する長詩で、日本から来た使節団の行列を詩人がニューヨークの群衆にまじって見物したときの感懐《かんかい》を歌ったものである。

一八六〇年といえば、日本では江戸幕末《ばくまつ》の万延《まんえん》元年のこと。ワシントンでの日米通商条約批准《ひじゅん》のため、新見豊後守忠興《にいみぶんごのかみただおき》を正使とし、村垣淡路守範正《むらがきあわじのかみのりまさ》を副使とする初の訪米使節団が海を渡った。このとき、使節団の護衛艦《ごえいかん》「咸臨丸《かんりんまる》」に*勝海舟《かつかいしゅう》や*福沢諭吉《ゆきち》が乗りこんでいた話は、よく知られている。

もっとも、ここで詩人が「日本の貴公子」と呼びかける行列のなかに海舟や諭吉は含まれていない。彼らは西海岸のサンフランシスコに滞在し、帰国の準備に忙《いそが》しかった。しかし、それにしても日本にとっては初の国際舞台への登場という壮挙《そうきょ》である。

ブロードウェイの群衆にまじって見物したホイットマンにとっても、よほど珍しかったにちがいない。当時の彼は四十一歳だったはずだが、興奮《こうふん》した勢いで「使命の捧持者たち」と題し、「ニューヨーク・タイムズ」紙上に発表したものである。のちに改題され、詩集『草の葉』に第四版から収められた。

今、あらためて読みなおしてみると、詩人は日本からの使節団《しせつだん》を迎え、東西融合《ゆうごう》の夢が実現しつつあるのを率直《そっちょく》に喜んでいる様子が、よく解《わか》る。また彼が東洋そのものに憧《あこが》れをいだいていたことは、他の詩によっても窺《うかが》えよう。

たとえば『草の葉』第五版（一八七一年）に付録として収められた「インドへの航旅」と題する偶作詩《ぐうさくし》がある。

インドへの航旅よ！
はるかなコーカサスからの冷涼な風は人類の揺籃《ゆりかご》をなだめすかし、
ユーフラテスの川は流れ、過去は再び輝《かがや》かされた。
見よ、霊魂、回顧《かいこ》は前の方へと持ち来たされた、

地上の国々の古い、最も人口の稠密《ちゅうみつ》で、最も富貴《ふうき》なもの、
インダス川とガンジス川とそれらの多くの支流の流水(12)、

スエズ運河の開通、北米横断鉄道の完成、大西洋海底電線の敷設《ふせつ》を記念して歌われた詩の一節である。わが民衆詩人は輝かしい近代科学の成果を讃《たた》えながらも、たんに物質的な繁栄《はんえい》のみでなく、これからの人類が東洋の精神文明に着目し、大いなる航海へ船出すべきだと歌いあげている。

しかしホイットマン自身は一八七三年一月、五十三歳のときに突然の発作《ほっさ》に倒れ、インドへの航海に出ることはなかった。晩年は外出も困難になった。彼は、今から百年前の一八九二年三月二十六日の早朝、肺炎《はいえん》がもとで七十二歳の生涯《しょうがい》を閉《と》じている。

大洋に船出せんとしていたホイットマンが波瀾《はらん》の生涯を終えた年、東京帝国大学の学生だった夏目《なつめ》金之助《きんのすけ》（のちに「*漱石《そうせき》」と号す）は、早くも「文壇に於《お》ける平等主義の代表者『ウォルト・ホイットマン』の詩について」と題する論文を、明治二十五年十月の『哲学雑誌』に発表した。

この論文のなかで「作者は是《こ》れ宛然《えんぜん》たる一個の好詩人なるべし蓋《けだ》し其《その》文学史上に占むべき地位に至っては百世の後《のち》自ら定論あり[13]」と、若き漱石《そうせき》は記《しる》す。まさに「具眼《ぐがん》の士」といえよう。詩人の没後百年を記念し、今秋（一九九二年）には創価大学に*ホイットマンの銅像が建つことになっている。

▽――『草の葉』からの引用のうち、（2、5、9、10、12）は富田砕花訳の第三文明社刊レグルス文庫版に、（1）は富田砕花訳『詩集　草の葉』（朝日新聞社）によった。また（3、4、6、8）は長沼重隆訳『世界の詩集10　ホイットマン詩集』（角川書店）の解説、（7）は白鳥省吾訳『ホイットマン詩集』（彌生書房）の解説、（11）は鍋島能弘・酒本雅之訳の岩波文庫版『草の葉』（中）、（13）は『夏目漱石全集』第九巻（筑摩書房）によった。

ルネサンスへの讃歌

ダンテ『神曲』

青年時代――私はダンテ*の詩を、こよなく愛した。詩は、人間精神を限りなくひろげ、ゆたかにするものだ。

「ダンテを知る者は文学の秘《ひ》鑰《やく》（秘密のかぎ）を握る」ともいわれるが、その作品に初めて接したのは、敗戦後まもないころである。当時まだ十代の私は青年同士の読書サークルに参加し、新生日本の行方を模《も》索《さく》した。ダンテの『神曲』は、そこで取り上げられ、この作品を素材にして、イタリア「ルネサンス」（人間復興）の精神を友人たちと語り合ったものだ。

テキストは、たしか大正時代に警醒社《けいせいしゃ》書店から出版され、名訳との評判が高かった山川丙三郎《やまかわへいざぶろう》訳である。難解ではあったが、人生の道を求めていた私は「どうしても解《わか》りたい」との一心から、それこそ毎晩のように読みかえした憶《おぼ》えがある。

私にとって生涯《しょうがい》の恩師となる戸田城聖先生に出会ったのは、ちょうどそのころ、忘れもしない十九歳のとき——昭和二十二年（一九四七年）八月十四日、二度目の終戦記念日の前日だった。その三日後の十七日、ダンテ『神曲』の翻訳《ほんやく》者・山川丙三郎氏が急逝《きゅうせい》されている。

迫害の連続だった生涯

イタリアの詩聖と仰《あお》がれるダンテ・アリギエリは、花の都フィレンツェ（フローレンス）に生まれた。日本でいえば鎌倉時代の文永《ぶんえい》二年（一二六五年）——日蓮大聖人が伊豆流罪《いずるざい》から故郷安房《あわ》（今の千葉県南部）に戻られたころ——すなわちダンテは、大聖人より四十三年後に生まれた人である。

そのダンテの生涯と『神曲』について、私は今から*二十年近く前に対談したトインビー博士の言葉が忘れられない。談たまたま「好きな作家は誰《だれ》ですか」と私がうかがったところ、博士は真っ先にダンテを挙《あ》げられた。

「ダンテは二つの点で、とても不運な人間でした。一つは愛する人と別れねばならなかった。一つは愛する故郷フィレンツェを不当な理由で追放された。しかしダンテがもしこの二重苦を味わわなかったとしたら、あの『神曲』は決して生まれなかったでしょう。ダンテは、偉大な芸術を生みだすことによって、みずからの私的な不幸を世界の多くの人びとの僥倖《ぎょうこう》へと転換《てんかん》しました。だから私は、ダンテの人格を敬愛してやまないのです」

たしかにダンテは、その生涯において二つの不運を経験した。しかし彼は、みずからの不運と悲哀《ひあい》を発条《ばね》として、不朽《ふきゅう》の名作『神曲』を残すことになったのである。

ダンテの生涯における第一の不運とは——永遠の恋人ベアトリーチェとの出会いと別れである。二人の出会いは一二七四年春、フィレンツェの花祭りの日だった。その日、ダンテは父親と一緒に、ある銀行の重役の家に招かれた。その家には、少年ダンテと同じ年ごろの娘で、通称「ビーチェ」と呼ばれる令嬢がいた。初めて見る彼女は、この世の人とも思えないほど清純で美しく、白い服を着て客の接待をしていた。

九年後、ダンテ十八歳のとき、近くのアルノー河の聖トリニタ橋のたもとで、二人の友達にはさまれて歩いてくるビーチェ（ベアトリーチェ）に再会した。彼女は、ダンテを見ると懐《なつ》かしそうに微笑《ほほえ》んだ。ダンテは天にも昇った気分で帰宅すると、すぐに「新生」と題する詩を書いた。

その後もダンテは、しばしば彼女を主題とする詩を書いた。だが二人の恋はプラトニックなものに終わり、ついに結ばれることはなかった。両家が経済的にあまりにもかけ離れていたからである。その後、彼女は銀行家シモーネ・デ・バルディの一族に嫁《か》し、二十四歳の若さで病死してしまった。心の恋人が死んだのを知ったとき、ダンテは精神的に大きな打撃を受けた。その悲哀《ひあい》に打ちかつために、ひたすら哲学書を読み耽《ふけ》ったという。

そんなとき、悲しみに沈むダンテに同情する女性が現れた。彼女は『新生』第三十五章に描《えが》かれる「窓辺の貴婦人」とされている。恋人を失い、失意の底にいたダンテの姿を見て、慈愛深く同情してくれたという。

ダンテは、こうしてベアトリーチェの死という悲哀から立ち直った。ボローニャ大学に留学し、やがて祖国フィレンツェのために働く政治家となった。彼は富裕な市民に支持された平和愛好の「白党員」となって活躍。

だが皮肉《ひにく》なことに、ダンテ三十歳のとき、彼の妻となったジェンマ・ドナーティの一族は、古い封建《ほうけん》貴族に支えられた「黒党員」である。この黒白両党は以後、骨肉相《あい》食《は》む血みどろの抗争を繰《く》りかえすことになる。

ダンテは三十五歳のとき、他の四人の政治家とともにフィレンツェの最高責任者である「統領」の一人に選出された。このとき彼が戦ったのは、ローマ教皇《きょうこう》ボニファチオ八世。野心家の教皇はフィレンツェを自己の支配下に置こうと圧力をかけ、さまざまに画策《かくさく》した。聖職者にあるまじき策謀家《さくぼうか》である。剛勇《ごうゆう》の人ダンテは、その矢面《やおもて》に立って教皇の圧力をはねかえそうとする。

しかし、当時の教会権力は絶大だった。腹黒い教皇と結ぶ黒党の勢力が増し、ダンテはやむをえず和解のためローマ教皇《きょうこう》のもとへ向かった。ところがダンテらが旅立った直後、教皇の息がかかったフランス王弟が軍を率《ひき》い、フィレンツェに入城したのである。白党員は総崩《くず》れになり、ダンテ自身もまた欠席裁判で有罪となってしまった。

公金横領、教皇庁への陰謀《いんぼう》、フランス王の弟への妨害《ぼうがい》運動など、ダンテにとっては身に覚えのない罪である。判決は多額の罰金と国外追放、さらには見つけしだい「火あぶり」に処すという厳《きび》しいものだった。財産は没収され、フィレンツェに残された妻子も狙《ねら》われた。ダンテにとって第二の不運である。

放浪中に書いた『神曲』

ダンテは「何もかも失った男」となった。若き日には恋人を失い、今また地位と名声を失い、天涯《てんがい》孤独の身となってしまった。人生半ばの三十七歳にして、何よりも美しき故郷までも失った。彼は以後十九年間、五十六歳でその波瀾《はらん》の生涯《しょうがい》を終えるまで、放浪《ほうろう》の旅を続けざるをえなかった。

われ正路を失ひ、人生の羈旅半《きりょなかば》にあたりてとある暗き林のなかにありき
あゝ荒れあらびわけ入りがたきこの林のさま語ることいかに難いかな、恐れを追思にあらたにし
いたみをあたふること死に劣らじ、されどわがかしこに享《う》けし幸《さいはひ》をあげつらはんため、わがかしこにみし凡ての事を語らん[1]

このように『神曲』地獄篇の冒頭《ぼうとう》に歌われている。人生の旅の半ばにして光なき「暗闇《くらやみ》の森」に迷いこんでしまったダンテ。彼は、そこで出会った師のヴィルジリオ（ローマの詩人*ヴェルギリウス）に導かれ、死後の世界ともいうべき彼岸《ひがん》へと旅立っていく。

さて『神曲』の題名は本来「コメディア」、すなわち「喜劇」もしくは「喜曲」といったものだった。その構成は第一部「地獄篇」に始まり、第二部は罪を浄化すると

いう意味の「浄火篇」（浄罪篇、煉獄《れんごく》篇とも訳される）、そして第三部は浄《きよ》められた生命のいたる「天堂篇」（天国篇とも）となっている。このように、地底の闇《やみ》から天上へと昇って最後がハッピーエンドで終わるので、ダンテは題名を「喜曲」としたのだという。

「神聖なる喜曲」という意味の『神曲』の書名は、後世の人が敬称として付けたもの。ちなみに『神曲』が最初に出版されたのは、ダンテ死後百五十年も経《た》った一四七二年のことだ。なお、ここにいう「神」は、必ずしもキリスト教の「神」のみを指すのではない。

『神曲』を読めば明らかなように、そこにはギリシア・ローマの古典やアラビアの自然科学、インドや砂漠《さばく》の風物など、当時のありとあらゆる知識が盛りこまれている。いわば『神曲』は、一種の百科全書的な長篇叙事詩であるとの見方もなされている。

　ダンテが長篇詩『神曲』で意図《いと》したものは何か。彼は、ある書簡《しょかん》（カン・グランデ・デルラ・スカーラに宛《あ》てたもの）のなかで、その目的を次のように書いている。

「この世に生きている人々を、みじめな状態から幸福な状態に導こうとするのであります(2)」と。また「喜曲ははじめ悲惨《ひさん》な状態ではじまりますが幸福な終局で終ります。私の作品も地獄ではじまり天堂で終る（大意）(3)」という。文体も勿体《もったい》ぶらず、婦女子も用いる俗語で書かれているから「喜曲」と命名するに相応《ふさわ》しいとも書いている。

　悩める人を、いかにして幸福へと導くか。中世暗黒の地獄の苦しみにある民衆を、いかにして幸福の天上へと誘《いざな》うか。――ここにダンテの透徹《とうてつ》した視点があり、後世まで人びとの心を魅了《みりょう》した秘密があるといえよう。

　ところで『神曲』地獄篇には、大きく九つの地獄が描《えが》かれている。それぞれ「肉欲者」「浪費《ろうひ》者」「憤怒《ふんぬ》者」「暴力者」「汚職《おしょく》者」「反逆《はんぎゃく》者」などが地獄に堕《お》ちて苦しむ姿が、きわめてリアルに表現される。その生々しい描写《びょうしゃ》は、洋の東西を問わず読者に激《はげ》しい衝撃を与えたほどである。

　ダンテは、地上の最高権威《けんい》とされたローマ教皇《きょうこう》すら恐れなかった。聖職者であっても、酒飲みで美食に耽《ふけ》り、あるいは陰険な策謀《さくぼう》をめぐらしたりする教皇を、ダンテは「人間正義」の立場から容赦《ようしゃ》なく断罪した。永遠の高みから見るならば、現世の地位や肩書など幻《まぼろし》にすぎず、死後にはしかるべき報《むく》いがあることを示したのである。ために『神曲』のなかでは、教皇《きょうこう》をも地獄に堕《お》とし、敵味方を問わず公正に死後の「居場所」を定めた。

軽い罪から重い罪へ、ダンテは師とともに地獄の下方へ進む。愛欲や浪費《ろうひ》など不節制の罪、自分に対する暴力（自殺）の罪、汚職《おしょく》や金儲《かねもう》け目当ての聖職者の罪など具体的に名を挙《あ》げて断罪する。なかでも恩ある主人に反逆《はんぎゃく》した罪は重く、彼らは地獄の最低の場所で、極寒《ごっかん》の氷の中に永遠に閉《と》じこめられ、魔王に食べられ続けていた。

この世では正義の人が罪に陥《おちい》り、なぜ悪人が栄えるのか。その迷いを晴らすためダンテは『神曲』の完成に精魂を傾《かたむ》けた。「書くこと、語ること、そして歌うこと」——それは、ダンテにとって全生命を賭《か》けた戦いでもあった。彼は亡命の悲哀《ひあい》の最中、

ギベルティの《天国の門》より　ヨセフの物語

死の直前に執念《しゅうねん》の書『神曲』を完成させる。

ミネルヴァの木葉《このは》に巻かれし面帕《かほおほひ》その首《かうべ》より垂るゝがゆゑに、我さだかに彼を見るをえざりしかど
凜々《りゝ》しく、気色《けしき》なほもおごそかに、あたかも語りつゝいと熱《あつ》き言《ことば》をしばし控《ひか》ふる人の如《ごと》く、彼続いていひけるは
よく我を視《み》よ、げに我は我はげにベアトリーチェなり、汝《なんじ》如何《いかに》してこの山に近づくことをえしや汝は人が福《さいはひ》をこゝに受くるを知らざりしや(4)。

『神曲』浄火篇の第三十曲——地上の楽園の花の雲の中から天使ベアトリーチェが現れ、十数年ぶりに再会したダンテに語りかける条《くだり》である。『神曲』はイタリア語で書かれた、もっとも美しい叙事詩だといわれるが、このあたり私も若き日に愛誦《あいしょう》した一節であった。

作者自身が予告しているように、このあと第三部「天堂篇」では、彼が九歳のとき

からずっと心の恋人としてきたベアトリーチェの魂《たましい》に導かれ、至高《しこう》の天へと昇っていく様子が描《えが》かれる。いかにもハッピーエンドで終わるところに救いがある。おそらくダンテは、人間復興への愛と正義の讃歌《さんか》を書こうとしたに相違ない。

ルネサンス原点の地

ダンテの生きた十三世紀末から十四世紀にかけて、フィレンツェでは市民が教養としての学問や芸術を修道僧から取り戻し、自分たち独自のものを創造しはじめた。とくに詩人たちは、権威《けんい》主義的な教会の改革運動に熱心だった。これがのちにイタリア全土での「人文主義」（ヒューマニズム）によるルネサンスへと発展していった。

それフィオレンツァはその昔の城壁――今もかしこより第三時と第九時との鐘聞ゆ――の内にて平和を保ち、かつ節《ひか》へかつ慎《つつし》めり
かしこに索《くさり》も冠もなく、飾れる沓《くつ》を穿《は》く女も、締むる人よりなほ目立つべき帯も

なかりき
まだその頃《ころ》は女子《にょし》生るとも父の恐れとならざりき、その婚期《とき》その聘礼《おくりもの》いづれも度《のり》を超《こ》えざりければなり(5)

『神曲』天堂篇の第十五曲で、ダンテは故郷フィレンツェの平和な風俗を歌っている。その美しくも平和なフィレンツェの街を、私は一九八一年六月に訪《おとず》れた。そのときダンテの生家を訪問し、かの偉大なる生涯《しょうがい》を偲《しの》んだものである。

思えば――緑なすフィレンツェの天地は、私にとって青年時代からの憧《あこが》れの地だった。その地は「神」に縛《しば》られた中世の暗黒時代から、光輝《ひかりかがや》く人間復興のルネサンスへの波をつくった震源地であったからである。

フランス語で「再生」を意味する「ルネサンス」は、イタリアで生まれたものである。その淵源《えんげん》を遡《さかのぼ》れば、イタリア語で「再生」を意味する「リナッシタ」に由来《ゆらい》するという。すでにダンテの『新生』や『神曲』にも現れていた語である。しかも彼は、イタリアでも最初の人文主義者といわれる。いわばダンテは、名実ともにルネサンスの「生みの親」ともいうべき詩人であった。

ダンテの時代、書物は主としてラテン語で書かれた。教会や学問の世界でもラテン語が用いられた時代である。むろん庶民《しょみん》は、イタリア各地の俗語で話したが、それも無数の方言《ほうげん》に分かれ、統一した形はなかった。

そうしたなかでダンテは、あえて当時の俗語である「トスカナ語」（今のイタリア語）で『神曲』など多くの著作を記《しる》した。より広く、より大勢の民衆に理解できるように願ってのことであろう。いわゆる「象牙《ぞうげ》の塔」に閉《と》じこもるのではなく、彼は「権威《けんい》の世界」よりも「庶民の人間性」を愛した。

祖国の政治的統一をも願っていたダンテ。その統一が果たされた十九世紀（イタリアが統一されたのは一八七〇年のこと）に、ある思想家は「ダンテが蒔《ま》いた種子は実った」「イタリアの各都市は彼の彫像を建つべきである」[6]と叫《さけ》んだという。はたして今、イタリア各地の都市には「ダンテ通り」があり、また主要都市には彼の銅像がある。

ともあれダンテは、私にとって忘れられない詩人である。青春時代に出あった一書は、生涯《しょうがい》にわたって胸に深く刻《きざ》まれゆくものだ。とくに『神曲』を繰《く》りかえし読んだ私にとって、ダンテは今なお親しい詩人である。

▽――『神曲』からの引用（1～5）は、山川丙三郎訳の岩波文庫版および解説（木村文雄）によった。（6）はマッツィーニ著『人間義務論　他二篇』大類伸訳（岩波書店）から。また野上素一著『ダンテ』（清水書院）等を参照した。

独立自尊の意気高く

福沢諭吉『学問のすゝめ』『福翁自伝』

「天は人の上に人を造《つく》らず人の下に人を造らずと云へり(1)」

近代日本を代表する思想家にして教育者・*福沢諭吉《ゆきち》の名著『学問のすゝめ』の冒頭《ぼうとう》の一節。――あまりにも有名な言葉である。

戦後の一時期、この言葉はＮＨＫのラジオを通じて全国に放送された。日本を占領中だったＧＨＱ（連合国軍総司令部）が民主化政策の一環として流したものという。私は、そのころ懸命《けんめい》に働きながら勉強していたが、なぜかこの言葉に励《はげ》まされる思いだった。

その影響力《えいきょうりょく》は絶大だった。人びとは『学問のすゝめ』を読みなおし、すぐ後に続

く言葉の意義をあらためて嚙《か》みしめた。

　されば天より人を生ずるには、万人は万人皆《みな》同じ位にして、生《うま》れながら貴賤《きせん》上下の差別なく、万物の霊《れい》たる身と心との働《はたらき》を以《もっ》て天地の間にあるよろづの物を資《と》り、以て衣食住の用を達し、自由自在、互に人の妨をなさずして各安楽にこの世を渡らしめ給《たま》ふの趣意なり。[2]

今の若い人が読むと、いささか古い文体に見えるかもしれない。だが、この書の初編が小冊子として出版された当初、明治維新《いしん》直後の人びとには新鮮《しんせん》で、いかにも平易《へいい》な文章として好評だったという。

福沢諭吉が『学問のすゝめ』を著《あらわ》したのは明治五年（一八七二年）二月のこと。初編が発表されるや、あまりの評判に著者自身が驚《おどろ》いた。正版二十万、それに当時さかんに行われた偽版を合わせると推定二十二万部が売れたといわれる。

気をよくした福沢は翌年に第二編を出し、さらに十七編まで書きついだ。明治十三年（一八八〇年）に「合本《がっぽん》」を出すまで、およそ三百四十万部が売れたという。たぶん近代日本で最初のベストセラーだろう。

「封建門閥」制度は親の敵《かたき》

多くの論者が指摘《してき》するように、福沢諭吉《ゆきち》が『学問のすゝめ』で読者に訴《うった》えようとしたのは、第一に「封建門閥《ほうけんもんばつ》」制度の打破である。

徳川時代のように、人は生まれによって差別されてはならない。誰《だれ》もが生まれながらにして平等の存在であることを、彼は解《わか》りやすい言葉で語った。いわば「民主主義」の原点を説いたものである。

福沢諭吉は、幕末《ばくまつ》の天保《てんぽう》五年十二月十二日（西暦では一八三五年一月十日）、大坂（当時）の中津《なかつ》藩邸内に生まれた。父の百助《ひゃくすけ》が徳川親藩・豊前《ぶぜん》中津藩の蔵屋敷《くらやしき》で廻米方《かいまいがた》を務《つと》めていたからである。

父親は漢学の素養もある教養人だったが、軽格の下級武士である。諭吉が満二歳たらずの天保七年六月、その父は不遇《ふぐう》な生涯《しょうがい》を閉《と》じた。残された妻と子（一人の兄と三人の姉）は九州中津に帰ったが、その後は貧しい生活を余儀《よぎ》なくされた。

少年時代の諭吉は「勉強ぎらい」で、本を読み始めたのは遅かった。数えで十四、五歳からである。このことは、彼が晩年になって語りおろした『福翁《ふくおう》自伝』に詳《くわ》しい。就学が遅れたのは父親を失った身として「扶持米《ふちまい》」（俸禄《ほうろく》として与えられる米）の不足を補うため、母親の内職を手伝ったりしたからだという。少年諭吉は、子ども心にも「封建門閥」制度に腹が立ってたまらなかった。

　父の生涯、四十五年の其間、封建制度に束縛《そくばく》せられて何事も出来ず、空《むな》しく不
平を呑《の》んで世を去りたるこそ遺憾《いかん》なれ。又初生児の行末《ゆくすえ》を謀《はか》り、之を坊主にして
も名を成さしめんとまでに決心したる其心中の苦しさ、其愛情の深き、私は毎度
此事を思出し、封建の門閥制度を憤ると共に、亡父の心事を察して独《ひと》り泣くこと
があります。私の為めに門閥制度は親の敵《かたき》で御座《ござ》る。(3)

これも有名な諭吉《ゆきち》の心からの叫《さけ》びである。彼が学問を志したのは、まさに「親の敵《かたき》」を討《う》つためでもあった。

諭吉は安政《あんせい》元年（一八五四年）二月、数えで二十一歳のとき、八歳上の兄・三之助《さんのすけ》に勧《すす》められて長崎に出た。「蘭学《らんがく》」（オランダ語）を学ぶためである。

ところが、長崎での勉学は結局、ものにならなかった。翌年、彼は故《ゆえ》あって長崎を去り、江戸へ出るつもりで途中、大坂に立ち寄った。ここで兄の勧めもあり、たまたま当時評判の蘭学者・*緒方洪庵《おがたこうあん》の「適塾《てきじゅく》」（適々《てきてき》塾、または適々斎《てきてきさい》塾ともいう）に入門したのである。

「大阪に来て緒方に入門したのは是れが本当に蘭学修業の始まり、始めて規則正しく書物を教へて貰《もら》ひました」[4]

このように『福翁《ふくおう》自伝』のなかで語っている。諭吉が適塾で学んだのは、途中に中断があって三年たらずだが、ここで彼は学問の基礎を「初めて規則正しく」徹底《てってい》して学んだ。師の緒方洪庵の教え方は、厳《きび》しさのなかにも独特の温《あたた》かさがあったという。学問の修業においても、就《つ》くべきよき師に就かなければならないことを示している。

思えば、私が恩師戸田城聖先生に学んだのも諭吉と同じ二十代だった。戸田先生は、よくおっしゃっていた。

「人の一生は、二十代で決まる。二十代で、しっかり基礎をつくるかどうかで左右される。その時代に勉強したことは一生残るものだ。勉強は、やる気さえあれば、どんな方法でもできるものだよ」

要するに先生は、「一生残る学問」すなわち学問を実際に活《い》かす方法を教えられた。このことは、福沢諭吉も『学問のすゝめ』のなかで繰《く》りかえし説いている。

> 学問の要は活用に在《あ》るのみ。活用なき学問は無学に等《ひと》し。在昔《ざいせき》或《あ》る朱子学の書生、多年江戸に執行《しゅぎょう》して、其学流に就《つ》き諸大家の説を写《うつし》取り、日夜怠《おこた》らずして数年の間に其写本数百巻を成し、最早《もはや》学問も成業《せいぎょう》したるが故に故郷へ帰る可しとて、其身は東海道を下り、写本は葛籠《つづら》に納めて大廻《おおまわ》しの船に積出せしが、不幸なる哉《かな》、遠州洋《えんしゅうなだ》に於て難船に及びたり。[5]

これも有名な話で、戸田先生もよく青年に語っておられた。

「君たちは大丈夫だろうな。『学問は東京に残し置きたり』なんて言い訳しても始まらないぞ。今の大学で、学生がせっせと講義をノートしているのは、マアこの類《たぐい》だ。学会の教学では『御書』を身《しん》・口《く》・意《い》の三業《さんごう》をもって拝するのです。御文に『声仏事《ぶつじ》を為《な》す』と仰《おお》せのように、仏法で学んだことは、どしどし口に出して話しなさい。そうすれば、やがて身につくものです」

苦学し初めて海を渡る

若き諭吉《ゆきち》は寝食も忘れ、蘭学《らんがく》をマスターしていった。適塾《てきじゅく》の塾頭に就《つ》いてからは、師の洪庵《こうあん》に代わって原書を講じるまでになった。そのころの猛勉強のさまを『福翁《ふくおう》自伝』のなかで語っている。

「殆《ほと》んど昼夜の区別はない、日が暮れたからと云て寝やうとも思はず頻《しき》りに書を読んで居る。読書に草臥《くたび》れ眠くなつて来れば、机の上に突臥《つゝぷ》して眠るか、或は床《とこ》の間《ま》の床《とこ》側《ぶち》を枕《まくら》にして眠るか、遂《つい》ぞ本当に蒲団《ふとん》を敷いて夜具《やぐ》を掛けて枕をして寝るなどと云ふことは只の一度もしたことがない(6)」

塾生は皆、そうだった。諭吉は自分の枕を探したが、そのときに初めて枕のないことに気づいたという。

「成程《なるほど》枕はない筈《はず》だ、是れまで枕をして寝たことがなかつたから」と。「同窓生は大抵皆そんなもので、凡《およ》そ勉強と云ふことに就《つい》ては実に此《この》上に為《し》やうはないと云ふ程に勉強して居ました(7)」

こうして適塾からは、日本の命運を決するほどの逸材《いつざい》を輩出《はいしゅつ》したことは、よく知られている。幕末《ばくまつ》の革命家・*橋本左内《はしもとさない》、明治初期の軍人にして政治家・村田蔵六《むらたぞうろく》（*大村《おおむら》益次郎《ますじろう》）、日清戦争の際の外交官として活躍した*大鳥圭介《おおとりけいすけ》、日本の医療制度を改めた*長与専斎《ながよせんさい》、日本赤十字社（創立当時・博愛社）をつくった*佐野常民《さのつねたみ》などがいる。

さて諭吉は、その学力が天下に知られるようになると、やがて江戸へ出て蘭学を教える身となった。安政《あんせい》五年（一八五八年）秋、数えで二十五歳のときである。彼は大坂から徒歩で江戸に達し、築地《つきじ》にあった中津《なかつ》藩下屋敷内に蘭学《らんがく》塾を開いた。これが今の「慶応義塾《けいおうぎじゅく》」の起こりである。

江戸に出て二年後の万延《まんえん》元年（一八六〇年）正月、若き諭吉《ゆきち》の前に世界が大きく開けた。幕府が米国に使節《しせつ》を派遣することになったのである。その使節一行を警護するとの名目で「咸臨丸《かんりんまる》」を派遣するという。坐乗《ざじょう》の軍艦奉行は木村摂津守喜毅《きむらせっつのかみよしたけ》、艦長は*勝麟太郎《かつりんたろう》（海舟《かいしゅう》）である。話を伝え聞いた諭吉は、居ても立ってもいられなくなった。

諭吉は、すでに蘭学が時代遅れになりつつあるのを知っていた。これからは「英学」の時代になると思い、開港したばかりの横浜へ行っては外国人に英会話を試《こころ》みたりしていた。しかし今、その英語の本場へ幕府公認の使節が派遣されると聞き、彼は何としても一行に加えてもらいたいと考えたのである。

だが、江戸に出て間もない諭吉には、幕府の要路に縁故《えんこ》もなかった。ただ幕府お抱《かか》えの蘭学医・*桂川甫周《かつらがわほしゅう》の家には、よく通っていた。その家で訪問客にお茶を出してくれる夫人が、じつは木村摂津守の夫人の実妹だった。

そこで諭吉は桂川甫周の家を訪《おとず》れ、木村軍艦奉行への紹介状を書いてくれるよう懇《こん》願《がん》した。まさに「当たって砕《くだ》けよ」の精神である。

幕府は長い間、「鎖国政策」をとってきたから、幕臣にとっては初の洋行である。命がけではあるが、咸臨丸での渡航は日本の壮挙《そうきょ》である。むろん諭吉にとっても、願ってもない第一回の洋行となった。

一行はアメリカ西海岸のサンフランシスコに五十一日間だけの滞在だったが、このときの見聞《けんぶん》は、数え二十七歳の青年諭吉にとって裨益《ひえき》するところ大であった。帰国後、福沢は幕府の外国方（外交部）に雇われた。幕府の直臣《じきしん》である。中津藩の下級藩士にしてはたいへんな出世だった。しかし彼は幕臣となりながらも「このままでは国が保たない」と思った。活《い》きた学問をもって日本を独立させる方途を真剣に考えた。

「一身独立して一国独立す」

福沢は慶応《けいおう》四年（一八六八年）四月、それまで築地鉄砲洲《てっぽうず》にあった私塾を芝・新銭《しんせん》座《ざ》の旧有馬《ありま》家中屋敷に移した。また時の年号をとって正式に「慶応義塾《けいおうぎじゅく》」と名づけた。
この年は九月になって「明治」と改元され、新時代を迎えるが、その五月十五日、上野の山で彰義隊《しょうぎたい》（すなわち旧幕府軍）が新政府軍と激《はげ》しく交戦した。だが、銃声が聞こえる最中でも諭吉《ゆきち》は平然と講義を続けていた話は、よく知られている。
戸田先生も、この話を例にして、世情に動かされることなく学問することの重要性を語っていたものだ。『福翁《ふくおう》自伝』には次のように伝えられている。

明治元年の五月、上野に大戦争が始まつて、其前後は江戸市中の芝居も寄席《よせ》も見世物も料理茶屋も皆休んで仕舞《しまっ》て、八百八町は真の闇《やみ》、何が何やら分らない程の混乱なれども、私は其戦争の日も塾の課業を罷《や》めない。上野ではどん〳〵鉄砲《てっぽう》を打て居る、けれども上野と新銭座とは二里も離れて居て、鉄砲玉の飛《とん》で来る気《き》遣《づかい》はないと云ふので、丁度あの時私は英書で経済《エコノミー》の講釈をして居ました。(8)

そのうちに大分騒々しい様子で、「煙でも見えるか」というので、生徒らは面白がって梯子《はしご》に登り、屋根の上から見物したりした。だが諭吉は、そのとき塾の者に次のように語ったという。

「世の中に如何《いか》なる騒動があつても変乱があつても未《いま》だ曾《かつ》て洋学の命脈を断《た》やしたことはないぞよ、慶応義塾は一日も休業したことはない。此塾のあらん限り大日本は世界の文明国である、世間に頓着《とんちゃく》するな(9)」

まさに「その言や善《よ》し」である。戸田先生も、この話を引いておっしゃった。

「戦争の際、あのように泰然自若《たいぜんじじゃく》としていたのはたいしたものだ。彼には、日本の将来が見えていたのでしょう」

福沢諭吉は、こうして維新《いしん》の夜明けを迎えた。だが、新政府への仕官は拒否《きょひ》した。何度も誘《さそ》いの使者があったが、頑《かたく》なに拒否した。その理由はさまざまに言われているが、彼は教育により「文明開化」の日本を担《にな》って立つ人材の育成に全力を傾注《けいちゅう》した。しかも官立ではなく、あくまで私塾を拠点として「独立自尊」の教育を心がけた。

福沢が『学問のすゝめ』を書いた目的は、その第三編に「一身独立して一国独立する」とあるように、新生日本を文明国として独立させるためである。彼はまた「慶応《けいおう》義《ぎ》塾《じゅく》」建学の根本に「独立自尊」の精神を置いた。国民の一人ひとりが「独立」の気風を確立《かくりつ》していくところにこそ「一国独立」の基本があると主張したのである。

たしかに、一個の独立した人格のないところには「人間」としての信念・節義・識見もない。封建《ほうけん》時代からの「長いものには巻かれよ」とか「寄らば大樹の陰《かげ》」といった日本人の隷属《れいぞく》根性を、彼は徹底《てってい》的に批判した。

また『学問のすゝめ』第十二編の「演説の法を勧《すす》むるの説」において、次のように述べている。

演説とは英語にて「スピイチ」と云ひ、大勢の人を会して説を述べ、席上にて我《わが》思ふ所を人に伝るの法なり。（中略）西洋諸国にては演説の法最も盛にして、政府の議院、学者の集会、商人の会社、市民の寄合《よりあい》より、冠婚葬祭《かんこんそうさい》、開業開店等の細事に至るまでも、僅《わず》かに十数名の人を会することあれば、必ず其会に付き、或《あるい》は会したる趣旨を述べ、或は人々平生の持論を吐《は》き、或は即席の思付《おもひつき》を説て、衆客に披露《ひろう》するの風なり。此法の大切なるは固《もと》より論を俟《また》ず[10]。

このように諭吉《ゆきち》は「スピイチ」の重要性を説いた。大いに人前で演説することこそ「独立」「自由」「民主」の原点であると主張したのである。

何事も実行の人である彼は、さっそく明治七年（一八七四年）、慶応義塾内に「三田《みた》演説会」を開いた。最初は弁論大会のようなものだったが、これを盛んにするため翌年、義塾内に「三田演説館」を建て、公開の演説会とした。諭吉自身も演壇に立ったのはいうまでもない。ちなみに、この「演説館」なる建物は日本最初のものとされ、今は各地に見られる「公会堂」、あるいは「文化会館」などの嚆矢《こうし》ともいえよう。

明治十五年（一八八二年）三月一日、福沢はまた中立不偏《ふへん》の新聞「時事新報《じじしんぽう》」を創刊した。独立自由の言論の府である。彼は、みずから社説の筆を執《と》ってもいる。同月十一日、彼は三田の演説館で演説した。その演説をきいた聴衆のなかには、昂奮《こうふん》のあまり卒倒《そっとう》する者も出たという。さっそく演説筆記が「僧侶《そうりょ》論」と題して「時事新報」三月十三日付の社説となった。肉食妻帯《にくじきさいたい》した僧侶の腐敗堕落《だらく》、腰抜けぶりが痛撃されている。

百年後の今日《こんにち》でも彼の「僧侶論」さながらの姿が見受けられる。百年たっても封建《ほうけん》遺制の軛《くびき》は取り去られていないのだ。今なお福沢諭吉《ゆきち》の著作がひろく読まれる所以《ゆえん》であろうか。

▽——『学問のすゝめ』からの引用（1、2、5、10）、『福翁自伝』からの引用（3、4、6〜9）はそれぞれ岩波文庫版によった。また慶応義塾編『福沢諭吉全集』（岩波書店）のほか多くの研究書を参照したが、比較的に入手しやすい手引書として、小泉信三著『福沢諭吉』（岩波新書）、鹿野政直著『福沢諭吉』（清水書院）等がある。

革命と良心の葛藤《かっとう》劇

ユゴー『九十三年』

「大文豪、*ユゴー。

革命の大叙事詩、小説家ヴィクトル・ユゴーの『九十三年』完読。感多し。

我が国でも、彼の如《ごと》き、大小説家の出現を、望んで止《や》まぬ」

今から四十一年まえの昭和二十六年（一九五一年）一月十三日の「日記」の一節である。当時、私は二十三歳であった。

ロマン派の巨人ヴィクトル・ユゴーといえば、恩師戸田城聖先生も愛読された。私ども青年に対しても「ユゴーを読め」と、幾度となく強く勧《すす》められた。ユゴーの作品とあれば、青春時代にほとんど読み切ったものである。

思えば――戸田先生のご生涯《しょうがい》もまたユゴー文学を体現したかのような一生だった。それは「正義」と「人間愛」に燃えた炎《ほのお》の生涯だった。傲慢《ごうまん》な人とは徹底《てってい》して戦い、邪悪《じゃあく》とは絶対に妥協《だきょう》しなかった。それでいて悩める人、苦しむ人、さらに悲しみの人びとには限りなく優《やさ》しい恩師であられた。

われわれは恩師を囲み、ユゴーの『九十三年』をはじめ、数々の作品をとおしながら、人道と人権、革命と教育の赫々《かっかく》たる理想を学びあったものだ。フランス大革命の時代背景や登場人物の思想を分析《ぶんせき》しつつ徹底して読んだ。

そのときの、魂《たましい》を揺さぶられるほどの感動と共鳴は、今でも万感、胸に迫《せま》るものがある。

波瀾万丈の生涯

ヴィクトル・ユゴーは、十九世紀フランスの詩人にして偉大な文豪《ぶんごう》である。日本でも*黒岩涙香《くろいわるいこう》の翻案になる『噫《ああ》無情』（『レ・ミゼラブル』のこと。この作品については前に取り上げた）の原作者として有名だ。彼は詩人として出発、その天賦《てんぷ》の才能をほしいままにした。

「ぼくの小さかったころ、偉大な人物がごく近くにいた。父親と皇帝だ。なぜだかはっきりとは分からない。心の中では憎《にく》んでいたのに、この二人にとてもあこがれたなあ（1）」

ユゴーは少年時代を回想して、こう述べている。彼の父親は偉大なるナポレオン軍の将軍だった。となれば「皇帝」は、若くしてフランス革命に身を投じた英雄*ナポレオン一世であろう。二人とも少年ユゴーにとって、ごく親しい人物だったのは当然である。

早くから「神童」とうたわれたユゴーは、十七歳で兄とともに雑誌を創刊、創作活動を開始した。二十歳《はたち》のころには処女詩集『オードと雑詠《ざつえい》集』を著《あらわ》した。ロマン派の詩人ユゴーの華々《はなばな》しい出発である。

一八二九年、ユゴーは二十六歳で『東方詩集』を発表した。これはオリエント、ギリシア、トルコ、アラビア、ペルシアなど、東方の新世界への憧《あこが》れを歌ったもの。この詩集によって、詩人ユゴーの名声は不動のものとなった。彼は、たちまちにしてロマン派の若きリーダーとなる。

一八四一年、ユゴーは念願のアカデミー・フランセーズ入りを果たした。三十九歳である。さらに一八四五年、四十三歳で貴族院議員となった。

むろん彼は、政治の力だけで社会を変革しようとしたのではない。一八四八年、嵐《あらし》のような「二月革命」の際には民衆の側に立ち、素手で銃剣に立ち向かった。また一八四九年の議会では「地上の貧困を絶滅させなければならない」と熱弁をふるった。彼は社会の矛盾《むじゅん》を深く自覚し、一部の権力者がいっさいを独占しようとする事態に猛然と抗議し、民衆を擁護《ようご》したのである。

だが一八五一年十二月、ルイ・ナポレオン（皇帝ナポレオン三世*）がクーデターを起こし、ユゴーなど共和派は追放された。この新たな独裁者により虐殺《ぎゃくさつ》された共和主義者もいた。その結果、ユゴーはベルギーのブリュッセルから当時は英領のジャージー島、さらにガーンジー島へと、じつに十九年にもおよぶ長い亡命生活を余儀《よぎ》なくされた。年齢でいえば、最も活躍すべき四十九歳から六十八歳にいたる期間である。
しかしユゴーは「亡命しているのはわたしではない。自由が亡命しているのだ[2]」と、そう言って怯《ひる》まなかった。「祖国フランスに『自由』が戻るとき、わたしもまた、フランスに帰るであろう[3]」との決意のままに、彼は最後まで皇帝ナポレオン三世の圧政に屈しなかった。

悪運のつよい、光り輝くあの帝国の上に、
神の怒りの雷《いかずち》をまぬがれた勝利の上に、
さらし台をいくつもうち建てて、それを一つの叙事詩としよう![4]

一八五三年に出したこの『懲罰《ちょうばつ》詩集』では、皇帝ナポレオン三世に対する抗議・抵抗・復讐《ふくしゅう》心などが、まるで言葉の嵐のように吹きまくっている。ユゴーは神に代わって「言葉」でナポレオン三世を罵倒《ばとう》し、懲罰し、その卑劣《ひれつ》な行いを「さらし台」に引き立て、告発しようとしたのだ。名指しこそしないが「あの悪党!」と呼んで、皇帝の圧政を糾弾《きゅうだん》した詩も見られる。

思うにユゴーの生涯《しょうがい》は、ある面では不遇《ふぐう》の連続だった。社会的には迫害《はくがい》・弾圧《だんあつ》・亡命が打ち続いた。家庭の不和、そして子どもたちの死が次々と彼を襲った。その怒濤《どとう》のごとき生の軌跡《きせき》からして、どうして人間は、あんなにも光輝みつ魂《たましい》の叫《さけ》びを表現できるものかと、私は不思議に思ったほどである。

革命と内乱の一七九三年

戸田先生を囲んでの青年研修会において、ユゴー最後の小説『九十三年』が取り上げられたことがある。この作品はフランス革命を主題としたものだが、同時に「暴力と非人間的なものに対する人間愛の勝利」という一貫したテーマが脈搏《みゃくう》っている。

ある友人に宛《あ》てた手紙のなかで、ユゴーは小説の意図《いと》を次のように述べる。

「革命をこの恐怖《テルール》から解放したいと思います。この作品の中で、わたしは革命が無邪気なおさな児《ご》に支配されるさまを描《えが》きました。わたしはこの恐ろしい『九十三』という数字の上に、恐怖をやわらげる光を投げるようにつとめました」[5]

ユゴー自身、作品の題名ともした『九十三年』とは、一七九三年のこと。この年の初め、四年まえに起こった「大革命」の混乱も収まらず、ついに*ルイ十六世が処刑された。残忍《ざんにん》なる「ギロチン」によって、国王が処刑されたのだ。

ユゴーが「無用の長物」という恐怖の断頭台は、前年の一七九二年から使われていた。王党派であれ革命派であれ、次々とギロチンにかけられ、いわゆる「恐怖政治」が続いていたのである。

そうした混乱の最中、小説の舞台となったヴァンデ地方にも反乱の火の手があがった。一七九三年、王党派と共和党派とに真っ二つに分かれ、激《はげ》しい憎悪《ぞうお》の惨劇が繰《く》りかえされていた。——物語は、今を去ること二百年まえの、その「ヴァンデの森」に始まる。

ここまで『九十三年』の時代背景を書いてきて、私は戸田先生の読書法に関する指導を思い出した。前にも書いたが、もう一度、懐《なつ》かしい恩師の話を紹介したい。

「本の読み方にも、いろいろな読み方がある。まず筋書《すじがき》だけを追って、ただ面白く読もうというのは、もっとも浅い読み方だ。

次に、その本の成立事情や歴史的背景を調べ、当時の社会情勢や登場人物の性格などを見きわめながら、よく思索《しさく》して読む読み方がある。

そして第三に、作者の人物や境涯《きょうがい》、その人の人生観、世界観、宇宙観、さらには思想まで深く読みとる読み方がある。そこまで読まなければ、ほんとうの読み方ではない」

先生は、そうおっしゃって、私どもが研修会にのぞむにあたっても「事前によく調べておきなさい」と言われた。ユゴーの『九十三年』が取り上げられた際にも担当を決め、それぞれが物語の粗筋《あらすじ》、フランス革命の時代背景、登場人物の性格など次々に立って発表したものである。

まず小説に登場する主人公は、ヴァンデの反乱軍の首領ラントナック侯爵《こうしゃく》、その甥《おい》の子で鎮圧《ちんあつ》軍の若き将軍ゴーヴァン、そして共和国政府から戦場に派遣された元神父シムールダン。この三人は、いわばユゴーの革命観を表現するためのシンボル的な存在であろう。すなわち、シムールダンは「革命」と「恐怖政治」の権化《ごんげ》である。対するにラントナック将軍は、これまた苛烈《かれつ》な「反革命」の旗頭《はたがしら》だ。そして若きゴーヴァンは「人間愛の革命家」として描《えが》かれる。

粗筋は、大革命の混乱から逃《のが》れ、イギリスに亡命していたラントナック侯爵が、かつての領地に戻って反革命の戦《いくさ》を起こすところから始まる。ヴァンデ地方は、もともと反革命の王党派が強いところだった。

有名な場面がある。――ラントナック将軍がイギリスからフランスに渡る航海の途中、砲手のふとしたミスで大砲の鎖《くさり》が切れてしまった。大砲は甲板の上を暴《あば》れまわり、船そのものを破壊し、乗組員をなぎ倒した。やがて砲手は、命がけで大砲を鎖に繋《つな》ぐことができた。だが、ラントナックは砲手を呼び、まず勲章を与え、その後に銃殺《じゅうさつ》する。

明治生まれの恩師は、この例を引いて指導者のあり方を教えてくれた。つまり指導者は「賞罰を明らかにすることが大切だ」というのである。このことは恩師自身が日ごろ身をもって青年に示した教訓でもある。

またユゴーは、三人の幼児《おさなご》を人質にとられた母親が、わが子らを探し求めて何ものにもへこたれず歩く姿を丹念《たんねん》に描《えが》く。

戦争を憎《にく》む母親の悲痛な叫《さけ》びは冷酷《れいこく》無比なラントナックをして、燃えさかる塔の中から幼児を救助させる行為へとつながる。

結局、冷酷無惨《むざん》な人間の心をも動かし、人間の良心をよみがえらせるのは、名もなき庶民《しょみん》の必死な姿である。ここに「非人間的なものに対する人間愛の勝利」という大きな主題が、よく表れている。

ヴァンデ反乱の鎮圧《ちんあつ》に派遣されたシムールダンとゴーヴァンは、ついにラントナックを捕虜《ほりょ》とした。しかし、一度は逃げきったラントナックが戦火につつまれた三人の幼児を救うため、敵中に舞い戻って捕《とら》えられてしまう。そして敵将に対する死刑宣告の前夜、こんどはゴーヴァンが大伯父《おおおじ》ラントナックを逃がし、その罪により自身が断頭台にあがる運命となった。まさに革命と良心の葛藤《かっとう》劇である。

これはラントナックの英雄的な行為に対し、どう報《むく》いるかを悩みぬいたゴーヴァンの選択《せんたく》だった。そのゴーヴァンを死刑にしたのは、かつての師父シムールダンである。

彼もまた教え子が「法と正義」に殉《じゅん》じたあと、みずからの生命を断った。いかにもユゴーらしい、詩的な悲壮味をおびた劇的な幕切れとなっている。

未来を見つめて

この小説のラストシーンは、まさに叙事詩のような結末である。作者は、ゴーヴァンとシムールダンの死を描いたあと、「この悲劇的な姉妹である二つの魂《たましい》は、もろともに、一つは影となり、一つは光となって、まじりあいながら、とび去っていった(6)」と述べている。

二人は死ぬ前夜、師弟《してい》の対決ともいうべき一時《ひととき》をもった。法にもとづく「剣と絶対の共和国」を説くシムールダンに対し、ゴーヴァンは「理想と精神の共和国」を対置して互いに譲らなかった。むろんユゴー自身の思想は、ゴーヴァンの説く「理想と精神の共和国」であることは明らかだ。

ゴーヴァンは、師に対して言った。

「先生のおっしゃる共和国は人間を調合したり、はかったり、整頓《せいとん》したりします。わたしの言う共和国は人間を青空のまっただ中につれていきます。ここに、定理と鷲《わし》とのちがいがあるのです(7)」

つまりゴーヴァンの理想では、民衆を手段にしたり、犠牲《ぎせい》にしない社会への転換《てんかん》が強く志向されている。ゴーヴァンは、また次のように言う。

「わたしが望むのは、精神に対しては自由を、心に対しては平等を、魂《たましい》に対しては友愛を、ということです。たくさんです！　もう束縛《そくばく》はたくさんです！　人間が作られているのは、くさりを引きずるためではなくて、つばさをひろげるためなのです(8)」

ゴーヴァンは、みずからギロチンの犠牲となる道をえらんだが、最後まで眼前の悲劇の彼方《かなた》に「偉大にして高貴な未来」が準備されていることを確信していた。彼は死の直前に、師のシムールダンから「何を考えているのか」と問われ、微笑《ほほえ》みながら一言「未来のことを」と答えている。

ユゴーは、革命と内乱の渦《うず》巻く十九世紀に生き、絶えず「未来のこと」を考えていたといわれる。とくに「未来」の象徴《しょうちょう》としての子どもを大切にしたのは、その一例である。たとえば『九十三年』でも、ラントナック侯爵《こうしゃく》が最後に三人の幼児《おさなご》を救い出したシーンについて、戸田先生は言われたものである。

「あの三人の子どもは、作者にとって『未来』の象徴だった。だから、救いだすように設定してあるのだ。子どもは未来の宝だ。未来からの使者だと思って大事にしなさい」

ユゴーは、フランス文学に初めて「子ども」を主役として登場させた作家であるといわれる。子どもに深い愛情をそそいだ詩人として、あまりにも有名だ。

かつての亡命の地、ガーンジー島で『九十三年』を執筆《しっぴつ》したのは、ユゴー七十歳の時だった。

「そうだ！」「子供たちに囲まれて食事をするなんて楽しいだろうなあ[9]」――そう思って週に一度、島の貧しい子どもたちを集めてご馳走《ちそう》会を開いた。『九十三年』のなかでも三人の幼児の生態が見事に描《えが》かれているのは、そのとき無邪気な子どもたちと遊んだ際の観察が活《い》かされているからである。

作者は『レ・ミゼラブル』で貧しい人びとへの愛を書いたが、この『九十三年』では未来に生きる子どもらへの愛を描《えが》きだしたといわれる。彼は七十五歳の時、『よいおじいちゃんぶり』と題する詩集まで出版した。
ユゴーは、老いてなお未来を見つめる人だった。飛行船を歌った「大空」という詩では、未来の世界共和国まで構想していた。

大空を使って人間のために、未来の世界共和国の首都を作り、
広大無辺な空間を使って思想をつくりながら、
　船は廃止する、古い世界の掟《おきて》を。
船は山々を低くし、塔や城壁を無用にする。
このすばらしい船は、地上をのろのろと歩く諸国の民を参加させる、
　天翔《あまか》ける鷲たちの集《つど》いに。[10]

私は一九八一年六月に訪仏の際、ポエール上院議長の案内でフランス上院内の「ユ

ゴーの部屋」などを見学した。そのとき、ポエール議長は私に、次のように語りかけた。

「ユゴーは一八四八年にヨーロッパ統一ということを考え始めています。ヨーロッパの各国が互いにいがみ合っていた当時にあって、……それぞれが互いに理解しあっていくことを夢みたということは、たいへんにすばらしい」

ユゴーは、まさに未来を見つめる詩人であった。ちなみに、私がユ*ゴーの「文学記念館」開設への着想を得たのは、このポエール議長との会見が縁となった。

ユゴーには、早くから「一つの欧州」への願いがあった。それは国家の壁、民族の壁、そして人間の心の壁を打ち破る挑戦《ちょうせん》でもあった。ユゴーの夢みた「ヨーロッパ連合」の理想が、今や現実化しようとしている。

▽――ユゴー『九十三年』からの引用（6～8）は、榊原晃三訳の潮文庫版、（5）は辻昶訳の岩波文庫版の解説によった。その他の作品からの引用（1～4、9、10）は、すぐれたユゴー研究家である辻氏の著作『ヴィクトル・ユゴー』（第三文明社）によるが、この他、辻昶著『ヴィクトル・ユゴーの生涯』（潮出版社）等を参照した。

豊かな人間学の宝庫

司馬遷『史記』

「青年は、小心であってはならぬ。気宇《きう》壮大なる人間に育つためにも、偉人伝など歴史の本を読むべきだ」

戸田城聖先生は、そうおっしゃられて、いつお会いしても「今、何を読んでいるか」と訊《き》かれるのが常であった。それは——今となっては最晩年の昭和三十三年（一九五八年）三月、法華《ほっけ》本門大講堂の落成記念登山のために一カ月間にわたった大石寺滞在中でも変わらなかった。先生は私に対して、こう指導された。

「戦おうではないか！　日蓮大聖人は、『御書』に『謀《はかりごと》を帷帳《いちょう》の中に回《めぐ》らし勝つことを千里の外に決せし者なり』と仰《おお》せである。どこにあっても常在戦場のつもりで、民衆のために戦おうではないか！」と。

先生のお体《からだ》は衰弱《すいじゃく》し、独《ひと》りで歩ける状態ではなかったが、その気迫は烈々たるものがあった。あのときの火を吐《は》くような言々句々は、今でも私の耳底《じてい》から離れない。

思えば、私が戸田先生の会社に勤めたのは、昭和二十四年（一九四九年）一月三日からだった。満二十一歳の誕生日を迎えたばかりである。それからの十年間というもの、先生の訓練は厳《きび》しかった。毎日のように私に対する薫陶《くんとう》は続いた。

毎朝、仕事の始まるまえには先生じきじきの個人教授がなされた。『御書』を拝しての指導は当然として、人文・自然・社会科学など万般にわたる勉強だった。私は日曜日にも先生のお宅にうかがい、朝から晩まで研鑽《けんさん》に励《はげ》んだこともある。

話題は人生論に始まり、古今東西の指導者論から哲学・文学、さらに政治や経済・教育・文化、組織論にもおよんだ。すぐれた教育者でもあった先生の知識は豊かで、興味《きょうみ》深い話ばかりだった。

なかでも先生がよく語っておられた話に、『史記』や『十八史略』など中国の史書にもとづくものがあった。

中国「正史」の父

*司馬遷《しばせん》の大著『史記』百三十巻は、まさに豊かな人間学の宝庫といってよい。今から二千年以上も昔に書かれた中国最古の通史、悠久《ゆうきゅう》なる中国史の原点ともいうべき史書である。西洋で前五世紀のギリシアの史家ヘ*ロドトスが「歴史の父」といわれるように、司馬遷もまた「東洋史の父」と呼ばれるにふさわしい存在であろう。

その著『司馬遷』と『史記』の研究により、コロンビア大学で博士号を取得されたバートン・ワトソン博士は次のように分析《ぶんせき》する。

「この書物が書かれてから約二千年間において、あらゆる中国の歴史書のうち最も広く、最も大きな感動をもって読まれた書物の一つであった。その体裁《ていさい》は後世の『正史』の模範《もはん》となった」(1)

ちなみにワトソン博士は日本での研究生活が長く、日本語を話すのも達者であられる。私も一九七三年に初めてお会いして以来、何度かお目にかかっているが、その間に博士は『*私の釈尊《しゃくそん》観』や『私の仏教観』などを英訳してくださった。最初にお会いして以来の約束を堅く守られ、十六年間もかけて鳩摩羅什《くまらじゅう》訳『妙法蓮華経』の英訳も完成された。まことに信義に篤《あつ》い学究として、私も心から尊敬する大学者の一人である。

そのワトソン博士は、また『史記』について次のように述べている。

「その内容と文体は、中国および中国文化の支配下にあった国国の文学に測り知れない影響《えいきょう》を与えたのである。しばしば行なわれる比較をくりかえすと、ヘロドトスがギリシア・ローマ世界の史書の伝統に与えたのと同じような影響を、司馬遷は中国・朝鮮・日本・ベトナムのそれに与えたのである(2)」

たしかに『史記』の影響力は絶大である。たとえば二千年後の今日《こんにち》、「先《さき》んずれば人を制す」とか「怨《うら》み骨髄《こつずい》に入る」といった表現がなされるが、その出典は『史記』に求められる。また「合従連衡《がっしょうれんこう》」「臥薪嘗胆《がしんしょうたん》」「傍若無人《ぼうじゃくぶじん》」「法三章」「背水《はいすい》の陣」「四面楚歌《しめんそか》」「曲学阿世《きょくがくあせい》」「左遷《させん》」等々、いずれも司馬遷の伝えた故事・名言である。

その意味を調べるだけでも、読んで面白い。

歴史を動かした多彩な人物の思想や感情の流れが克明《こくめい》に描《えが》かれている。今風にいえば記録小説とも、ノンフィクション作品ともみなされよう。

その構成は、まず有史以来の王朝の歴史を「本紀」十二巻とする。次に系図および年表を「表」十巻として示す。また儀礼・制度・音楽・天文・暦法など、文化のさまざまなジャンルの概観を「書」八巻にまとめ、さらに諸侯《しょこう》などの歴史を「世家《せいか》」三十巻に収める。そして最後に個々の人間の伝記を「列伝」七十巻において叙述《じょじゅつ》する。合わせて百三十巻、五十二万六千五百字の大冊である。

どこから読んでも構わないが、戸田先生は日ごろから「本を読むときは、まず序文を読むことだ」と、おっしゃられていた。序文には、作者の意図《いと》が述べられているからだ。

そこで『史記』の序文として、最後の「列伝」第七十に「太史《たいし》公自序」という一巻がある。ここに司馬遷《しばせん》が総合《そうごう》的な世界史を書くにいたった意図が詳《くわ》しく述べられる。

ちなみに「太史公」とは宮中における記録係の官職名で、司馬遷は当初、この書を

『太史公書』と名づけた。史官の記録という意味の『史記』と呼ばれるようになったのは彼の死後約三百年、三国時代以後のことであるという。

なぜ世界史を書いたか

多くの論者が指摘《してき》するように、司馬遷が『史記』を完成するまでには、その人生において二つの大きな転機があった。一つは父の遺言であり、もう一つは名将・*李陵《りりょう》の禍である。

それを「太史公自序」で見よう。父は、漢の武帝《ぶてい》（前一五六年―前八七年）の建元《けんげん》・元封《げんぽう》年間に宮中の記録係「太史令」に出仕した司馬談である。子の遷は十歳のとき父親から古文を教えられ、早くも古典を読んだという。また都の長安《ちょうあん》では、当時の大学者・*董仲舒《とうちゅうじょ》から『春秋公羊《くよう》伝』を中心に儒学《じゅがく》を学ぶことができた。

遷は二十歳《はたち》のころ、長江《ちょうこう》（揚子江《ようすこう》）流域に旅行した。また斉《せい》や魯《ろ》の故郷での留学を含む二、三年間に各地で史跡を調査、さらに民間伝承を採集した。この大旅行によって得られた知識が、のちに『史記』をまとめる際、大いに役立ったことはいうまでもない。

旅行から帰ると、遷は宮中での官吏《かんり》見習い兼侍従《じじゅう》たる「郎中《ろうちゅう》」に任じられた。前一一一年には武帝《ぶてい》の命令で四川《しせん》・雲南《うんなん》方面に旅行し、翌年に帰朝した。だが、折しも洛《らく》陽《よう》の近くで病床にあった父親を見舞うと、父談は泰山《たいざん》での封禅《ほうぜん》の盛儀（天子の行うまつりで、封は土を盛って壇をつくり天を、禅は地面を平らにして地をまつること）に参加できなかった無念を語りつつ、子の遷に対して次のように遺言したという。

「わが先祖は周室《しゅうしつ》の太史であった。上世において虞夏《ぐか》の時代に功名をあらわして以来、天文のことを、つかさどってきた。その後中ごろから衰えた。わしの代に絶えるのであろうか。そなたがまた太史になったならば、わが先祖の業をついでくれ。いま、天子は千歳の皇統をつぎ、泰山で封禅の礼をおこなっている。それなのに、わしはその行事に参加することができない。ああ、天命なるかな。天命なるかな。わしが死んだら、そなたはかならず太史になるだろう。太史になったら、わしが論著しようとのぞんだところを忘れないでくれ(3)」

「遷《せん》は首をたれ涙を流して言った。
『わたくしは不敏ではありますが、父上が次第づけられました旧聞をことごとく論述し、すこしも欠けるところのないようにいたしたいと思います』[4]」

かくして司馬遷《しばせん》は、父の遺言どおり初めて世界史を書く決意を固めたのである。

父の死後三年、司馬遷は前一〇八年に太史令となるや、帝室図書館の古記録や図書を精力的に調査した。さらに四年後、前一〇四年十一月一日を起点とする太初暦《たいしょれき》の作成を監督した。かくて「太初」と改元されたその日、彼は『史記』の執筆《しっぴつ》を開始したのである。

執筆に専念して七年目、司馬遷にとって思いもかけぬ事件が持ちあがった。匈奴《きょうど》討伐に奮戦して捕虜《ほりょ》となった名将・李陵《りりょう》を弁護したことから武帝の逆鱗《げきりん》に触《ふ》れ、男子として死刑より重い宮刑（腐刑）の恥辱《ちじょく》を受けたのだ。彼の人生にとって、第二の転機である。

だが司馬遷は、恥を忍んで生き長らえた。「司馬遷は生き恥さらした男である」[5]（*武《たけ》田《だ》泰淳《たいじゅん》）といわれるが、二年後には宦官《かんがん》として宮廷に戻った。こんどは天子の秘書長役である「中書《ちゅうしょ》令」となった。もっぱら『史記』を完成させたい執念《しゅうねん》からである。

なお司馬遷《しばせん》が弁護した李陵《りりょう》は、石に矢を貫《つらぬ》いたことで知られる李広《りこう》将軍の孫（または子）だった。また李陵と同時代に匈奴《きょうど》へ使いし、「持節十九年」として有名な*蘇武《そぶ》の話は、『御書』にもしばしば説かれている。三人の友情と悲哀《ひあい》については『史記』や『漢書《かんじょ》』の記述をもとにした*中島敦の名作『李陵』に詳《くわ》しい。

また司馬遷の苦衷《くちゅう》は死刑囚の友人・任安《じんあん》にあてた書簡《しょかん》に切々と綴《つづ》られている。ただし、そのころには『史記』も完成に近づき、正本を名山に所蔵、副本を長安《ちょうあん》におき、後世の聖人君子に期待すると「自序」に記《しる》されている。はたして『史記』が読まれるようになったのは、司馬遷の死後約三十年くらいからである。

将に将たる器たれ！

さて『史記』は、どこから読んでも面白いが、日本人の間で最もよく読まれたのは漢楚《かんそ》の戦いを描《えが》いた「項羽本紀《こううほんぎ》」と「高祖《こうそ》本紀」の巻であろうか。

中国では初の統一帝国を築いた*始皇帝《しこうてい》の没後、あっけなく秦《しん》は滅んでしまった。このあと天下の覇権《はけん》をめぐって若き項羽（前二三二年―前二〇二年）と劉邦《りゅうほう》（前二四七年―前一九五年）との間で壮絶な戦いが繰《く》りひろげられた。

二人の戦いは史上屈指の激戦で、前後八年にわたって天下を争った。項羽は七十余戦して連戦連勝したが、最後の勝利を収めたのは劉邦（漢の高祖）である。詳しい経過は『史記』に描《えが》かれるとおりだが、二人の比較対照が見事である。

前二〇二年、天下は大いに定まり、漢軍は洛陽《らくよう》の南宮において酒宴《しゅえん》を開いた。戦勝祝いである。そのとき漢の高祖・劉邦は、部下に対して言った。

「列侯諸将よ、朕《わし》にかくしだてせずに、ありのままにいってもらいたい。朕が天下を取った所以《ゆえん》は何か、また、項氏が天下を失った所以は何か[6]」

時に高起《こうき》・王陵《おうりょう》が、つつしんで答えた。

「陛下は人々に城を攻め地を平定させては、降服したものがあると、その事にあたったものにこれをあたえ、天下の人々と利を同じくなさいました。ところが、項羽《こうう》は、賢者を妬《ねた》み、能者を嫉《にく》み、功ある能者は害《いた》めつけ、賢者に対しては疑いました。戦い勝ってもその功を人にあたえず、地を得てもその利を人にあたえませんでした。これが、天下を失った所以であります[7]」

項羽は功を独《ひと》り占めしたのに対し、高祖は論功行賞を公平に行ったというのである。まさに衆目の一致する見方だった。ところが高祖は、それだけではないと言う。

「そもそも、籌策《はかりごと》を本陣の帷帳《とばり》の中でめぐらし、その結果、勝ちを千里の外に決する点では、わしは子房《しぼう》（張良《ちょうりょう》）におよばない。国家を鎮《しず》め、人民をなつけ、食糧《しょくりょう》を供給して糧道を絶たない点では、わしは蕭何《しょうか》におよばない。百万の軍をつらねて、戦えばかならず勝ち、攻めればかならず取るという点では、わたしは韓信《かんしん》におよばない。この三人はみな人傑である。わしは、この三人をよく用いることができた。これが、わしが天下を取った所以だ。項羽にはただ一人の范増《はんぞう》があったが、それを十分に用いることができなかった。これが、わがとりことなった所以なのだ」(8)

先に「謀《はかりごと》を帷帳《いちょう》の中に回《めぐ》らし……」との『御書』の一節を拝したが、その出典は、ここにある。ちなみに張良は劉邦《りゅうほう》に用いられた名参謀、范増は項羽側の参謀だった。また蕭何は漢の名宰相《さいしょう》で、韓信は「背水《はいすい》の陣」を布《し》いたことで知られる武将だった。いずれも傑出《けっしゅつ》した人物だが、劉邦は彼らをよく用いたところに勝因があったという。

また項羽は暴虐《ぼうぎゃく》でつねに怒《いか》り、ために人心が離れてしまった。それに対して劉邦は寛容《かんよう》な人柄で情けあり、施《ほどこ》しが好きで、心はカラッとした性格だったと、司馬遷《しばせん》は分析《せき》する。

戸田先生は、よく語っておられた。

「まさに『卒《そつ》に将たるは易《やす》く、将に将たるは難《かた》し』だ。学会の青年は、この『将に将たる器』にならなければならない」と。

この件も『史記』「淮陰侯《わいいんこう》列伝」に出ている。

――漢が天下を平定した翌年、楚王《そおう》に封じられた功臣・韓信《かんしん》に謀反《むほん》の嫌疑《けんぎ》がかけられた。そこで高祖は、諸国を巡幸《じゅんこう》することに事よせて楚へ向かった。

韓信にしてみれば、とがめられる罪はないつもりだったが、兵を発して謀反しようかとも思った。だが彼は、かつて青年時代にある少年から辱《はずかし》められ、股《また》をくぐらされたこと（「韓信の股くぐり」として有名）があった。それを思い出したのであろうか。このときもよく忍耐《にんたい》して謀反を思いとどまり、高祖に謁見《えっけん》して縛《ばく》についた。

「そなたの謀反を密告した者があるのだ[9]」

そう高祖は言った。かくして韓信は罪人として洛陽《らくよう》に護送されたのち、赦《ゆる》されて王から位をさげられ、淮陰侯《わいいんこう》とされた。

ある日《ひ》、高祖は寛《くつろ》いで韓信と将軍たちの才能を語り合い、それぞれに等級をつけたことがある。高祖は、韓信に問いかけた。

「わしなどは、どれだけの兵に将たることができるだろうか」

「陛下は、まあ、十万の兵に将たるにすぎません」

「そなたはどうか」

「わたくしは、兵が多ければ多いほど、ますますよろしいです」

高祖は笑って言った。

「多ければ多いほどますますよいというのに、どうしてわしの禽《とりこ》になったのか」

「陛下は兵に将たることはおできになりませんが、将に将たることはおできになります。これが、わたくしが陛下の禽にされた理由です。その上、陛下はいわゆる天授の才能を受けておられまして、人力の及ぶところではありません」[10]

この条、韓信の皮肉《ひにく》とみるか、あるいは慢心《まんしん》の言とみるか、さまざまに解釈されよう。だが韓信はその後、数年にして実際に謀反を企《くわだ》て、捕《とら》えられて斬殺《ざんさつ》の刑に処せられた。さらに三族まで誅殺《ちゅうさつ》されたというから、かなり厳《きび》しい処罰である。

韓信に対する司馬遷《しばせん》の評価も厳しいものであった。要するに韓信は謙譲《けんじょう》でなく、おのれの功を誇《ほこ》り、天下が安定してから謀反を企てた罪は重いというのである。

戸田先生も、よくおっしゃっていた。

「人生は、最後に勝つか負けるかだ」と。

ともあれ、今でも私は『史記』を読みかえすごとに、恩師戸田先生の指導を思い起こす日々である。

▽——『史記』からの引用（3、4、6〜10）は、野口定男他訳の平凡社版「中国の古典シリーズ」によった。その他の引用（1、2）は、バートン・ワトソン著『司馬遷』今鷹真訳（筑摩書房）、（5）は『武田泰淳全集』第十一巻（筑摩書房）。また、武田泰淳著『司馬遷』（講談社文庫）等を参照した。

虹を追い求めた革命児
鶴見祐輔『ナポレオン』

「前進！」

これが、全ヨーロッパを震動《しんどう》せしめた、若き、悍馬《かんば》にまたがった、ナポレオン*の一生を貫《つらぬ》く姿であった。……

彼の思想、そして、行動の善悪は別として、ただ、みずからが信念と理想とをもって、人生を生ききった演劇的人生はたのもしかった。

昭和三十三年（一九五八年）六月、私が「若き革命家・ナポレオン」と題し「聖教

Napoléon Bonaparte (1769~1821)

新聞」紙上に寄稿した文の一節である。恩師戸田第二代会長逝《ゆ》いて二カ月余——当時三十歳の私は、まさに激流に挑《いど》みゆく青春の一日一日を送っていた。当時の「日記」をふりかえると、若葉の四月のある日に、こう綴《つづ》っている。

　戦おう。師の偉大さを、世界に証明するために。一直線に進むぞ。断じて戦うぞ。障魔《しょうま》の怒濤《どとう》を乗り越えて。

「前進、また前進」——この言葉どおり、鉄の意志と烈火《れっか》の情熱をもち、全欧州を駆《か》けめぐった大英雄ナポレオン。彼の歴史的評価はさておき、当時の私はその一人の人間の、壮烈《そうれつ》な魂《たましい》の息吹《いぶき》に共鳴したのを憶《おぼ》えている。

　思えばナポレオンの生涯《しょうがい》は、まさに戦いの連続であった。彼は一生のうち六十回も戦ったという。その心意気は、まさに「前進、また前進」の一語に尽《つ》きよう。

「青年時代には偉人伝など伝記を多く読んで、歴史の勉強をするとよい」
恩師は、よく言われたものである。私も二十二、三歳のころ、古今東西の偉人伝を数多く読んだ。なかでも*鶴見《つるみ》祐輔《ゆうすけ》氏の『ナポレオン』は、そのころ手にした懐《なつ》かしい一冊である。

コルシカ生まれの少年

ナポレオン・ボナパルトは、陽光燦《さん》たる地中海のコルシカ島に生まれた。島の面積は四国の半分ほど。少年の日のナポレオンを育《はぐく》んだもの——それは、コルシカの陽光あふれる自然の輝《かがや》きであった。澄《す》みきった爽快《そうかい》なる海、果てしなく続く青き空、駆けぬける風、そのなかで、少年の心は伸びやかに広がっていったといってよい。

鶴見氏の『ナポレオン』の冒頭《ぼうとう》、「虹《にじ》を追う少年」と題する一章には、こんな描写《びょうしゃ》がある。

> 峰々は、いま過ぎた驟雨《しゅうう》の露《つゆ》をうけて、洗ったような翠色《すいしょく》に光っている。その翠色と岩窟《がんくつ》とのあいだから、大空に向かって、七色の美しい橋がかかっている。

一端は碧《あお》い地中海のなかに消えている。（1）

コルシカの山から地中海にかかる美しき七色の虹《にじ》。その虹を見つめていた少年ナポレオンは、急に駆《か》けだす。川を渡り、野を走り、山を越え、夢中になって虹を追いかけていく。しかし虹は、どこまで追ってもわが手にすることはできなかった——。

ここには、「虹を追いかける少年」が、やがて全ヨーロッパを驚《おどろ》かす「革命児ナポレオン」へと成長し、ついに夢なかばにして消え去りゆくことが暗示されている。

この小説の末尾、鶴《つる》見《み》氏は一詩をそえた。

地中海の波の子、ナポリオーン！
おまえの地上いっさいの功罪よりも、
おまえの頭のなかに吹き荒れていた
その広大無辺の想像力に向かって、
われらは、

同じ人間としての同情を投げつける。

星の子！　風の子！　虹の子！

さらば！[2]

　世界へのロマン、未来へのロマンにあふれ、一生を劇《げき》のごとく走りぬけたナポレオン。――ナポレオン死後百七十年を経、世界中で幾千の伝記や研究書が出版されたことだろう。欧米では今も、いわゆる「ナポレオンもの」がひろく読まれている。その虹を追い求めた人生は、時をこえてなお輝《かがや》きを失わない魅力《みりょく》に溢《あふ》れている。

「君の世紀の思想の先頭に立って歩いてみ給え、それらの思想は君に従い、君を支持するであろう[3]」とのナポレオンの言葉がある。

　彼は十八世紀の末に登場し、新しき世紀の思想の先頭を駆けた。ただ反面、時代を戦乱に巻きこみ、多くの犠牲《ぎせい》者を出したことも事実である。今、二十一世紀をまえにして、新しき平和秩序の構築のため、新しき世紀の思想の先頭を進みゆく青年群が待ち望まれる。

さて、コルシカ島は一三〇〇年から四百年もの間、イタリアのジェノヴァ共和国に支配されていた。そのコルシカに独立運動が起こった。ナポレオンが生まれる十数年まえの一七五五年、二十九歳の一青年パスカル・パオリが統治者に選ばれる。彼はコルシカ人の代表者を集めて「議会」をつくった。小なりとはいえ初の人民政府である。アメリカの独立戦争（一七七五年）に先立つこと二十年まえのことであった。

そのころ、フランスの啓蒙《けいもう》思想家ジャン＝ジャック・ルソー*は「大革命」の思想的導火線ともなった著作『社会契約論』のなかで、独立自由のコルシカ島に注目して次のように書いている。

「ヨーロッパにはまだ立法を与えうる国が一つある。それはコルシカ島である。この雄々《おお》しい人民がその自由の回復とその防衛に示した勇気とねばり強さは、賢人がその自由をどのように維持《いじ》すべきかを教えてやるだけの価値を示しているといえよう。私はある予感がしている、いつの日か、この小さな島はヨーロッパを驚《おどろ》かすことだろう(4)」

この予言にも似た言葉どおり、コルシカの自由の子ナポレオンは、やがてヨーロッパを席捲《せっけん》した。

ルソーは二年後、「コルシカ憲法草案」を起草している。だが、その実現をみないうちにジェノヴァ元老院は、島を二百万フランでフランスに売り渡してしまった。ナポレオンが生まれる前年、一七六八年五月のことである。コルシカは大国の勝手気儘《きまま》さに翻弄《ほんろう》される運命にあった。

ナポレオンの父シャルル・ボナパルトは、パオリとともに独立運動を戦った勇士。母のマリア・レティシアも、ナポレオンが生まれるまで山中に籠《こも》り、銃を取ってフランス軍と戦っている。後年、ナポレオンは『コルシカ史』を著《あらわ》している。彼はどこまでも誇《ほこ》り高きコルシカ人として、祖国を愛し続けた。

「強くあらねばならない」――不遇《ふぐう》な祖国の歴史は、この一点をナポレオンの胸に深く刻《きざ》みつけていったにちがいない。

偉人は読書より生まれる

ナポレオンは、九歳のとき父に連れられ、兄とともにフランスに渡る。父は独立運動で挫折《ざせつ》、一家の生活はどん底にあった。かつての敵国に、わが子の教育を委《ゆだ》ねる以外になかったのである。当時まだ小学生の年ごろであった兄弟にとって、異郷での生活は、どれほど寂《さび》しく、辛《つら》かったことであろう。言葉も通じない。身寄りもない。そんな苦境のなかで、ナポレオンは激動の生涯《しょうがい》を支えることとなる太き骨髄《こつずい》を着々と築きあげていく。彼は脇目《わきめ》もふらず課外読書に励《はげ》んだ。

「天才とは勉強なり」――ナポレオンのこの生涯のモットーは、若き日の実践に裏打ちされていた。彼が十代に読んだ書物の一部について、次のようにある。

「砲術《ほうじゅつ》の原理と歴史、攻囲法《こういほう》、*プラトンの共和政治論、ペルシャ、アテネならびにスパルタの憲法、英国史、フレデリック大王戦史、仏国財政論、蒙古《もうこ》人ならびにトルコ人の風俗地理、エジプト・カーセージ史、インド地理、英人の見たる現代フランス、ミラボー論、ビュッフォン論、マキャベリー論、スイス史ならびに憲法、中国、インドならびにインカ国憲法、天文、地質、気象学、人口増加原則、死亡統計[5]」

一見すれば、若きナポレオンが何を求め、何をめざしていたかが判《わか》る。一つひとつが将来に成《な》さんとした事業に、必要なものばかりであった。しかも彼は、丹念《たんねん》に「読書ノート」を記《しる》している。残された読書録を印刷してみると、四百頁《ページ》にもおよぶ膨大《ぼうだい》なものとなったという。読書録の一節には、このようにある。

「エジプトが二つの海のあいだに横たわり、東西両洋の中位に介在《かいざい》するがゆえに、ア*レキサンダー大帝はこの国に世界帝国の首府を設け、もって世界通商の中心となさんと計画したのである。ゆえにこの賢明なる征服者は世界征服ののち、その各邦を統一するの道は、このエジプトを利用して、アジア、アフリカ、ヨーロッパ結合の楔子《けっし》(くさび)となすにあった[6]」

まことに壮大な考察力である。若き想像の翼《つばさ》は、はるか国境を越え、海を渡り、全世界を駆《か》けめぐったのであろう。

なるほど人生とは、みずから志し、みずから努力し、みずから勝ちとるものである。

この真理は、いつの時代も変わることはない。

恩師戸田先生は折にふれ、私たち青年に対して、いかに生きゆくかを語ってくださった。

「青年は、望みが大きすぎるくらいで、ちょうどよいのだ。この人生で実現できるのは、自分の考えの何分の一かだ。初めから、望みが小さいようでは、なにもできないで終わる」と。

当時、戦争の傷痕《きずあと》はいまだ生々しく、未来も決して明るいものではなかった。先生は青年たちに対して、無限の希望をおくってくださった。青年を心から愛され、育《はぐく》んでくださった。また、ご自身、生涯《しょうがい》青春の先生であられた。

フランス革命の申し子

ナポレオンは、自身のことを誇《ほこ》りをもって、こう語る。

「私は民衆のふところから出た軍人だ、……フランス革命の申し子だ」

一七八九年七月、パリに革命の火が燃えあがったとき、ナポレオンは十九歳だった。兵学校を出た彼は砲兵少尉《ほうへいしょうい》から中尉に昇進し、オーソンヌの連隊に駐屯《ちゅうとん》していた。そこで、群衆が市の税関事務所に乱入するのを目撃する。絶対権力におさえつけられていた民衆が、その抑圧《よくあつ》のくびきを解き放ち、立ち上がった。みずから考え、語り、行動を開始したのだ。青年の心は、新しき時代の到来を実感したにちがいない。

当時、*ロベスピエール三十一歳、*ダントン三十二歳、ラ・ファイエット三十二歳、サン・ジュスト二十二歳。まさに「フランス革命の若き申し子たち」が大舞台に飛び出し、勇壮に舞いに舞った時代であった。

恩師も「大事業は、二十代、三十代でやる決意が大切だ。四十代に入ってから〝さあ、やろう〟といっても、決してできるものではない」と言われていたが、若さこそ力であり、前進への限りなきエネルギーを秘めている。

さて翌月、ナポレオン中尉はコルシカに帰省する。革命の大波は、海を越え故郷にも押し寄せていた。兄のジョセフは弁護士《べんごし》となり、コルシカ県会の議員になっていた。兄弟は政治討論に熱中し、クラブで語り、パンフレットを編集したりする。

*ユゴーの『九十三年』にも描《えが》かれているように、一七九三年は革命の成否を決する大乱の年となった。一月、国王*ルイ十六世が断頭台の露《つゆ》と消える。革命の果実をもぎ取ろうとする周辺諸国の軍隊が介入《かいにゅう》しはじめた。ナポレオンは、この年十二月、ツーロン港の攻囲戦《こういせん》に大勲功《だいくんこう》をおさめ、一気に陸軍少将へと駆《か》け上がる。弱冠《じゃっかん》二十四歳、凛々《りり》しい将軍であった。一七九六年三月、ナポレオンは二十六歳のとき、イタリア遠《えん》征《せい》軍の司令官に任命された。

「アルプスの峻嶺《しゅんれい》を越えてローマに入る」(7)――それが、少年のころ『プルターク英雄伝』を愛読した彼にとっての念願であった。英雄*シーザーのごとく、「ルビコンを渡ってローマへ！」(8)との思い切なるものがあったにちがいない。

だが、本営に着いた彼を待っていたのは、あまりに厳《きび》しい現実であった。軍には食はなく、疫病《えきびょう》は蔓延《まんえん》し、軍備も、軍資金もまったく不足していた。兵士たちに不安は広がり、老いた副将たちは若輩《じゃくはい》のナポレオンを甘《あま》く見、なめきって、動こうともしなかった。

ナポレオンのただ一言の決意――それはただ「前進」であった。彼は全軍に向かって宣言する。作品では、少々古い言いまわしとなっている。

「余《よ》は諸君をみちびいて世界最肥沃《さいひよく》の原野に進まんとす。そこには富める都市と豊沃《ほうよく》なる郡県《ぐんけん》あるべし。そこに諸君は名誉と光栄と財宝とを得べし。イタリア軍の兵士よ、諸君は勇気と堅忍《けんにん》とにおいて欠くるところありや？」[9]

司令官が直接兵士に呼びかけたのは、ナポレオンの演説が初めてだという。簡潔《かんけつ》にして要を得た若き将軍のスピーチは、幾万の武器や兵糧《ひょうろう》よりも、兵士たちを鼓舞《こぶ》する大いなる力となった。まさしく「言葉は力なり」である。

一七九八年五月、エジプト遠征に赴《おもむ》いた折のスピーチも有名である。眼前にそびえ立つ、ピラミッドやスフィンクスを指さしながら、彼はこう叫《さけ》んだ。

「健児よ！　四千年の歳月が君たちを見下ろしているぞ」[10]

彼は行く先々で、このような名言を多く残した。イタリアの詩聖ダンテ*の詩を愛読していた彼が、後世「行動する詩人」と、いわれたのも頷《うなず》けよう。

またナポレオンは、エジプト遠征の際、歴史学・考古学・言語学・地理学・地質学・生物学など、二百名もの学者や文学者を連れていき、いわゆる「エジプト学」を興《おこ》した。かつてアレキサンダー大王は東征の道に、哲学者*アリストテレスの下で、ともに学んだ歴史家や植物学者を同行させている。その例にならってのことであった。

栄光と挫折の果てに

一九六二年二月、私はエジプトのカイロを初めて訪問した。そのとき、ピラミッドの前に立ち、遥《はる》か古代の限りないロマンに、思いを馳《は》せたことも懐《なつ》かしい。

たしかにナポレオンは、フランス革命の理想を掲《かか》げ、いったんは欧州大陸を制覇《せいは》したかに見えた。一八〇四年、花の都パリで燦然《さんぜん》と輝《かがや》く戴冠《たいかん》式を挙行、三十四歳にしてフランス皇帝となり、栄華《えいが》を極《きわ》めるのである。

しかし、最初のうち革命の防衛戦争であったものが、やがて皇帝の座に就《つ》いてからは征服戦争の色あいを濃くしていく。

戸田先生は、「戦いには大義名分がなければならない」とよく言われていた。いつしか大義をなくし、民衆の支持をなくしたものは、たとえ一時の隆盛《りゅうせい》を誇《ほこ》ろうとも、長続きはしない。

一八〇八年　スペイン戦争
一八一二年　ロシア遠征《えんせい》
一八一四年　退位、エルバ島へ流罪《るざい》
一八一五年　百日天下
　　　　　　ワーテルローの敗戦
　　　　　　セント＝ヘレナ島へ流罪
一八二一年　死去

このように、ナポレオンの末路もまた坂道を転げ落ちていくがごときであった。信頼していた部下たちの裏切りにもあう。みずからの人生をふりかえり、彼はこうつぶやく。

名誉や、利害でつった戦友は、最後は、皆だめだ。

「ただ理想と純愛とをもってひきつけた人々のみが、最後まで味方でありうるのだ」[11]

真の友情こそ、かけがえのない宝である。ともに、人生最期が最も肝心《かんじん》である。飛行機もたとえそれまでいかに順調に飛行しようとも、最後の着陸を誤《あやま》っては元も子もない。総決算のとき、いかなる一念を持ち得るのか。満足の心か、それとも悔恨《かいこん》の情か。この厳粛《げんしゅく》なる実相は、いかなる権力をもってしても、財宝で飾《かざ》りたてようとも、隠しようもない事実なのである。

若き日、私は「日記」にこう記《しる》した。

ナポレオンは、戦勝した。次に、大敗、又戦勝。最後は、敗戦の英雄であった。

*ペスタロッチは、五十年の人生の戦いは、完敗の如《ごと》くであった。而《しか》し、最後は、

遂《つい》に勝利の大教育者として飾った。

今、自分は、どのように戦い、どのように終幕を飾るかが重大問題だ。

一八二一年、ナポレオンは遥《はる》か南大西洋の孤島で五十一年の波瀾万丈《はらんばんじょう》の生涯《しょうがい》を終える。最後の言葉は「フランス……テート〔頭、先頭〕……アルメ〔軍隊〕……」[12]であったという。無意識のなかに、なおも万軍に号令をかけようとしたのだろうか。

「それにしても、私の生涯は、何という小説《ロマン》であろう」[13]——このナポレオンの言葉どおり、英雄の生涯には、どこか人びとの心を打つ詩がある。

▽——鶴見祐輔著『ナポレオン』からの引用（1、2、5～10）は潮文庫版、また、（3、11～13）はオクターヴ・オブリ編『ナポレオン言行録』大塚幸男訳（岩波文庫）、ルソー著『社会契約論』からの引用（4）は『世界の名著30』（中央公論社）所収の井上幸治訳によった。

「魂の自由」への烽火《のろし》

ルソー『社会契約論』

恩師戸田城聖先生を囲み、フランス革命の時代背景について論じ合ったことがある。

戸田先生は言われた。

「フランス革命には、火つけ役がいた。それが、ルソー*である」

フランス革命に先立ち、ルソーらの啓蒙《けいもう》思想家の活躍があったことは、よく知られている。まさに「思想の力」は巨大である。思想は人間を動かし、時代を開き、世界を変える。ルソーの思想に学んだ青年たちが、民衆の自覚を高め、革命のエネルギーに点火したのだ。

恩師は、こうも言われた。

「フランス革命を理解するには、まずルソーを読まなければわからない」と。

私も終戦直後の一時期、ルソーの『エミール』や『社会契約論』『人間不平等起原論』などを一気に読んだ思い出がある。『エミール』については前にもふれたが、そこには、一個の「人間」を育てるために、いかに「自由」と「平等」が大事であるかが説かれている。教育者であった戸田先生、その師である牧口先生も、『エミール』をはじめルソーの書を愛読されていた。

自由こそ人間性の証《あかし》

さて、『社会契約論』が出版されたのは、今から二百三十年まえの一七六二年四月、ルソー四十九歳の時である。『エミール』がこの翌月に刊行されており、歴史に残りゆく大著がほぼ同時期に世に出された。

『社会契約論』に先立つ『政治経済論』では、いかにして国家は構成されるかが説かれる。ルソーによれば「国家」は「家族」と違って「契約にもとづいてのみ基礎《きそ》づけられる」（1）という。国家主権は〝頭〟であり、法律と慣習は〝脳髄《のうずい》〟である。商工業と農業は〝口〟と〝胃〟であり、財政は〝血液〟であり、経済は〝心臓〟である。つまり「国家」は、人間の身体にも譬《たと》えられるという、いかにも分かりやすい比喩《ひゆ》で説かれている。

ルソーは、国家は個人の自由と矛盾《むじゅん》するものであってはならないと説く。彼はいっさいの出発点は「人間の自由」であり、「人間の自由意志に基づく約束」を、すべての権威《けんい》の基礎においている。またルソーは、人間が社会状態のなかで、「自由」と「平等」をどう回復するかの問題を取り上げる。『社会契約論』第一編第一章の冒頭《ぼうとう》、次のような有名な一節がある。

> 人間は生まれながらにして自由であるが、しかしいたるところで鉄鎖《てっさ》につながれている。ある者は他人の主人であると信じているが、事実は彼ら以上に奴隷《どれい》である。（2）

この言葉は、人間が本来、自由であることの宣言として、今なお大きな意義を持っている。

人間は、誰《だれ》もが原初《げんしょ》的には自由な存在であった。しかし、なぜ「鉄鎖」につながれてしまうのか。奴隷的な不自由が生じたのか。いったい、人間にとって「自由」とはなにか。どうすれば人間は、自由を楽しみきっていけるのか。このことは古来、多くの賢人や哲学者たちが、追い求めてきたテーマであった。

『エミール』に、このような一節がある。

> 自由は、いかなる統治形態のもとにも存在しない。それは自由な人間の心のなかに存在する。自由な人間は、いたるところに自由をもち歩く。卑《いや》しい人間はいたるところに隷属《れいぞく》をもち歩く。ある人はジュネーヴにいても奴隷であり、ある人はパリにいても自由である。(3)

ルソーは「真実の自由」を人間の心のなかに見いだすとともに、他に隷属《れいぞく》する人間、また、他を隷属させようとする人間の心の卑《いや》しさを、厳《きび》しく追及する。

彼は、奴隷《どれい》制について論じつつ、次のように強調している。——みずからの意志で自由を放棄《ほうき》するものは、人間としての諸権利も義務も放棄したことになる。自由なきところに、真の人間性の発現もない。まして自分の行為に責任をもつという道徳性もない。故《ゆえ》に自由こそ、人間性の証《あかし》である、と。

自由とは、座して待つものではない。みずから戦い、勝ちとらなければならない——。

このルソーの心からの叫《さけ》びは、民衆の胸奥《きょうおう》にこだまし、反響を広げていった。やがて彼の没後十一年にして起こったフランス革命は、まさに圧制からの「自由」を渇望《かつぼう》する民衆解放の戦いであった。

世界への波動

『社会契約論』は、ルソーの生前には、ほとんど注目されることはなかったが、死後、革命家たちの闘争《とうそう》の拠《よ》り所《どころ》となり、デモクラシーの精神を高揚《こうよう》するのに大いなる力となっていった。

一七八九年、フランス革命の渦中《かちゅう》、制定された「人および市民の権利宣言」（いわゆる「人権宣言」）は、すぐれてルソー的なものである。その第一条には、「人は、自由かつ権利において平等なものとして出生し、かつ生存する。……」[4]とある。

また一七九一年、国民議会でルソーの像の建設が提案された。一人の議員が演説のなかで、こう語っている。

「諸君はジャン＝ジャック＝ルソーの中に、この大革命の先駆《せんく》者をみるだろう」[5]と。

そしてその年、パリ近郊《きんこう》の街に建てられたルソー像の銘《めい》には「われわれの憲法の基礎をつくった」[6]と刻《きざ》まれたのである。

ルソーの影響《えいきょう》性は、フランス革命だけにとどまらず、さらに哲学・教育・文学など、きわめてひろい範囲にわたった。大教育家ペスタロッチ*は、『エミール』が刊行されたとき六歳だった。のちにこの著に出あい、彼の人生は大きく変わることになる。

ルソーの影響を受けたフランスの作家としては、ロマン主義のスタール*夫人、ユゴ*

ー、*シャトーブリアン、ラマルティーヌ、そしてジョルジュ＝サンドなどがいる。またイギリスでは、*バイロン、*ワーズワース、ゴールド＝スミス、そしてジョージ＝エリオット。さらにドイツにおいては、*ヘルダー、*フィヒテ、*ヘーゲル、*シェリング、*ゲーテ、*シラー、*カントなどがあげられる。

ヘーゲルは、ルソーの肖像《しょうぞう》を書斎《しょさい》に飾《かざ》り、生涯《しょうがい》敬愛した。なかでも、哲学者カントへの影響《えいきょう》は甚大《じんだい》であった。日課であった時間どおりの散歩を、『エミール』を読んだ日だけは遅らせたというエピソードは有名である。

カントは、ルソーから「人間の尊厳」と「人民に対する愛情」を学んだという。彼は「法の上に建てられない国家は無意味な存在である」(7)としたが、その哲学は『社会契約論』の趣旨《しゅし》にも通ずる。またカントの『永久平和論』の思想は、ルソーが国の内外を問わず、平和の主体を民衆においていたことと相呼応《あいこおう》している。ロシアの文豪《ぶんごう》*トルストイが、みずから学校を開き、貧しい農民の子どもの教育に力を注《そそ》いだのもルソーの影響である。

日本において、明治十年代に盛りあがった自由民権運動は、ルソーの影響を大きく受けている。『社会契約論』が初めて邦訳《ほうやく》されたのは明治十年（一八七七年）、百十年以上さかのぼる。当時、『民約《みんやく》論』として紹介されたが、恩師戸田先生も、その書名でよく話してくださったのが懐《なつ》かしい。

戸田先生が昭和三十年（一九五五年）一月、初めて高知を訪問されたとき、私もご一緒させていただいた。先生は「自由民権」の旗を掲《かか》げ戦った高知の偉人・＊板垣退助《いたがきたいすけ》や、「東洋のルソー」といわれた＊中江兆民《なかえちょうみん》にふれながら講演され、これからの時代の平和革命を展望しながら、新しき人間主義の哲学の可能性を力説しておられた。

批判の嵐をこえて

ルソーが生まれ、若き日を過ごしたのは、スイスのジュネーヴ。当時、ジュネーヴは人口三万ほどの「共和国」であった。各地を転々としたルソーは、みずからの著作の肩書などに故国への愛情をこめ、「ジュネーヴ市民」と謳《うた》うことが多かった。現在、ジュネーヴは「人道と平和の都」として、さまざまな国際機関がおかれている。

私も一九八九年六月、ジュネーヴを訪《おとず》れ、国連難民高等弁務官事務所よりの「人道賞」授賞式に参加した。アルプスを間近《まぢか》に望み、レマン湖畔《こはん》に立ち並ぶ美しい街並みは、今なお心にくっきりと残っている。

ルソーの後半生は、世の無理解、そして既成《きせい》勢力の迫害《はくがい》との連続闘争《とうそう》であった。ジュネーヴも、その戦いの舞台となったのである。

『社会契約論』に続き、『エミール』が出版されると、そのわずか二カ月後、『エミール』は当局によって押収《おうしゅう》される。

ルソーを告発したのは、フランスのカトリック教会、そしてソルボンヌ神学部であった。罪状《ざいじょう》は『エミール』に書かれた教会への鋭《するど》い批判が、既成の宗教権威《けんい》を著《いちじる》しく損《そこ》なったからという。ルソーはパリ高等法院で有罪となり、逮捕《たいほ》されるとの報を聞く。そのとき、彼は叫《さけ》んだ。

「彼らはわたしの生命をうばうことはできるが、わたしの自由をうばうことはできない(8)」

ルソー自身は入獄《にゅうごく》もいとわなかった。だが病身の彼にとって、牢獄《ろうごく》での生活は〝死〟

を意味した。彼は逮捕を逃《のが》れるため、スイスへと赴《おもむ》く。しかし、ジュネーヴ政府は『エミール』とともに『社会契約論』をも焚書《ふんしょ》とし、ルソーの逮捕を決定したのである。両書が「国家の宗教と政府の転覆《てんぷく》をもくろむ危険な書物」というのである。この裏には、頑迷《がんめい》なる宗教の権威の暗躍《あんやく》があった。

この不当なる決定は、ルソーにとって青天《せいてん》の霹靂《へきれき》であった。当時、一人の友人に宛《あ》てた手紙に、こう綴《つづ》っている。

「とても信じがたいことだ。取調べもなしに逮捕命令が下された！　いったいどこに違法行為があるのか？　どこに証拠があるのか？(9)」

問答無用のやり方は、今も昔も変わらぬ権力者の常套《じょうとう》手段である。権威にすがる人間は「対話」を恐れる。相手を納得《なっとく》させられるだけの「知性」も「人格」も、何ひとつもっていないからである。

ルソーは、堂々と言論をもって応戦する。その書『山からの手紙』のなかに、こんな一節がある。

それ（＝政府による有罪の宣告）は私を卑《いや》しめることができるでしょうか。できません。それは逆に私を高め、自由のために苦しんだ人たちの列に私を加えるのです。私の著書は、人が何をしようが、つねにそれ自身の証をみずからたずさえて行くであろうし、また、それらがこうむった処罰《しょばつ》は、それらのあとに焼かれる光栄に浴する書物を、ただその恥辱《ちじょく》から救うことにしかならないでしょう。[10]

ルソーは敵に包囲《ほうい》され、身の危険にさえさらされていた。しかし、微動《びどう》だにしない。未来の勝利を確信するその胸中《きょうちゅう》には「信念」と「正義」の太陽が輝《かがや》いていた。人生の基準を自身の内面に深く持った人は強い。世の喧騒《けんそう》などに動揺《どうよう》することはない。

宗教のハード・パワーに抗して

ルソーは、既成《きせい》宗教の堕落《だらく》を痛烈《つうれつ》に攻撃《こうげき》する。彼は言う。

「滑稽《こっけい》なほど尊大《そんだい》な彼ら（＝聖職者たち）の口振《くちぶ》り、あげ足取りと不寛容《かんよう》への彼らの熱狂ぶりからして、彼らにはもはや自分たちがなにを信じ、なにを願い、なにを言っているのかもわかってはいないのです[11]」と。

狂った聖職者は、あまりに恐ろしい。彼らにとって、みずからの権威《けんい》を傷《きず》つけるものは、いっさいが悪であり、正《ただ》されるべきものなのであった。彼らは外面を気にするあまり、自身の内面に目を向けることを忘れてしまっている。ルソーは民衆の信仰心を利用し、みずからの利己心を満足させるだけの「聖職者」の独善《どくぜん》と傲慢《ごうまん》を許すことはできなかった。

さて『社会契約論』に、宗教を論じた一章がある。ルソーはこのなかで、第一の「人間の宗教」、第二の「市民の宗教」のどちらにもあてはまらない第三の宗教のひとつとして、日本人の宗教について記《しる》している。

ルソーによれば、日本人の宗教は「僧侶の宗教[12]」であり、よくないことはあまりに明白すぎる故《ゆえ》に、それを論証してみせるのは時間の浪費《ろうひ》とまで言っている。さらに、「僧侶の宗教」は「人間を人間自身と矛盾《むじゅん》させる制度[13]」と斥《しりぞ》けている。

ルソーが、どれほど日本の宗教について知っていたかは定《さだ》かでない（当時、日本は江戸時代中期。葬式仏教化は、いよいよ進んでいた）。だが、じつに本質をついた指摘《してき》といえよう。

あるルソー研究の書に、ルソーの著作のなかからルソーの好きなもの、嫌《きら》いなものを集め、表にまとめたものがあった。宗教の項目で、いくつか列記してみると――。

好き……良心・理性・慈悲・寛容《かんよう》・人類愛・徳など
嫌い……教会・権威《けんい》・神秘《しんぴ》・儀式《ぎしき》・狂信・偏見《へんけん》など[14]

こうしてみると、ルソーの宗教観が浮かび上がってくる。彼の宗教は「内発的な心《しん》胸《きょう》の宗教」といわれるとおり、自分の外にあるものは何ら意味を持たない。ただ、自身の「内心の声」を聞くことによってのみ、信仰は深められていくという。

ルソーは書いている。

> 良い教育とはわれわれがなにを選択《せんたく》すべきかを決定することではなく、むしろわれわれが正しく選択できるように配慮《はいりょ》することでなければなりません。これが宗教改革の真の精神であり、真の土台であります。[15]

宗教は、人間を盲従《もうじゅう》させるものであっては断じてならない。人間に、よりよき自身を創造していくための力を与え、人生の方向を示す「人間のための宗教」こそ、時代の要請《ようせい》であろう。ルソーの叫《さけ》びは現代に、新たなる宗教革命の精神を呼びおこさずにはおかない。

▽――（1）は『政治経済論』河野健二訳（岩波文庫）によった。『社会契約論』からの引用（2）は、『世界の名著30ルソー』（中央公論社）所収の井上幸治訳、『エミール』からの引用（3）は同書、戸部松美訳、（5、6）は中里良二著『人と思想14　ルソー』（清水書院）、（7）は桑原武夫編『ルソー』（岩波新書）、（8、9）は『ルソー全集』第八巻（白水社）所収の『山からの手紙』の「解説」（川合清隆）、（10、11、15）は同書所収の『山からの手紙』（川合清隆訳）によった。また（4）は高木八尺・末延三次・宮沢俊義編『人権宣言集』（岩波文庫）、（12、13）は森口美都男著『ルソーの宗教観』（レグルス文庫）による。（14）は桑原武夫編『ルソー研究』第二版（岩波書店）を参照した。

青春の混沌《カオス》をこえて

ゲーテ『若きウェルテルの悩み』

一九九二年（平成四年）六月、中東訪問に先立って、一年ぶりにドイツのフランクフルトを訪《おとず》れた。いうまでもなく、この地はゲーテ*が生まれ、若き日を送った街である。フランクフルトの方々は、この街出身のゲーテを、ことのほか愛し、誇《ほこ》りとしている。

十一年まえの緑光る六月、何人かの青年とともに、フランクフルトにあるゲーテの生家を見学する機会があった。五階建ての堂々たる建物で、一五九〇年ごろに建てられたという。ただ、当時のものは、第二次大戦中、戦火の犠牲《ぎせい》となり灰燼《かいじん》に帰したた

め、戦後復元された。建築材料のなかには、瓦礫《がれき》のなかから拾い出されたものもあったという。ゲーテを愛するドイツの人びとの、尊《とうと》き結晶《けっしょう》であった。

四階の書斎《しょさい》は、とくに印象深いものであった。この部屋で『若きウェルテルの悩み』や『ファウスト』が書き続けられたのである。部屋には質素な机《つくえ》が一つ置かれていた。ゲーテの祖父は孫に対し、驕《おご》り高ぶらぬように厳《きび》しく諫《いさ》めたと伝えられている。

今回のドイツ訪問は、東西ドイツの統一後、二度目となるが、思えばゲーテは三十六もの国々が分立していた当時、すでにドイツ統一の可能性について語っている。

ゲーテは言う。

「立派な道路ができて、将来鉄道が敷《し》かれれば、きっとおのずからそうなるだろう」

彼は続ける。

「しかし、何をおいても、愛情の交流によって一つになってほしい」[1]と。

今回、フランクフルトには、旧東独領からも代表の方が集《つど》われていた。さまざまな障害をこえて、心と心の交流を深めゆくドイツの友とともに、ゲーテを語りあったことは、じつに感慨《かんがい》深い思い出となった。

不幸なる分断の時代を乗り越え、喜びの調和の時代へと転換《てんかん》していくカギは何か——それは、心の「分断の壁《かべ》」を壊《こわ》すことにあるといってよい。互いに信じ合い、互いに結び合う愛情こそ交流の根本である。統一ドイツの確固たる歩みを喜ぶゲーテの笑《え》みが、浮かんでくるようだ。

疾風怒濤《しっぷうどとう》のなかに育つ

一七七〇年の秋、二十一歳のゲーテは、五つ年長の文学者ヘルダー*と出会う。この二人の青年の運命的な出会いが、ドイツ文壇に「シュトルム・ウント・ドランク」（疾風《しっぷう》と怒濤《どとう》）の大運動を巻きおこすのである。

ヘルダーは、おもにフランスの文学の模倣《もほう》でしかなかった、ドイツの「植民地的文学」を鋭《するど》く攻撃《こうげき》した。文学とは、真に個性的なもの、内から湧《わ》き出るものでなくてはならない、と。

日本で「疾風怒濤」と訳されるこの運動は、ヨーロッパ、なかんずくドイツ民族の精神を覆《おお》ってきた中世的「神」の観念を吹き払い、高らかに「人間」の叫《さけ》びをあげたものだ。

ヘルダーの影響《えいきょう》を受け、ゲーテが繰《く》りひろげた戦いは、ドイツ文学に一つの新しい時代を画《かく》した。

そのころ、ゲーテの歌った詩に、こんな一節がある。

ああ、ひそかな創作の力が
心の中を流れる音がするようだ。
みずみずしい造型の泉が
私の指からわき出てくるようだ。(2)

ゲーテは、型どおりの形式や規則にとらわれることなく、新しい表現によって、人間の伸びのびとした本然《ほんねん》の姿を描《えが》いていく。

『若きウェルテルの悩み』は、この「疾風怒濤」のなかで生まれ、ゲーテの名とともにドイツ文学を世界的に高めた、記念碑《きねんひ》的傑作《けっさく》なのである。

青年ウェルテルの物語

弁護士《べんごし》となったゲーテは、次の年、仕事でヴェッツラルという小さな田舎《いなか》町に赴《おもむ》く。この地で一人の女性——シャルロッテ・ブッフと出会う。『若きウェルテルの悩み』のなかで、ウェルテルと恋におちるロッテのモデルとなった女性である。彼女には、すでに婚約者ケストネル（物語には「アルベルト」として登場する）がいた。ゲーテにとっては、先輩の法律家である。若きゲーテは彼女への激《はげ》しい思慕《しぼ》の情をおさえ、四カ月ほどたったある日の早朝、誰《だれ》に告《つ》げることもなくヴェッツラルを去った。

『若きウェルテルの悩み』は、ウェルテルが友に書きおくった書簡《しょかん》体の作品である。最初の手紙の日付は五月四日、溢《あふ》れんばかりの光と花々のなかで、青年ウェルテルの物語は始まる。

ある日の舞踏会《ぶとうかい》で、彼はロッテと出会う。ロッテにはすでに、アルベルトという婚約者がいた。しかし、ウェルテルは連日のようにロッテの家を訪《たず》ね、幸福な時間を過ごすのであった。

やがて、旅に出ていたアルベルトが戻ってくる。寛容《かんよう》の人であったアルベルトは、ロッテに近づいたウェルテルとも親しい友人として接する。日に日に高まるロッテへの思いに耐《た》えかね、ウェルテルは別れも告げず彼らのもとから去っていく。

ウェルテルは、ある町の公使館に新しい職を得るが、上司である公使は、官僚《かんりょう》主義の典型のような人物で、事あるごとに衝突《しょうとつ》してしまう。また、封建《ほうけん》的で古い因習《いんしゅう》にこだわる人びとは、平民であったウェルテルに、あからさまに侮蔑《ぶべつ》の視線をおくるのであった。やるかたのない憤懣《ふんまん》と憎しみに、ウェルテルは悶々《もんもん》とする。

そんななかアルベルトから、ロッテと結婚したという通知が届く。数日後、ウェルテルは職を辞し、放浪《ほうろう》の旅に発《た》つのであった。

「もう一度、ロッテのもとに」――高まる思いは、ウェルテルの身も心もさいなんでいく。ウェルテルは、自分自身を消し去る以外に、解決の方法はないと確信するようになる。最後の別れを告《つ》げるため、ロッテのもとを訪《おとず》れたウェルテルは、抑《おさ》えきれぬ思いを詩に託《たく》して歌う。ロッテの眼《め》には涙があふれ、詠《よ》みあげるウェルテルの心臓は今にも張り裂《さ》けそうであった。その翌日の深夜十二時、ウェルテルはアルベルトから借りたピストルでみずからの命を絶ってしまう。

『若きウェルテルの悩み』は、刊行されるや思いもよらぬ反響を巻きおこした。ウェルテルを真似《まね》し、自殺を試《こころ》みる若者があとを絶たなかった。女性は自分も「ロッテ」でありたいと願って「ウェルテル」の出現を期待し、離婚する者まで出た。

こうした世の反応に接して、ゲーテはとまどう。もちろん彼は、自殺を賛美など決してしない。むしろ、どこまでも「生きていくこと」こそ、人生にとって重要であると何度も何度も繰《く》りかえす。彼の詩のなかに、こんな一節がある。

わたしは一箇《いっこ》の人間だった、それは
すなわち、戦士、ということだ。(3)

人生とは、悩みとの戦いの異名《いみょう》――そのなかを一歩一歩と進むなかに、真の充足があることを、ゲーテはこの一言に凝縮《ぎょうしゅく》している。逃げてはいけない。また、避《さ》けてもならない、と。彼が描《えが》き、謳《うた》い、創造したもの――それは現実に生きる「ありのままの人間」にほかならなかったのである。

当時を回想し、『詩と真実』のなかでゲーテは語っている。

「いつもこの短剣をベッドの脇《わき》におき、明かりを消すまえにその鋭利《えいり》な切っ先を二、三寸、胸のなかに突き刺せるだろうかと試《ため》してみた」(4)と。

『ウェルテル』の物語は、若きゲーテの体験にもとづいていた。ゲーテ自身、内面に湧《わ》きあがる青春の激情と戦っていたのである。そして「憂鬱《ゆううつ》そうなしかめ面を取り払って生きることに決心」(5)をする。

「個人的な身辺の事情が、私を急《せ》き立て、私を悩ませ、私を『ヴェルテル』が生れたあの心理状態へひっぱりこんだのだ。私は生きた、愛した、ひどく悩んだ！　――それがあの小説だ[6]」

青春の時代――それは、宇宙が混沌《こんとん》のなかから生まれるのと同じく、偉大なる完成への「混沌《カオス》」の時といえるかもしれない。深き悩みの連続、それを人生の豊かな糧《かて》とできるかどうかは、つとに自分自身にかかっている。

ゲーテは、こう語る。

「個人は誰《だれ》でも生れながらの自由な自然の心を持って、古くさい世界の窮屈《きゅうくつ》な形式に順応《じゅんのう》することを学ばなければならないのだ。幸福が妨《さまた》げられ、活動がはばまれ、願望が満たされないのは、ある特定の時代の欠陥《けっかん》ではなく、すべて個々の人間の不幸なのだよ[7]」と。さらに、「誰でも生涯《しょうがい》に一度は『ヴェルテル』がまるで自分ひとりのために書かれたように思われる時期を持てないとしたらみじめなことだろう[8]」と。

ゲーテは「現実」を「詩」へと昇華《しょうか》させることで、自分の悩みを発条《ばね》とし、創造の人生を強く生ききった。人間を束縛《そくばく》する古き鎖《くさり》を断ち切り見下ろしながら、「人間」

であることを謳歌《おうか》していったのである。

宗教は人間と世界のために

ゲーテは*エッカーマンとの対話のなかで、ある高位の僧が『ウェルテル』について、ゲーテを説教しようとしたことを回想している。

ゲーテは一歩もひかず、断固叫《さけ》ぶ。

「もし、あのあわれな『ヴェルテル』についてそんなことをいわれるのなら、この世で偉大だとされている人物たちのことを何といわれるおつもりです」

「彼らは、たった一回の戦争で十万人を戦場へ送り、そのうちの八万人を殺し合いで死なせ、殺人や放火や略奪へと双方を駆りたてております。あなたがたは、こういう暴虐《ぼうぎゃく》の後で神に感謝を捧げ、讃美歌《さんびか》を歌っていますね」

「さらに、あなたがたは、地獄の罰の怖ろしさを説教して、ご自分の教区のか弱い人びとを不安におとし入れておられるが、彼らはそのために正気《しょうき》を失い、ついには癲《てん》狂院《きょういん》でみじめな生を終えているのですよ[9]」
思わぬ反撃に遭《あ》ったその僧は、まるで「子羊《こひつじ》」のようにおとなしくなってしまう。ゲーテは、みずからはつねに正義であると言いはる、宗教の権力の横暴《おうぼう》を許すことはできなかったのである。

「制度」と化した当時の宗教に対し、彼は容赦《ようしゃ》なく弾劾《だんがい》する。

「教会は支配することをのぞんでいるのだから、平身低頭し、支配されてよろこんでいる愚昧な大衆が必要なのさ。（中略）下層階級が目覚めることを何よりもおそれている[10]」と。

ゲーテは、宗教自体を否定したわけではない。ただ、狭い宗旨《しゅうし》にとらわれることは、決してなかった。あくまでも宗教は「世界の益」のため「人間の益」のためであるというのが、彼の信条であったといってよい。

人間こそ最高の尊厳の存在である。その人間をおとしめ、縛《しば》るものはいっさいが悪である。――これこそ、ゲーテが生涯《しょうがい》つらぬいた信念の道であった。

世界市民よ育て

ゲーテの生きた時代は、ヨーロッパの一大激動期であった。大革命を経《へ》たフランスではナポレオンが皇帝につき、全ヨーロッパを版図《はんと》に収めようとしていた。一八〇六年には、九百年近くも続いた神聖ローマ帝国が崩壊《ほうかい》している。新時代への動きは、ヨーロッパだけに限られたものではなかった。

ゲーテは「たいへん得《とく》をした」と語る。なぜなら、「最大の世界史的事件が、まるで日程にのぼったかのように起り、それが長い生涯を通じて起りつづける時代に生れあわせたからだ[11]」と。そして、ゲーテは次のような事件をあげる。

・七年戦争（一七五六年―六三年）
・アメリカの独立（一七七六年）
・フランス革命（一七八九年）
・ナポレオン時代とそれに続く事件

ゲーテは、「生き証人」として、この時代を生き、描《えが》いていった。彼は詩人の鋭敏《えいびん》なる感性で、「時代」を的確にとらえていた。

百七十年余りまえ、彼はすでに、「世界市民」との言葉を使っている。激動の時代を目《ま》のあたりにした文豪《ぶんごう》が、心から待望したもの――それは、民族的な先入見や偏見《へんけん》を乗り越えた「人間」の登場であった。

二十一世紀を目前にして、世界はいっそう緊密《きんみつ》に結ばれていくことだろう。しかし、真実の平和を実現する決定打は、自身の「心の束縛《そくばく》」を断ち切った「世界市民」が陸《りく》続《ぞく》と育ちゆくことにちがいない。

▽――エッカーマン著『ゲーテとの対話』からの引用（1、6～11）は山下肇訳の岩波文庫版、他の引用（2）は潮出版社刊の『ゲーテ全集』第一巻所収の松本道介訳、（3）は同第二巻所収の生野幸吉訳、（4、5）は同第十巻所収の河原忠彦・山崎章甫訳によった。

「民衆の時代」への曙光《しょこう》

魯迅『阿Q正伝』

「路《みち》とは何か。それは、路のなかったところへ踏み作られたものだ。荊棘《いばら》ばかりのところに拓き作られたものだ。むかしから、路はあった。将来も、永久にあるだろう」(1)

文豪《ぶんごう》・*魯迅《ろじん》の言葉である。私がこの一節を「日記」に引いたのは、昭和三十五年（一九六〇年）の二月四日、中国文学者の*竹内好《たけうちよしみ》氏が編訳した『魯迅評論集』をひもといたときのものである。

恩師戸田城聖先生が亡《な》くなってから、はや二年になろうとしていた。二月十一日の日記には、「戸田先生のお誕生日である。ご生存なれば六十歳。還暦《かんれき》であられる」「先

魯迅（1881〜1936）

生逝《い》って、はや二年が近づく。早いともいえるし、全く長かったとも思える。ただ、なんとなく恐ろしき心が、頭に重い。責任、先輩、実績……」等と、恩師への湧《わ》きおこる感慨《かんがい》を綴《つづ》っている。

この三カ月後、私は第三代会長に推戴《すいたい》され、未曾有《みぞう》の民衆運動の、新たな指揮《しき》を執《と》ることとなる。当時の私の胸中《きょうちゅう》を支配していたのは、恩師が、文字どおり「荊棘《いばら》」ばかりの、荒野に切りひらいた道を、万年に崩《くず》れぬ「永遠の大道」にすることのみであった。ひたすら、弟子《でし》らしく、青年らしく、無我夢中で走っていた。

魯迅《ろじん》の言葉は、そんな若き心の琴線《きんせん》に鋭《するど》く響《ひび》いたのであった。

文学による革命の旗手

歴史上、文学が民族を鼓舞《こぶ》し、民衆の覚醒《かくせい》を促《うなが》す「革命の銅鑼《どら》」の役割を果たした例は少なくない。近代中国もまた、そうであった。

一九一八年、「文学革命」の旗手となった文芸誌『新青年』に、口語で書かれた一篇の小説が載《の》った。被害妄想《ひがいもうそう》の狂人の口を借りて、古い家族制度や礼教の悪弊《あくへい》が痛烈《つうれつ》に批判されていた。その『狂人日記』は、中国近代文学の記念碑《きねんひ》的作品となる。「魯迅」というペンネームが世に出た最初でもあった。その翌年、五・四運動が起こり、中国の革命運動は大きく燃え上がっていく。

革命の歩みとともに、魯迅は、次々に作品を発表する。そして一九二一年十二月から翌年二月にかけ、『晨《しん》報』という新聞の別刷りに発表されたのが、彼の代表作『阿《あ》Ｑ正伝《きゅうせいでん》』である。これは連載中から反響を呼び、主人公・阿Ｑの「行状《ぎょうじょう》」を自分への当てこすりかと勘繰《かんぐ》り、戦々兢々《せんせんきょうきょう》としていた人びともいたようだ。

まもなく『阿Ｑ正伝』は、初期作品を収めた小説集『吶喊《とっかん》』（一九二三年刊）に収録されている。ちなみに「吶喊」とは、開戦に当たって両軍の兵士があげる「雄叫《おたけ》び」のこと。その名のとおり、「ペンの戦士」魯迅の出発点を飾る「雄叫び」であった。

なお日本では、昭和六年（一九三一年）に『阿Ｑ正伝』の最初の翻訳《ほんやく》が出ている。また四年後には、『阿Ｑ正伝』を含む『魯迅選集』が文庫判で出版され、急速に読者層は広がった。

「暗黒」を凝視して進む

魯迅《ろじん》は、中国・江南《こうなん》の紹興《しょうこう》の地で生まれた。本名は周樹人《しゅうじゅじん》。周家はこの地方の名門であったが、父の病気など不幸が重なり、急速に没落《ぼつらく》する。魯迅が十六歳のとき、看病むなしく、父は他界。零落《れいらく》の一家は周囲の冷視にさらされ、魯迅は勉学に新たな道を求めて故郷を離れる。

南京《ナンキン》の学校に学んだ後、彼は一九〇二年（明治三十五年）、官費留学生として来日。清朝《しんちょう》末期、中国からの留学生は最高一万人におよび、近代化に驀進《ばくしん》する日本は、あたかも中国の民族革命の揺籃《ようらん》の地ともなっていた。長年の異民族支配から解放を求める青年たちが集《つど》っていた。魯迅もそうした息吹《いぶき》を呼吸した一人であった。

日露《にちろ》戦争が起こった年（明治三十七年）、医学を志して仙台医学専門学校に入学する。留学中の思い出を綴《つづ》った珠玉《しゅぎょく》の短編『藤野《ふじの》先生』は、この仙台医専の恩師に捧《ささ》げられたものである。

ある日、魯迅の人生を変えるきっかけとなる事件が起こった。偶然、目にした幻灯《げんとう》（スライド）で、日本兵に処刑される中国人の姿を見てしまうのだ。縛《しば》られた同胞を無表情に眺《なが》める大勢の中国人も映《うつ》っていた。やんやの喝采《かっさい》を送る日本人学生。そして、言葉もなく、その光景を見ている中国人の自分――。

衝撃的な体験であった。そのとき、心に起こった変化を、彼はこう書いている。

「愚弱《ぐじゃく》な国民は、たとい体格がよく、どんなに頑強《がんきょう》であっても、せいぜいくだらぬ見せしめの材料と、その見物人になるだけだ。（中略）むしろわれわれの最初に果すべき任務は、かれらの精神を改造することだ。そして、精神の改造に役立つものといえば、当時の私の考えでは、むろん文芸が第一だった。そこで文芸運動をおこす気になった(2)」

しかし、その遠征《えんせい》は失意の連続であったようである。帰国後、一九一一年に*孫文《そんぶん》らが指導する辛亥《しんがい》革命が起こり、その翌年、清朝は倒れた。彼なりに「光明」を見いだし、革命のために挺身《ていしん》したが、軍閥《ぐんばつ》の*袁世凱《えんせいがい》が権力を握ると、旧態依然たる妥協《だきょう》と欺《ぎ》瞞《まん》が復活した。

これが革命の結末か！　何が変わったというのか！　魯迅《ろじん》は絶望し、憤激《ふんげき》したが、叫《さけ》び声は闇《やみ》の彼方《かなた》に虚《むな》しく消えた。叫べども中国の大地は寂《せき》として答えず、底知れぬ「暗黒」が広がるばかりであった。彼は、その悲哀《ひあい》を「寂寞《せきばく》」と名づけた。

今、魯迅の肖像《しょうぞう》写真を見ると、端正《たんせい》なその顔容《かんばせ》のなかで、いかにも物事を直視する両眼が印象的である。否《いな》、それは人間の内面を、世の正邪善悪を、奥の奥まで見とおしてやまぬ眼《め》だ。

その眼をもって、魯迅は悠久《ゆうきゅう》四千年の祖国の「暗黒」――彼自身その一部であるような「暗黒」を凝視《ぎょうし》したのだろう。いっさいの懊悩《おうのう》に耐《た》え、一歩も退《しりぞ》くことなく。

掘り起こされた民衆の「原像」

彼が見ていた「暗黒」とは何であったか。あるとき、小説の執筆《しっぴつ》を勧《すす》める友人に対し、魯迅は〝仮《かり》に鉄の部屋があったとする〟と一つの譬《たと》えを語る。――窓は一つもない。壊《こわ》すこともできない。なかには大勢の人間が熟睡《じゅくすい》している。後は窒息死《ちっそくし》を待つばかりだ。昏睡《こんすい》状態なので悲哀《ひあい》は感じないだろう。それを大声を出して起こすことは、助からない人間にわざわざ苦しみを与えるだけではないか、と。

多年の沈黙を破って発表された魯迅の処女小説『狂人日記』は、このような内省と葛藤《かっとう》を経《へ》たものであった。魯迅は、すでに三十七歳になろうとしていた。そして、『阿《あ》Q正伝《きゅうせいでん》』で彼が描《えが》こうとしたのは、暗黒のなかに翻弄《ほんろう》されて生きる民衆の「原像」であった。

「一般人民は、まるで岩にひしがれた草のように、黙々と生き、そして黄ばみ、枯れてゆくばかり。この状態がすでに四千年つづいている。このような沈黙した国民の魂《たましい》を描くのは、中国ではじつに困難である(3)」

『阿Q正伝』は、その「国民の魂」に生き生きとした造型を与えたのである。そのおもな舞台は、清朝《しんちょう》の末期から辛亥《しんがい》革命が起こるころの「未荘」という農村である。

阿Qは三十歳前後の農民だが、まず姓名がはっきりしない。姓が不明だから家系も原籍もわからない。また彼には土地も、持ち家もない。村はずれの廟《びょう》を定宿に、忙《いそが》しいときの臨時雇いで糊口《ここう》をしのいでいる。

このまったく「無名」の庶民《しょみん》を主人公として、魯迅《ろじん》は不滅の「庶民伝」を綴《つづ》った。歴史の古層から、民衆の「原像」を掘り起こした――。それ自体、過去の常識を覆《くつがえ》す「革命的」な事件であった。

さて、阿Q《あきゅう》は自尊心が強く、からかう連中に憤然《ふんぜん》と立ち向かうが、いつも反対にやっつけられている。しかし、「伜《せがれ》にやられたようなものだ」と即座に元気回復し、意気揚々《ようよう》と引き揚げる。「おいら、虫けらさ」とみじめな弁明を強要されたときでも、「われこそ自分を軽蔑《けいべつ》できる第一人者(4)」であると勝ち誇《ほこ》る。

自分の優越感を取り戻すこの「精神的勝利法」のおかげで、阿Qはいつも得意である。魯迅は「かれはいつだって意気軒昂《けんこう》である。これまた、中国の精神文明が世界に冠たる一証かもしれない(5)」と書いている。

しかし、無敵にみえた阿Qの得意は、長く続かなかった。ある事件から、阿Qは趙《チャオ》旦那《だんな》の怒《いか》りをかい、村八分になる。村を出奔《しゅっぽん》後、城内で一儲《ひともう》けして帰ってくるが、泥棒の手先をしていただけのこと。そして一気に哀れな「末路」へと転がり落ちていく。

折から、辛亥《しんがい》革命の波が村に押し寄せた。おびえる村人の姿を見て、阿Qは「革命も悪くないな」[6]と思う。革命党が自分を迎えにきてくれれば、いじめた連中の鼻をあかしてやれるのに、といった程度の革命観しかない。革命党気取りで「謀叛《むほん》」を口にし、辮髪《べんぱつ》を巻き上げても、革命党と盗賊《とうぞく》の区別もつかないのだ。結局、阿Qは、趙旦那の家を強奪《ごうだつ》した犯人一味として逮捕《たいほ》されてしまう――。

魯迅が容赦《ようしゃ》なくえぐり出すのは、性格は善なるも、その弱さ故《ゆえ》に、さまざまな悲喜劇を演じながら破滅の淵《ふち》を転がり落ちていく、悲しいまでにこっけいな、阿Qの姿である。傲慢《ごうまん》、貪欲《どんよく》、暗愚《あんぐ》、短慮《たんりょ》、臆病《おくびょう》、虚栄《きょえい》心、奴隷《どれい》根性……。それは、読む者には決して気分のよいものではない。あまりに醜悪《しゅうあく》だ、救いがなさすぎるという人もいるだろう。事実、当時の革命派からも、魯迅への激《はげ》しい攻撃《こうげき》が絶えなかったようである。

苛烈《かれつ》な告発の理由について、魯迅は〝病苦を暴露《ばくろ》することによって、治療への注意をうながしたかったからである〟と書いている。肉体的病疫《びょうえき》と同じく、ある種の精神の病《やまい》は、手軽な売薬などでは歯が立たず、思い切った切開手術を要することを、彼は骨身に徹《てっ》して知悉《ちしつ》していたにちがいない。「精神の改造」という文豪《ぶんごう》の肺腑《はいふ》の言は、「人間革命」という私の生涯《しょうがい》のテーマと深く響《ひび》き合っているように思われてならない。

民衆が立ち上がる日を確信して

銃殺《じゅうさつ》の刑場へ引きまわされた阿Ｑ《あきゅう》は、以前出あった飢《う》えた狼《おおかみ》の恐ろしい眼を思い出し、喝采《かっさい》する見物の群衆に突然、同じ眼を直感する。

ところが今度という今度、かれはこれまで見たこともない、もっと恐ろしい眼を見た。にぶい、それでいて棘《とげ》のある眼。かれのことばを嚙《か》みくだいたばかりでなく、かれの皮と肉以外のものまで嚙みくだこうとするかのように、近づきも遠のきもせずに、いつまでもあとをつけてくる。

この眼たちは、すっとひとつに合体したかと思うと、もうかれの魂《たましい》に嚙みついていた。

《助けて……》

阿Ｑの叫《さけ》びは口から出なかった。とっくに眼がくらみ、耳が鳴り、かれは全身こなごなにとび散るような気がしただけである。[7]

『阿Q正伝《せいでん》』のクライマックスである。

『狂人日記』でも描《えが》かれた、〝人が人を食う〟残忍《ざんにん》な「食人社会」が、ぱっくりと口をあけて阿Qを呑《の》みこもうとする。《助けて……》との呻《うめ》きは、かの「狂人」のように、阿Qの、あえて言うならば覚醒《かくせい》――そこからしか真実の希望は決して見えてこないという、痛切な生の実感に立ちいたったことを示しているといってよい。

阿Qはたしかに死んだ。ロマン・ロラン*は「私は阿Qのあの苦しそうな顔を永久に忘れることができない[8]」と語っている。この民衆の悲しみの深淵《しんえん》を忘れ去ったとき、革命とは、権力と権力とのたんなる交代劇に堕《だ》してしまうにちがいない。

『阿Q正伝』のなかに「阿Qを覚醒させなかったような革命は、革命ではなかったのだという批判[9]」を読みとる研究者（伊藤虎丸《いとうとらまる》）もいる。直接には辛亥《しんがい》革命を指しているが、阿Qが目覚めてこそ「真の革命」に値《あたい》するというのであろう。

実際、魯迅《ろじん》は阿Qのような民衆が立ち上がる日を確信していた。

「もし中国が革命しないならば、阿Q《あきゅう》もしない。革命したとしたら、阿Qもしたはずだ」

「今後もしまた改革があるならば、阿Qのような革命党は必ずまた出現するであろうと私は信じている[10]」と。

いわば魯迅《ろじん》のいっさいの基準は、阿Qのような「民衆」だったのだろう。ここに彼の偉大さがある。

戸田先生がいつも教えられたのも、「人びとを愛せよ」「民衆を愛せよ」ということであった。一方、「指導者は民衆のために働け」とよく言われた。地位や権威《けんい》で人を見下す人間には厳《きび》しい先生であった。庶民《しょみん》とともに生き、庶民を心から愛された先生であった。

青年に限りない期待を寄せる

昭和四十九年（一九七四年）、初めて中国を訪問した折、私は日程の合間を縫《ぬ》い、上《シャン》海《ハイ》市内にある「魯迅故居《こきょ》」に足を運んだ。初夏の風そよぎ、緑したたる六月の夕暮れのことである。

十年におよんだ文豪《ぶんごう》の上海生活のうち、晩年の三年半を過ごした家である。親交の厚かった日本人・＊内山完造《うちやまかんぞう》の紹介で移り住んだ住宅という。ここで魯迅は五十五年の波瀾万丈《はらんばんじょう》の生涯《しょうがい》を閉《と》じた。彼が仕事をした机も、息を引き取ったベッドも、生前のままに簡素《かんそ》なたたずまいをとどめていた。

魯迅は生涯に百四十余りもの筆名を使ったといわれる。すでに述べたように「魯迅」もその一つである。とくに戦乱が激化していく一九三三、四年ごろには、官憲の追及を逃《のが》れるため、七十もの筆名を用いたという。論敵との応酬《おうしゅう》では、相手の悪口・中傷を筆名として逆用さえした。みずから「雑文」と呼んだ膨大《ぼうだい》な短文は、文字どおり「寸鉄《すんてつ》人を殺し、一刀血を見る」厳しさであった。

死の二カ月まえ、魯迅は遺言ともいうべき文章を書く。そこで彼は、「（＝死後）何なりと記念めいたことをしてはならぬ」といった七項目に続けて、西洋人が臨終の際、他人の許しを乞い、自分も他人を許すというが、と断《ことわ》りながら、こう言うのである。

「私の敵はかなり多い。もし新しがりの男が訊《たず》ねたら、何と答えよう。私は考えてみた。そして決めた。勝手に恨《うら》ませておけ。私のほうでも、一人として許してやらぬ[11]」

この厳《きび》しさは、中国を心底から愛する心情の裏返しであったと思う。それは彼が偉大な作家であると同時に、偉大な教育者であったことからもわかる。魯迅《ろじん》は青年を心から愛した人であった。「夜明け前の作家」と評されるように、みずからは深い闇《やみ》のなかを手さぐりしつつ、後に続く青年には、限りない期待を寄せていた。

ある日、一人の学生がお金を握りしめて、彼の著書を買いにきた。魯迅は、代金を受け取るが、そこに学生の体温を感じた。以来、自分の文章が彼の前途を誤《あやま》らせることはないだろうかと思うと、筆が鈍《にぶ》るというのである。無責任な煽動《せんどう》者には理解できない温《あたた》かさ、深さである。

以前、学生たちにも語ったことがあるが、私は「生きて行く途中で、血の一滴一滴をたらして、他の人を育てるのは、自分が痩《や》せ衰《おとろ》えるのが自覚されても、楽しいことである[12]」という魯迅の言葉が胸中《きょうちゅう》から離れない。

偉大な教育者であった牧口常三郎先生、戸田先生の両先生も、まさにこの言葉を彷《ほう》彿《ふつ》とさせる尊《とうと》いご一生であられた。

魯迅は中国の歴史を「奴隷《どれい》になりたくてもなれない時代」と「しばらく安全に奴隷でいられる時代[13]」の循環だといっている。『狂人日記』でいう「食人社会」の異名《いみょう》である。そうした、澱《おり》のように沈澱《ちんでん》して固まった精神の岩盤《がんばん》に穴を開ける作業は、たしかに途方もない難業であり、だからこそ魯迅の生涯《しょうがい》は、襲いかかる絶望との間断なき戦いであったといってよい。そうしたなかにあって、彼は希望の二字を断じて手放そうとはしなかった。

『吶喊《とっかん》』に収められた半自叙伝ともいわれる『故郷』の結語は、そうした戦士にして初めて発しうる、重厚な、一種底光りのする光を放っている。

「思うに希望とは、もともとあるものともいえぬし、ないものともいえない。それは地上の道のようなものである。もともと地上には道はない。歩く人が多くなれば、それが道になるのだ[14]」

魯迅は、道なき道を歩いた。彼自身は、おそらく「暗黒ともみあっていただけだ[14]」というだろう。しかし、彼が砂を噛《か》み、地を這《は》うように進んだ後には、たしかに道ができていた。

▽――『阿Q正伝』をはじめ魯迅の著作からの引用は、竹内好訳による。（1）は『魯迅評論集』（岩波文庫）、（2〜7、11、14）は『魯迅文集』第一巻（筑摩書房）、（13）は同第三巻。（8）は相浦杲著『中国文学論考』（未來社）によった。また、他の引用（9、10）は伊藤虎丸著『魯迅と日本人』（朝日選書）、（12）は石一歌著『魯迅の生涯』金子二郎・大原信一訳（東方書店）によった。さらにこの他、飯倉照平著『魯迅』（講談社）、今村与志雄著『魯迅の生涯と時代』（第三文明社・レグルス文庫）等、多くの研究書を参照した。

人間の大地に魂の雄叫《おたけ》び

ゴーゴリ『隊長ブーリバ』

「ロシア文学には、民衆とともに苦楽をともにし、運命共同体として生きようとする真摯《しんし》な求道心がある」

かつて私は、「*東西文化交流の新しい道」と題するモスクワ大学での講演（一九七五年五月）のなかで、こう述べた。

広大なロシアの大地から咲きいでた民衆文化の精華《せいか》。その芳香《ほうこう》は、若き日の私に大いなる励《はげ》ましを与えてくれた。

*トルストイの『戦争と平和』『アンナ・カレニナ』『復活』、*ドストエフスキーの

ニコライ・ゴーゴリ (1809~1852)

『罪と罰《ばつ》』『カラマーゾフの兄弟』、*ゴーリキーの『どん底』、*ツルゲーネフの『猟人《りょうじん》日記』などは、夢中になって読んだ忘れえぬ作品である。また、*プーシキンの魂《たましい》の歌を繰《く》りかえし愛誦《あいしょう》したことも懐《なつ》かしい。

「人間はいかに生きるべきか」「何が正義で何が悪か」「人間の苦悩はどこからくるのか」――ロシア文学には、そうした青春の探究《たんきゅう》に対する確かな手応《てごた》えがある。

まず尊敬・信頼しあうことから

昭和三十年（一九五五年）――当時二十七歳の私にとって、毎日が真剣なる闘《たたか》いの連続であった。死をも予感させるほど激《はげ》しく襲いかかる病魔《びょうま》、あまりにも無認識きわまりない世間の中傷と圧迫《あっぱく》――。私は恩師戸田城聖先生のもとで懸命《けんめい》に戦った。いっさいを受けとめて一歩も退《しりぞ》かなかった。

その闘争《とうそう》の最中《さなか》、戸田先生は私に、矢継《やつ》ぎ早に世界の名著を勧《すす》めてくださった。

「あれは読んだか。これも読みなさい」と、あたかも真っ赤に燃えさかる鉄を鍛《きた》え打つがごとくであった。

そのなかの思い出深い一書が、ゴーゴリ*の『隊長ブーリバ』である。その年の二月十六日の「日記」に、こう綴《つづ》っている。

「『隊長ブーリバ』を読み始む。脳裏《のうり》に去来するものあり」

美しく広大なウクライナの天地に繰りひろげられる戦いの数々。誇《ほこ》り高きコサックの雄叫《おたけ》び。親子の愛情、正義、勇気、裏切り、悲劇……。次々に織りなされる人間絵巻が、鮮烈《せんれつ》な画像となって若き心に迫《せま》った。

折しも、私がこの物語に接した一年半ほど後の昭和三十一年十月、日ソ共同宣言が取り交わされ、両国の国交が回復された。友好条約は将来の課題となったが、これを契機《けいき》として、日本の国連加盟が可能となり、国際社会の仲間入りを果たすことになる。まさに歴史的な方向転換《てんかん》であったといってよい。

そうした時代の動きを肌《はだ》で感じながら、国会で行われた批准書《ひじゅんしょ》決議の様子を傍聴《ぼうちょう》したことも懐かしい。約二時間にわたる決議の行方を見つめつつ、私も将来、自分なりの立場で両国の友好の舞台を開くことを心に期したものである。

国と国を結び、人と人をつなぐ——。それは何よりもまず、互いを「人間」として尊敬し信頼しあうことから始まる。

圧政や戦乱に苦しんできたが故《ゆえ》に、ロシアの人びとは心から平和を愛し、幸福を求めている。それは、五度にわたってこの地を訪《おとず》れ、多くの人と友情を結んだ私の強い実感でもある。

どこまでも「人間」を見つめ、文化を尊重しあい、誠実な対話を重ねていくこと、そのなかでこそ、日ロ友好の新時代は大きく開かれていくであろう。

「人びとの苦悩」を見つめる

ニコライ・ゴーゴリは、ウクライナの小村で、コサックの血筋をひく小地主のもとに生まれた。素人《しろうと》芝居の脚本《きゃくほん》を書いていた父親の影響《えいきょう》もあって、幼少のころより文学に親しんで育った。一方で、長じるにつれ、「自分の生涯《しょうがい》を国家のために役立てたいという、やむにやまれぬ一念」[1]を抱《いだ》く。高等中学校を卒業したゴーゴリは、その青雲の志のままに首都ペテルブルグへと旅立った。

　しかし、「現実」は愛国の青年を冷たく遇《ぐう》した。めざしていた司法官僚《かんりょう》の仕事は得られず、薄給《はっきゅう》の下級官吏《かんり》として甘《あま》んじなければならなかった。その傍《かたわ》らで、逼迫《ひっぱく》する生活のなか自費出版を試《こころ》みた田園叙情《じょじょう》詩『ガンツ・キュヘリガルテン』は酷評《こくひょう》を受け、失意の彼は書店から本を回収し、すべて焼却したという。人生の第一歩における、あまりにも惨《みじ》めな挫折《ざせつ》であった。

　しかし彼は、人間の矮小《わいしょう》化を自身の裡《うち》に感じるだけではなかった。青年ゴーゴリの目に映《うつ》ったペテルブルグの人びとは、一様に生気を失い、沈黙していた。

「この町の活気のなさときたら、驚《おどろ》くばかりです。ここの住民には、精神の迸《ほとばし》りというものがまるでありません(2)」と、彼は書き記《しる》している。

　当時のロシアは、皇帝*ニコライ一世の強力な独裁下にあった。一八二五年、専制と農奴《のうど》制の廃棄《はいき》を掲《かか》げて蜂起《ほうき》したデカブリストを武力で鎮圧《ちんあつ》すると、皇帝はみずからの専制体制の維持《いじ》のために、思想統制や農奴制の強化などを一気に推《お》し進めた。各地で巻きおこる農民の決起もことごとく潰《つぶ》されていった。そして絶えず襲いかかる貧困と飢餓《きが》。人間の尊厳を事もなげに蹂躙《じゅうりん》する独裁者の冷酷《れいこく》に、社会は急速に冷えきっていった。

「わたしはあたりを見まわした。わたしの魂《たましい》は、人間もろもろの苦悩にえぐられた(3)」――十八世紀のロシア解放思想の父ラジーシチェフの言葉である。私の友人であるキルギス出身の著名な作家アイトマートフ氏は、私との対談集『*大いなる魂の詩』のなかで、この言葉をロシア文学全体の題字《エピグラフ》としたい、と語っている。

トルストイ、ドストエフスキーらとともに十九世紀のロシア文学の主系列たるゴーゴリにもまた、「人びとの苦悩」を鋭《するど》く見つめる眼差《まなざ》しがあった。「人びとの苦悩」に切り裂かれる温《あたた》かき心があった。彼は、こう語っている。

「われらが広大な祖国の活気に満ちた諸階層を遠く広く見渡したまえ。わが国にどれほどよき人々がいることか。しかし同時にどれほどの禍《わざわい》があることか。これら禍のため善《よ》き人々の生活がどれほど妨《さまた》げられ、法に従うことができなくなっていることか。彼らを舞台に登場せしめよ(4)」

「善き人びと」を苦しめる「禍」――そうした悪に対しては、真《ま》っ向《こう》から戦っていかねばならない。そして、「善き人びと」がのびのびと楽しんでいける舞台を広げていく、そこに青年の永遠なる使命がある。

抑圧《よくあつ》された人間の歌をうたいたい、壮大なる民衆の魂を語りたいという青年ゴーゴリの願行《がんぎょう》は、国民詩人プーシキンとの出会いによって、いっそう決定的なものとなった。プーシキン三十二歳、ゴーゴリ二十二歳のことである。

プーシキンは、ゴーゴリの才能を見いだした最初の人物とされる。また、ゴーゴリの主要な作品のいくつかはプーシキンとの対話のなかから生まれている。ゴーゴリにとってプーシキンは、まさしく生涯《しょうがい》の師であり、最大の友人であった。戸田先生はよく、「つく人をまちがえてはいけない。師はえらばなくてはならない」と言われたが、二人の美しい交流はその言葉を彷彿《ほうふつ》とさせる。

ゴーゴリは、のちに、「プーシキン！　なんと美しい夢をわたしは見るを得たことか」(5)と述懐《じゅっかい》しているが、人間の自由と尊厳を高らかに謳《うた》う偉大なる国民詩人との邂逅《かいこう》は、彼の文学を「民衆の大地」へと、しっかりと根づかせたのである。

雄大なコサックの世界へ

『隊長ブーリバ』は、そうしたなかで生まれた魂《たましい》の所産である。一八三四年、二十五歳のことであった。同じ年、彼の代表作に数えられる『肖像《しょうぞう》画』『狂人日記』『鼻』なども一気に書き上げている。彼にとって創作力が著《いちじる》しく高揚《こうよう》したときでもあった。

なお、ゴーゴリの作品は、明治三十年（一八九七年）に出た*長谷川二葉亭《はせがわふたばてい》の『肖像画』が、原書からの最初の邦訳《ほうやく》とされる。しかし、その二年まえの明治二十八年、すでに*徳冨蘆花《とくとみろか》がこの『隊長ブーリバ』を『老武者《ろうむしゃ》』と題して紹介している。また、この作品は明治三十六年にも『蛮勇《ばんゆう》』という題で邦訳・出版された。彼の代表作として晩年の大作『死せる魂』を挙《あ》げる人は多いが、日本においては、まず『隊長ブーリバ』によって、ゴーゴリの名が親しまれるようになったといえる。

物語の舞台は十六世紀前後の小ロシアのウクライナ。ポーランド支配に反旗をひるがえしたコサック集団が織りなす不撓不屈《ふとうふくつ》の戦乱が、その背景となる。

原始の姿をとどめた美しき広野。色とりどりの花々が咲き乱れ、草の香が涼風《りょうふう》に漂《ただよ》う。青々とした大気の波を鳥の一群が、ゆっくりと泳いでいく。ドニエプル川の悠々《ゆうゆう》たる流れ、満天の星、生の鼓動《こどう》……。ゴーゴリの自然描写《びょうしゃ》はじつに巧《たく》みで、いつしか読者は雄大《ゆうだい》なコサックの世界へと誘われる。

老将タラス・ブーリバは、頑固一徹《がんこいってつ》・明朗実直・勇猛剛毅《ゆうもうごうき》、そして弾《はじ》けるような情熱と意志を併《あわ》せもつ、典型的なコサックである。彼にはオスタップとアンドリイという二人の自慢《じまん》の息子《むすこ》がいた。息子たちがキエフの宗教学校を卒業して父のもとに帰ってくると、ブーリバはうれしくて仕方がない。百戦錬磨《れんま》の猛将は、二人を芯《しん》から鍛《きた》えあげようと、さっそく戦場へ連れていこうとする。

「あちらにはお前たちのための真実の学校がある。あちらに行ってこそ、はじめて活《い》きた知識が得られるのじゃ(6)」

それを聞いて、痩《や》せ老いた母親は涙を浮かべて悲しむ。久しぶりに戻ってきた愛する息子たちが、じっくりと語りあう間もなく危険な戦場へと奪い去られていくのである。出発の前夜、彼女は一睡《いっすい》もせずに、息子《むすこ》の枕許《まくらもと》に身をかがめ泣きくずれた。

「かわいい、二人のせがれよ！　お前たちはこの先どうなるだろう？　どんな運命がお前たちを待っているのだろう？(7)」

戸田先生は、この個所《かしょ》にふれながら、こうおっしゃっておられた。

「この小説は、子どもに対する父の厳《きび》しい愛を書いているのだ。母親は、自分の子どもをいつまでも手許に引きとめていたい。父親は、殺しても行かせようとする。両親の愛情を、よく考えるべきだ」と。

父親の愛情、母親の愛情――。それは、ともに子どもを愛することに変わりはないが、やはりその表れ方には違いがあるようだ。よく厳父《げんぷ》・慈母《じぼ》という。この両者の愛情が見事に調和しゆくことが、子どもの教育にとって何よりも大切なことであろう。

そのことについて、戸田先生はこうも語っておられた。

「母親は、ガミガミ、年中叱《しか》ってよい。父親は黙っていてもこわいのであるから、友だちのようになってやることだ。決して叱ってはいけない。そして、国家・社会に貢《こう》献《けん》させることを目標において、わが子を愛していきなさい」

このように戸田先生は、小説のちょっとした場面からも、人生の機微《きび》をとらえた濃《こま》やかな指導をしてくださった。

魂によって結ばれた絆

さて、舞台は狂乱の戦場へと移る。父ブーリバのもと息子たちは期待どおりの活躍をし、コサック軍団は連戦連勝、ポーランド軍の町を陥落《かんらく》の瀬戸際《せとぎわ》まで追いつめる。タラス・ブーリバは、いよいよ鼻高々である。

しかし、そこに思いがけない事件が起きた。次男アンドリイの裏切りである。初恋の相手が敵の将軍の娘であることを知った彼は、味方を捨て敵の陣中《じんちゅう》へと走っていったのである。裏切りはコサックにとって最も忌《い》むべき悪辣《あくらつ》な行為であった。タラス・ブーリバは声を限りに叫《さけ》ぶ。

「戦友を不幸のどん底に捨て、犬猫をほうり捨てるように、彼らの多数を仇敵《きゅうてき》の手に捨てて顧《かえり》みぬやつが、なんでコサックじゃ？(8)」

「われら同胞は固く手を取り合って団結したのじゃ！（中略）この団結よりも神聖なものは絶対にない。（中略）ただ血縁によってではなく魂《たましい》によって、固くひとつに結びつく事のできるのは、諸君、人間だけじゃ！(9)」

　何という誇《ほこ》らかな宣言であろうか。いつの時代も、こうした美しき絆《きずな》を破ろうとする人間は必ずいる。戸田先生はつねに、「裏切り者は出るものだ。そんな敗北者の屍《しかばね》を、君たちは堂々と乗り越えて前へ進め」と、私たち青年を叱咤《しった》されたものである。

　敵の軍服を身にまとったアンドリイは、父ブーリバの手によって銃殺《じゅうさつ》された。父親が息子《むすこ》を殺す――。が、そこには不思議なほど葛藤《かっとう》が描《えが》かれていない。ブーリバは息子の「卑《いや》しい野良犬のように、不名誉きわまる死にかた(10)」を嘆《なげ》くのみである。しかし、だからこそより衝撃的なかたちで、厳父《げんぷ》の愛を切々と浮き上がらせずにはおかない。

やがて敵には新たな応援が加わり、戦局は一変する。もう一人の息子オスタップが捕《とら》えられ、父ブーリバの眼前で無残に処刑された。そして、隊長タラス・ブーリバもついに囚《とら》われの身となり、火あぶりの刑に処せられ壮烈《そうれつ》な最期を遂《と》げる。

父が死に、息子たちも死んだ。さらに、身の毛のよだつような殺戮《さつりく》の場面には事欠かない。それでいながら、この小説には潑溂《はつらつ》とした明るさが随所《ずいしょ》にあふれている。それは、ブーリバを炎々《えんえん》たる火につつませながら、作者ゴーゴリが「わがロシアの力に打ちかつような、そのような力、そのような苦痛、そのような火焔《かえん》が、はたしてこの世に見出されうるだろうか？[11]」と語る段にいたって、人間讃歌《さんか》ともいうべきクライマックスを迎える。

同時代のロシアの著名な文芸評論家ベリンスキー*は、このように述べている。

「『タラス・ブーリバ』は民族生活の偉大な叙事詩の断片、エピソードの集まりである。もし現代に、ホメロス*の叙事詩が可能であったら、この作品こそその最高の見本、理想、原型《プロトタイプ》であるだろう[12]」と。

戸田先生は、「この小説で、ゴーゴリは、文化の開けない時代の生活を描《えが》いたのだ。そして、そこに母親の愛情、父親の愛情を描き、人間性を呼びさまそうとしたのだ」と語っておられたが、そのとおり、ゴーゴリの眼《め》は徹頭徹尾《てっとうてつび》「人間」から離れない。自由の凱歌《がいか》、迸《ほとばし》る熱情、生命の躍動、善と悪の葛藤《かっとう》、そして人間の結びあいが、全篇《ぜんぺん》に生きいきと漲《みなぎ》っている。

彼は、どこまでも誇《ほこ》らかな人間の魂《たましい》を謳《うた》いあげることによって、凍《こお》りついた仮面《かめん》をひきはがしたかった。「このような人間たちがいる」というのでは足りない。「人間とは、このようなものである」という叫《さけ》びを、荒涼《こうりょう》としたロシアの大地に叩《たた》きつけたのである。

「死せる魂」の蘇生をめざして

「そしてなおゴーゴリ氏は前進を続ける」

『隊長ブーリバ』をむさぼるように読んだ親友プーシキンは、こう語っている。その言に違《たが》わず、ゴーゴリは続けざまに、官僚《かんりょう》社会の悪弊《あくへい》を辛辣《しんらつ》に揶揄《やゆ》した戯曲《ぎきょく》『検察官』を書き上げている。

　彼は、この戯曲の題字として「自分の顔が歪《ゆが》んでいるのに鏡を責めて何になる」(13)という言葉を掲《かか》げた。すなわち、歪んだ現実を見つめることなく、それを活写したこの作品をあれこれあげつらっても仕方がない、という人を食ったような挑戦《ちょうせん》状である。案《あん》の定《じょう》わきおこった騒然《そうぜん》たる非難と称賛《しょうさん》の嵐《あらし》のなかで、彼は平然と笑っていた。

　ゴーゴリは「笑いの作家」ともいわれる。たしかにゴーゴリの作品には、悲劇をも喜劇に突き抜けさせるような陽気さがある。そして、人間の尊厳を卑《いや》しめるものに対する小気味よい哄笑《こうしょう》がある。

　ゴーゴリはみずからの「笑い」を「人間の光り輝《かがや》く本性から流出してくる、物事の底に深く浸透《しんとう》してくる笑い」と名づけている。すなわち、その奥には、世界を、そして人間を新しい目でとらえようとする瑞々《みずみず》しい探究《たんきゅう》心が脈搏《みゃくう》っていた。だからこそ彼の作品は、現実の人間が蔵《ぞう》する限りない可能性を提示するものとなりえたのである。

　ゴーゴリのそうした「笑い」は、不滅の大作『死せる魂』のなかにも躍如《やくじょ》としている。死んだ農奴《のうど》を買いあさる詐欺師《さぎし》の物語という、滑稽《こっけい》かつ奇想天外な世界を創出することで、ゴーゴリはロシアの闇《やみ》を、人間の「悪」を洗いざらい暴《あば》きだそうとした。彼は、生きているはずの人間のなかに、「死せる魂《たましい》」すなわち魂の喪失《そうしつ》を感じとっていたのである。

そして、その鋭《するど》き眼光は、何よりもまず彼自身を貫《つらぬ》いてやまなかった。その苦悩のなかで彼は、「死せる魂」の蘇生《そせい》をも描《えが》こうとしている。残念ながら未完に終わっているが、ダンテの『神曲』のごとく、第二部では主人公の贖罪《しょくざい》を、第三部では人類の救済を意図《いと》していたといわれている。

ゴーゴリは「万物の鍵《かぎ》は魂の内にある」という信念を抱《いだ》いていた。それは、「道路、橋、その他の交通機関を建設することは必要である。しかし、内面のあまたの道を均《なら》すことは遙《はる》かに必要である」[14]という言葉にも如実《にょじつ》に表れている。だからこそ彼は、一にも二にも、人間の魂の覚醒《かくせい》をめざした。ほかでもないみずからの生活の場で、醜悪《しゅうあく》な現実の闇と格闘したのである。

たしかに、それは途方もなく困難な作業であったにちがいない。評論家の*小林秀《こばやしひで》雄《お》氏は、著書『ドストエフスキイの生活』のなかで、「ゴオゴリを狂死に導いたものは、まさしくまだ世界にないものを創り出す苦痛であった[15]」と述べている。しかし、彼はあえてその「苦痛」に立ち向かった。「生ける魂であれ、死せる魂となるな」という彼の遺言は、今なおその光芒《こうぼう》を失っていない。

ロシアの大地から、トルストイやドストエフスキー、ゴーゴリ、プーシキンといった多くの世界的文豪《ぶんごう》が生まれたのはなぜか。以前、あるロシアの友人と語りあったことがある。その友人いわく――「ロシアの歴史的状況が生みだしたさまざまな苦悩や悲哀《ひあい》が、彼らの精神の高揚《こうよう》・飛翔《ひしょう》をもたらしたのではないか」と。

「大いなる苦しみ」こそが「大いなる精神」を生んだ。文豪ゴーゴリも、たしかにその一人であった。

「ゴーゴリは人間の生を一瞬にして照らしだした稲妻《いなずま》である。その作品の放つ光は不滅である」――わが友人アイトマートフ氏の言である。

▽──『隊長ブーリバ』からの引用（6〜11）は、原久一郎訳の潮文庫版によった。また、（12）は『世界文学全集21　ゴーゴリ集』（筑摩書房）所収の横田瑞穂の解説、（15）は『小林秀雄全集』（新潮社）第五巻から引用した他、（1、2）はアンリ・トロワイヤ著『ゴーゴリ伝』村上香住子訳（中央公論社）、（3）はA・H・ラヂーシチェフ著『ペテルブルグからモスクワへの旅』渋谷一郎訳（東洋経済新報社）、（4、5、14）は青山太郎著『ニコライ・ゴーゴリ』（河出書房新社）を引用および他の研究書を参照した。（13）は、次の文献によった。

A. C. Пушкин: Полное собрание сочинений, том 5, Правда.

あくなき魂の希求

パスカル『パンセ』

「病《やまい》によって道心は起こる」と、仏典に説かれている。

病苦は時として人間を高めゆく力となる。とくに多感な青年期の闘病《とうびょう》は、生死を見つめ、自己の魂《たましい》を鋭《するど》く研《と》ぎすます機会となるであろう。このことを身をもって示してくれるのが、パスカル*の生涯《しょうがい》である。

フランスの偉大な数学者・物理学者にして哲学者・宗教者――。この「恐るべき天才」[1]（シャトーブリアン）は、早くから病弱に悩み続けた。神経的な過敏や四肢《しし》の衰弱《すいじゃく》、頭痛などの症状に襲《おそ》われ、十八歳のときからは苦痛なしに過ごした日はないというほ

どであった。

わずか三十九年というパスカルの一生は、迫《せま》りくる死の深淵《しんえん》との絶え間ない闘争《とうそう》であった。だが、それ故《ゆえ》にこそ彼の生涯《しょうがい》の軌跡《きせき》は、かくも鮮烈《せんれつ》な光彩《こうさい》を放ちえたのだと私は思う。

彼の苦闘を思うとき、やはり生来の病弱に悩み、死魔《しま》の影と闘《たたか》いながら歩んだ私自身の青春時代が、二重うつしになって脳裏《のうり》に甦《よみがえ》ってくる。

私が『パンセ』を手にしたのは、昭和二十四年（一九四九年）六月十三日のことである。当時の「日記」には、こう記《しる》してある。

「神田《かんだ》にて『パスカル冥想録《めいそうろく》』『情熱の書』他一冊、計三冊購入。合計、百二十円也《なり》」

その同じ日、こうも書いている。

「朝から頭が痛む。身体を大事にせねばならぬ。

変遷《へんせん》に変遷を重ねゆく心境。目的を凝視《ぎょうし》していながら、ふらふらしている自己の悲しさ。勇躍《ゆうやく》し、はち切れそうな青春時を実感したかと思うと、魔に流され、断崖《だんがい》に立つ思いをなす、自己。

宗教革命と、大理想を、思惟《しゆい》したかと思うと、現実の嵐《あらし》に、境遇に、戦《おのの》く、淋《さび》しき自己。

青年よ起《た》ち上がれ。前進だ。それ以外に、人間革命はないのだ。現実の渦中《かちゅう》に、飛び込んで戦え。恐るるな。大使命を痛感せば！」

――二十一歳であった。出版事業が苦境にあった恩師のもとで、少年誌の編集責任者として、心身ともに極限の力をふりしぼって奔走《ほんそう》する日々であった。胸を患《わずら》い、微《び》熱《ねつ》に見舞われながら激務にひた走る私の身体を、恩師は深く案じてくださった。

宗教革命への決心を日記に記したとき、私の胸中《きょうちゅう》には、この夭逝《ようせい》の天才への特別な感慨《かんがい》があったのかもしれない。

科学の探究から信仰の道へ

ブレーズ・パスカルは一六二三年六月十九日、フランスのクレルモンに生まれた。母アントワネットは優《やさ》しく聡明《そうめい》な女性であったが、パスカルが三歳のときに他界している。父のエティエンヌは再婚することなく、パスカルと姉のジルベルト、妹のジャクリーヌの三人の子どもを養育した。

父はパスカルを学校に通わせず、みずから独自の方法で教育する。むやみに知識をつめこむのではなく、息子《むすこ》が自発的に独力で学べるように努《つと》めた。少年は早くから抜群の想像力や記憶力を発揮《はっき》し、あらゆる物事の仕組みを知ろうと熱心に求めた。大人のいいかげんな説明には、食いさがって質問を浴びせたという。

少年は、やがて数学に強い興味《きょうみ》を抱《いだ》く。父は息子が十五、六歳になるまでは数学を教えないつもりでいたが、当人は早々と、自分で円を「丸」、線を「棒」と呼んで、いろいろな計算や証明を試《こころ》みだした。

彼は十二歳にしてユークリッド幾何《きか》学の第三十二命題「三角形の内角の和は二直角に等しい」の証明を成し遂《と》げ、以降、「円錐《えんすい》曲線試論」の著述（十六歳）や「計算器」の発明（十九歳）、有名な「パスカルの定理」、「真空」の存在についての実験（二十三歳）など、驚嘆《きょうたん》すべき業績をあげ、注目を浴びていく。帰納《きのう》法や確率論、積分法の確《かく》立《りつ》など、研究の手はついにやむことがなかった。

ことに「真空」の証明については、当時すでにすぐれた哲学者・科学者として知られていた*デカルトが、この二十七歳年下の青年科学者を訪《おとず》れ、意見を交換している。デカルトは真空の存在に否定的であったから、二人の対話は知性と自負《じふ》の火花を散らし、真理への探究心《たんきゅう》に燃えたものであったにちがいない。一六四六年、パスカルはジャンセニストたちとの出会いを契機《けいき》に、信仰に心を向けていく。ジャンセニスムとは、宗教革命に対抗してカトリック内部で進められていた改革（反宗教改革）の流れに属するグループで、修道院ポール・ロワイヤルをその拠点とした。彼は家族を熱心に説き、同じ信仰の道に入らせた。

三年間にわたる社交界での生活を経験し、「人間の研究」に関心をもちはじめたパスカルは、信仰心の高揚《こうよう》とともに、懐疑《かいぎ》的な人びとを導くための「キリスト教弁証《べんしょう》論」を構想し、準備に取りかかった。彼の死で未完に終わったこの仕事こそ、不滅の著作『パンセ』である。

パスカルが書き留めた断章を、近親者や友人たちが集めて出版したのは、彼の死後八年を経《へ》た一六七〇年のことである。ポール・ロワイヤル版と呼ばれる初版の原題は

『死後遺文中に発見された宗教その他の問題に関するパスカル氏の思想《パンセ》』[2]であった。

包括《ほうかつ》的な世界観を形成していた中世のスコラ哲学の崩壊《ほうかい》したあと、カオス（混沌《こんとん》）をどうコスモス（秩序《ちつじょ》）へと転じていくかは、当時のヨーロッパ社会が直面していた普遍《ふへん》的な課題であったといってよい。デカルトもパスカルも、天才的な科学者であると同時に、外なる世界と内なる世界との調和・バランスを、生涯《しょうがい》にわたり希求《ききゅう》しぬいた。

哲学と科学の親近ということは、近年の*ベルクソンに見られるように、フランス哲学の伝統的美質でもあるのだが、『パンセ』冒頭《ぼうとう》の「幾何《きか》学の精神」と「繊細《せんさい》の精神」との対比は、この問題を、いかにもパスカルらしく、優美ささえ帯びた勁《つよ》い筆致《ひっち》で、読者につきつけている。

私の恩師は、よく「信は理を求め、求めたる理は信を深からしむ」と語っていた。理性と信仰が車の両輪のごとく、人間の心を豊かに耕していくものであることを教えてくださった。それは科学の探究《たんきゅう》から信仰に目覚め、「幾何学の精神」と「繊細の精神」との調和を説くにいたったパスカルの思策《しさく》と、深く響《ひび》きあうものであろう。

「中間者」としての人間

『パンセ』の全篇に脈搏《みゃくう》っているもの——それは「偉大なる者」へのあくなき魂《たましい》の希求である。

たとえばパスカルは、「私には、呻《うめ》きつつ求める人たちしか是認できない[3]」（四二一）と語っている。「呻きつつ求める人」とは、魂の探究者として生きぬいた彼自身の「自画像」そのものであった。

彼にとって人間は、偉大さと悲惨《ひさん》さ、神と自然のはざ間に流離《さすら》う「中間者」の存在である。「宇宙の栄誉にして屑者《くずもの》！[4]」（四三四）と、彼は人間存在を慨嘆《がいたん》する。故《ゆえ》に「人間の魂の偉大さは、いかにして中間に身を持するかを知る点にある[5]」（三七八）。人間が真に人間らしく生きる道は、この自己の実相を凝視《ぎょうし》し、「偉大なる者」を求めぬくこと以外にないとパスカルは説くのである。

「中間者」としての人間とは、いわば「求道者」の異名《いみょう》にほかならなかった。

こうした人間観が、パスカル自身の精神に極度の「緊張」と「集中」を強《し》いたことは、想像に難《かた》くないであろう。

「イエスは世の終りにいたるまで苦悶《くもん》し給《たも》うであろう。そのあいだ、われわれは眠ってはならない[6]」（五五三）と彼は言う。

自身、まんじりともせぬ魂《たましい》の「覚醒《かくせい》者」であったパスカルの眼《め》には、たとえばデカルトのいわゆる「方法的懐疑《かいぎ》」にみられる不敵な自信は、神の存在の必然性を語っているようでいて、むしろ神を蔑《なみ》する倨傲《きょごう》以外のなにものでもなかったはずだ。

「私はデカルトを許すことができない。彼はその全哲学のなかで、できれば神なしに済ませたいと思った。だが、彼は世界に運動を与えるために、神に最初のひと弾きをさせないわけにいかなかった。それがすめば、もはや彼は神を必要としない[7]」（七七）

デカルトとパスカルと、どちらが正しかったかを論議しても、あまり生産的ではないだろう。両者ともに、容易に追随《ついずい》を許さぬ、比類《ひるい》なき生と思索《しさく》のスタイルを残している。ただ、デカルトを「父」とする近代哲学を機軸《きじく》としたヨーロッパ近代文明が、理性に過度に依存するあまり、重大な行きづまりを招き寄せてしまったことは、世紀末の現代、否定しようのない事実である。

独善に安住しない批判精神

「自力」と「他力」、あるいは「自律」と「他律」という近代文明のジレンマを一身に背負いながら、徹頭徹尾《てっとうてつび》、一つのものを見つめ続けたパスカルの魂。そこには「一」もって貫《つらぬ》くという人間の本然《ほんねん》的欲求が脈搏《みゃくう》ち、人びとの散漫《さんまん》な心を圧倒するのである。

燃えあがる宗教的情熱で綴《つづ》った彼の「弁神論《べんしんろん》」は、絶対の一者――至高《しこう》のものとしての「真理」、至善のものとしての「正義」――へと人間を回帰《かいき》させていく、壮大な、今もって未完の挑戦《ちょうせん》であったといってよい。

幾多の狂信の歴史が示しているように、こうした一者への希求《ききゅう》は、金剛《こんごう》のごとき人格の「核」をつくる大きな力となる反面、自己以外の存在を許容しない「独善《どくぜん》」の罠《わな》に陥《おちい》る危険性をはらんでいることも否定できない。

パスカルが、その信念の強靱《きょうじん》さにもかかわらず、独善《どくぜん》の魔性《ましょう》にとらわれることがなかったのは、その謙虚《けんきょ》な稟質《ひんしつ》とともに、すぐれた科学者としての批判精神があずかっていたのかもしれない。彼は真理の側に立って他を裁《さば》く専制者とは、つねに正反対の位置にあり続けた。問者《もんしゃ》パスカルの問いは、偏狭《へんきょう》な独善に安住してしまうにはあまりにも深刻《しんこく》で、切実であったのだ。

「真理と正義はきわめて微妙な二つの尖端《せんたん》であって、われわれの道具はそれにぴったり触《ふ》れるにはあまりに磨滅《まめつ》しすぎている。かりに届いたにしても、尖端をつぶして、そのまわりに、真よりもむしろ偽に、ぶつかる」[8]（八二）

「誰《だれ》しも、一つの真理を追求すればするほどいよいよ危険な誤《あやま》りに迷い入る。彼らの誤りは一つの誤謬《ごびゅう》を追求することにあるのではなく、反《かえ》って、もう一つの真理を追求しないことにある」[9]（八六三）

そう語るパスカルにとって、「真理」とは、万人が求めうる「開かれた真理」であった。「神」とは、独善的な聖職者の占有物ではなく、開かれた真理によって「証明」し、「説得《せっとく》」すべき存在であった。

だからこそ、真理と人間の間に立ちはだかり、人間の魂《たましい》を外側から束縛《そくばく》する権威《けんい》に対しては、彼は妥協《だきょう》することなく戦った。

「法王は、誓いをもって服従することをせぬ賢者《けんじゃ》たちを憎みおそれる」[10]（八七三）

「教会が破門とか異端とかいうような語をつくったのは、むだである。人はそれらを用いて教会に反抗している」[11]（八九六）

「私は真理をまもる。それが私の力のすべてである。もし私が真理を失うならば、私は失われる。私には誹謗《ひぼう》と迫害《はくがい》がたえずつきまとうであろう。だが、私は真理をもっている。いずれが勝つかは、やがてわかるであろう」[12]（九二一）

法王や教会すら、呵責《かしゃく》なき批判対象の例外ではなかったのである。

信仰は良心の内発によるもの

真摯《しんし》にして闊達《かったつ》、謙虚にして自在な精神の闘士パスカルに、私は、真率《しんそつ》のモラリストとしての横顔を見る。どこまでも権威や独善と闘《たたか》い、内なる良心の問いかけに耳を傾《かたむ》け続けた彼の生き方は、たとえば、対立していたとはいえ彼が深い影響《えいきょう》を受けた、あの*モンテーニュの流れを汲《く》むものであろう。それはフランスのモラリストたちに脈々と流れている良質の精神性《メンタリティ》なのである。

一九九一年（平成三年）九月、私はアメリカのハーバード大学の招聘《しょうへい》で、「ソフト・パワーの時代と哲学」と題して講演する機会を得た。

その折、異端の断罪を受けんとするジャンセニスムを熱烈に擁護《ようご》したパスカルの書《しょ》簡《かん》『プロヴァンシアル』（田舎《いなか》の友への手紙）の内容に言及した。

書簡のなかでパスカルは、ジェスイットの定めた「良心例学」――事にあたっての良心のあり方を、あらかじめ判例として決めておくこと――を激《はげ》しく攻撃《こうげき》している。内なる魂《たましい》のあり方を重視する立場から、彼らの外面的規範《きはん》や戒律《かいりつ》が、信仰をいかに歪《わい》曲《きょく》するかを訴《うった》えてやまないのである。

本来、信仰は良心の内発的な働きによるものである。だから行為の選択《せんたく》の基準を判例として外発的に与えることは、良心の働きを麻痺《まひ》させ、堕落《だらく》させてしまうことになる。「良心例学」とは、パスカルにとって良心の自殺的行為であった。私はここに、たんにジェスイットとジャンセニスムの論争という次元を超え、人間の普遍的《ふへんてき》な良心のあり方への重要な示唆《しさ》が提起されていると考察した。

「内発の力」による、偉大なる魂への飛翔《ひしょう》を希求《ききゅう》したパスカルの思索《しさく》。それは、ドグマティズムとニヒリズムの間をさまよう「魂の遍歴《へんれき》」に終止符を打ち、よりグローバルな、新しき精神文明の創出へ歩みだそうとする今日《こんにち》の人類にとって、ひときわ光芒《こうぼう》を放ちゆくものであるにちがいない。

時空を超える魂の共鳴

一説にはガンであったといわれるパスカルの病《やまい》は、一六五九年になると急激に悪化した。三年以上の闘病《とうびょう》生活の末、一六六二年八月十九日夜半、彼は姉ジルベルトの家で、三十九年間の生涯《しょうがい》を閉《と》じた。

あまりにも短い生涯であった。自身の短命を予感し生き急いだかのような、凝縮《ぎょうしゅく》した一生であった。緊張と葛藤《かっとう》の連続の人生であった。「……眠ってはならない」という言葉のまま、謙虚《けんきょ》に、そしてまた誠実に人間の正しい生き方を模索《もさく》しぬいたこの巨人に、永眠の時が訪《おとず》れたとき、その胸中《きょうちゅう》を去来したものは、いったい何であったろうか。最後の言葉は「神がけっして私をお捨てにならないように(13)」であったという。

後年、フランスのエスプリたちは、「パスカルは人間性の感情をもっとも高度に所有している(14)」（サント・ブーヴ）、「パスカルこそ、ヒューマニストという美しい名にふさわしい唯一《ゆいいつ》の人物。およそ人間にかかわりあるものを何ひとつ見棄《みす》てない唯一の人物である。かくて、彼は人間全体を通り、ついには神にたどりつくのである(15)」（*モーリヤック）等と賛辞を贈っている。

「呻《うめ》きつつ求める人」パスカルは、時を経《へ》て、精神の限りない可能性を示す「全体人」「普遍《ふへん》人」――いわば「人間の中の人間」として、歴史に聳立《しょうりつ》しているのである。まさに「万能の才」と「敬虔《けいけん》な信」を兼ねそなえた、ルネサンス最後の巨星であった。

祖国フランスばかりではない。大文豪《ぶんごう》*トルストイは、晩年の日記にこう記《しる》している。

「パスカルの驚嘆《きょうたん》すべき箇所。パスカルの書いたものを読み、この何百年も以前に死んだ人間と自分とが全き一致の中にあることを意識して、感動のあまり涙を抑《おさ》えることができなかった。このような不思議の中に生きる以上に、如何《いか》なる不思議があろうか？[16]」

トルストイを感涙《かんるい》せしめたパスカルの文章とは、いったい、どのような箇所であったのだろう。なるほど『パンセ』第二編の「気ばらし」の空《むな》しさについて論じている箇所など、トルストイの宗教的回心《かいしん》が凝縮《ぎょうしゅく》されている佳品《かひん》『イワン・イリイチの死』と、テーマといい、描写《びょうしゃ》といい瓜二《うりふた》つである。二百年の時を超え、ロシアとフランスという空間を超えて響《ひび》きわたった魂《たましい》の共鳴音。ともに「内なる神」を信じ、ともに「聖職者の権威《けんい》」と闘《たたか》い、ともに「人間愛」を説き続けた二人の哲人の不思議なる交感に思いを馳《は》せるとき、私の心は深い感動につつまれる。

巨星逝《ゆ》いて三百幾十星霜《せいそう》。私は仏法者として、パスカルの胸中に燃えさかっていたであろう遠大な理想――「人間」を本当の意味での「人間」たらしむるための「宗教」――の実現のために、「行動」し、「対話」し、価値創造の花を咲かせゆく人生でありたいと願っている。これが若き日に『パンセ』と出あって以来の、変わらぬ心情である。

「あくなき行動」こそが、「あくなき求道《きゅうどう》」のメッセージを送り続けた哲人への、誠実な応答となると信ずるからである。

▽――『パンセ』からの引用（5～8、12）は人文書院刊『パスカル全集Ⅲ』松浪信三郎訳、（2、4、9、10）は新潮文庫『パンセ（冥想録）』津田穣訳、（3、11）は中央公論社刊『世界の名著24 パスカル』前田陽一・由木康訳によった。パスカルおよび彼の生涯についての引用（1）は、白水社刊のアルベール・ベガン著『パスカル』平岡昇・安井源治訳、（13）は前田陽一著『パスカル――「考える葦」の意味するもの』（中公新書）。（14、15）はモーリヤック著『パスカルとその妹』安井源治・林桂子訳（理想社）、（16）は『トルストイ最後の日記』八住利雄訳（栗田書店）。また、小松攝郎著『人と思想⑫パスカル』（清水書院）などを参照した。

自由なる精神の輝き

バイロン『バイロン詩集』

一日一日を全魂こめて

先日、創価大学の講堂で、来客を待つ間、一枚の絵が目に飛びこんできた。イギリス・ロマン派の詩人バイロン*の若き日の肖像《しょうぞう》画であった。

頬《ほお》を紅潮させ、すずやかな眼《め》は遥《はる》か彼方《かなた》を見上げている。満天の星との無言の交信か、内なる詩心と語らいながら、一語一語をつむぎ出そうとしているのか。右手に持ったペンからは今にも、すばらしき詩句の数々が奔流《ほんりゅう》となって流れだすかに見える。

George G. Byron (1788~1824)

背景の闇《やみ》とは対照的に、じつに溌剌《はつらつ》とした若き詩人が描《えが》かれている。その一枚を見つめて、バイロンの詩を口ずさみつつ、悔《く》いなく送った青春の日を思い、ふと感慨《かんがい》にひたった。

熱情の詩人、行動の詩人バイロン――彼については、いくたびか青年と語らった。二十代、新聞に一文を寄稿した思い出もある。苦闘とともに、喜びとともに、バイロンの詩は私の「心の友」として、かけがえのない光を贈ってくれた。

「私は生きてきた。空《むな》しくは生きなかった」

この言葉どおり、三十六歳にしてギリシアに散ったバイロンの生涯《しょうがい》は、たとえ短くとも、深く、また、悔いのない「生」の燃焼であった。

若き日、病弱であった私は、死をも予感する毎日であった。「三十まで生きられるかどうか」といわれた生命であったが故《ゆえ》に、一日一日を全魂《ぜんこん》こめて生ききった。偉大なる師匠《ししょう》戸田城聖先生のもと、後世語り草となる若武者《わかむしゃ》の軌跡《きせき》を残そう――そう心に決めていた私にとって、バイロンの炎《ほのお》のごとき生涯は、ひときわ胸打つものであった。

バイロンは詠《うた》う。

前進、また前進
旌旗《はた》をかがやかせながら
その兵力を加えながら
つぎに進んでゆかねばならぬ
休養は心をうんざりさせ
隠遁《いんとう》はその身を朽《く》ちさせる
衰えた王位などに恋々《れんれん》たるものではないのだ(1)

新時代の息吹のなかで

一七八八年、バイロンの生まれた年は、フランス革命勃発《ぼっぱつ》の前年にあたっている。バイロンの生きた時代——それは「英雄の時代」であった。*ナポレオンが登場し、*ゲーテ、*シラー、*プーシキン、*ユゴーなど幾多の文豪《ぶんごう》が活躍した。バイロンもそうした英雄の一人であった。

そのころ欧州大陸には、新時代の息吹《いぶき》がみなぎり、革新の波は津々浦々《つつうらうら》に押し寄せていた。しかし一方、ドーバー海峡によって隔《へだ》てられたイギリスは、この時期、まれにみる反動の時代であったといわれる。

熱血の人バイロンは、そうした状況のなかで、鋭《するど》き批判精神を培《つちか》っていく。

ところで、名門の家柄に生まれたバイロンも、少年時代は貧《まず》しく恵まれない環境に育つ。彼の父親は「気違い《マッド》ジャック」と蔑《さげす》まれるような人物で、まったく家庭をかえりみず、賭博《とばく》などにあけくれ、バイロンが三歳のとき、フランスで客死する。母親もその鬱屈《うっくつ》を幼《おさな》いバイロンにぶつける。ヒステリックで逆上したら何をしでかすかわからない性格に、バイロンはいつも怯《おび》えていた。

一片の愛もない生活――それがバイロンの少年時代であった。そのうえに、彼は生まれつき片足が不自由であった。こうした出来事は感受性の強かった彼の生涯《しょうがい》に色濃《こ》く影響《えいきょう》を残す。ただそんなハンディも、彼を強くすることはあっても弱くすることはなかった。

バイロンは十歳の時、第六代のバイロン卿《きょう》を継《つ》ぎ貴族となる。その後、名門、パブリック・スクールのハロー校、さらにケンブリッジ大学に進む。

バイロンは、どのような学生であったか。ハロー時代のこんなエピソードがある。

卒業間際《まぎわ》、それまで慕《した》っていた校長が辞職する。彼は新校長を認《みと》めず、排斥《はいせき》運動の先頭に立つ。教室を荒らし、校長宿舎の鉄格子《てつごうし》を壊《こわ》し、徹底《てってい》的に実力行使で戦ったという。

情熱的で雄弁家、スポーツマン、弱い者の味方。そんなバイロン青年は親分肌《おやぶんはだ》の人気者であった。無味乾燥《かんそう》な授業は大嫌《だいきら》い。しかし、いったん身を入れると全校で三番という好成績もあげる。一方、誰《だれ》もいない墓地で独《ひと》り空想にふけり、詩作にはげむという一面もあった。

あえて苦難に飛び込む精神

一八〇七年六月、十九歳のバイロンは本格的な処女詩集を発刊する。詩人として輝《かがや》かしい門出《かどで》となるはずだったこの詩集は、匿名《とくめい》の批評家によって悪意の攻撃《こうげき》を受ける。「澱《よど》んだ、くさった水」(2)とまで痛罵《つうば》するその評は、感情的で、若き詩人を潰《つぶ》すためだけとしか思えないひどいものであった。バイロンの心は、いたく傷《きず》つけられる。しかし、この「挑戦《ちょうせん》」こそがバイロンをして、詩人として生きぬく腹を決めさせたのであった。

後年、バイロンは友人の詩人シェリー*への書簡《しょかん》のなかで、当時をこうふりかえる。

「憤怒《ふんぬ》と反抗と侮辱《ぶじょく》を覚えたが――意気消沈《しょうちん》したり、絶望したりはしなかった。（中略）

『人生において苦痛や危険を脱《のが》れやうと思つてはならない
運命が汝に背《そむ》くことを嘆いてはならないのだ。』」(3)

バイロンの心の奥底《おうてい》は、立ちはだかる敵をはねかえす闘志に燃えていた。困難からうまく逃《のが》れ、敵をつくらずに賢《かしこ》げに立ちまわる人間もいる。しかし、それでは「本物」の人物、本物の人格はできない。苦難にあえて飛びこんでいく、敵と戦いぬく、そこにこそ人間の芯《しん》ができあがっていく。

さて、この年の七月、バイロンは大学時代の友人をともなって旅に出る。スペイン、ポルトガル、アルバニア、ギリシア、さらにインドまで足をのばす予定であった。

東方をめざしての旅――それはバイロンの少年時代からの夢であった。「全世界がわたしの前にある」と詠《うた》う彼にとって、この旅はつねに開かれ拡大しゆく、若き詩人の瑞々《みずみず》しい精神の発露《はつろ》であったといえよう。

はるかなるオリエントは、当時のヨーロッパの人びとの憧《あこが》れの的《まと》であった。ゲーテは『西東詩集』を、ユゴーは『東方詩集』を編《あ》んでいる。

そして、バイロンがこの旅のさなか詠《よ》んだ詩が、彼の出世作となった『チャイルド・ハロルドの巡歴』である。物語は若き貴族ハロルドの旅の模様を綴《つづ》ったものだが、ハロルドはバイロンそのものである。

彼の大作『ドン・ジュアン』にしても『マンフレッド』にしても、主人公はバイロンの分身ともいうべき存在である。自分で自分自身の姿を描《えが》く――「個我の詩人」（フランスの哲学者テーヌ）と評されるバイロンは、あくまでも自己自身を見つめ続けた。

自我の意識に悩み続けた彼は、その意味で「近代人の先駆《せんく》」であったといわれる。時代を先駆《さきが》けすぎたが故《ゆえ》に、彼は世の無理解と偏見《へんけん》に苦しめられたといえるかもしれない。

さて、『チャイルド・ハロルドの巡歴』の成功は、バイロン自身が「ある朝、目をさますと有名になっていた」[4]というように、まさに爆発的であった。彼は時代の寵児《ちょうじ》として、ロンドンの社交界に迎えられる。

しかし、そうした日々も長くは続かなかった。さまざまな人間関係、結婚の失敗、バイロンを追い落とそうとする勢力の画策《かくさく》により、彼は悪魔のごとく罵《ののし》られ、おとしめられ、祖国イギリスから追放されるのであった。『巡歴』の出版から、わずか四年の間の出来事である。

使命を自覚し「目的」に燃える

バイロンの二度目の旅は、帰るところのない流離《さすらい》の旅であった。スイスのレマン湖《こ》畔《はん》からイタリアへ、そして、最期の地ギリシアに渡る。

この旅の途中、バイロンはナポレオンの最後の決戦地ワーテルローを訪《おとず》れている。激戦から約十カ月後のことであった。若き日、彼はナポレオンの胸像を机に置き崇拝《すうはい》していた。敵国の極悪人《ごくあくにん》ナポレオン擁護《ようご》の発言が、バイロン追放の一因でもあった。

ワーテルローを一望し、バイロンは、しばし茫然《ぼうぜん》と立ち尽《つ》くす。「英雄は英雄を知る」という。この世のすべてを支配したかに見えた大英雄が、運命に翻弄《ほんろう》されゆく姿を慨嘆《がいたん》しながら、詩人は詠《うた》っている。

御身《おんみ》こそ、まこと、世界の征服者にして、またその捕虜《ほりょ》たり！

（中略）

汝はげに、一帝国《ていこく》を破砕《はさい》し、号令し、再建し得たりしが、
されど汝の最小の激情をも統制《とうせい》するを得ず、
はた、いかに人間の精神に深く味到し得るも、

己《おの》れ自らの霊《れい》をば見透《みすか》すことを得ず、
なほ戦争の欲望をば制するを得ず、
誘惑《ゆうわく》の運命が、最高の星を失ふことを知らざりき、(5)

バイロンは、ナポレオンを愛していた。しかし権力を得るにしたがって、いよいよ横暴《おうぼう》になっていく暴君の一面を看過《みす》ごすわけにはいかなかった。『ドン・ジュアン』の一節にこうある。

なぜならわたしは、出来ることなら、
地上の暴君どもにたいして
石たちに立ち上がる術教えたい。(6)

さらに、こうもいっている。

それは、あらゆる国民のあらゆる圧制へのわたしのこの明らさまで、肝に銘じた、率直《そっちょく》きわまる嫌悪へのなんの障碍にもなりはせぬ。(7)

バイロンにとって、人間の自由を侵《おか》すものはいっさいが悪であった。そこにみずからの信ずる正義の基準があった。

さて、ギリシアに渡ったバイロンは、オスマン帝国の圧政からギリシア独立を勝ちとるため、私財をなげうち全魂《ぜんこん》を傾《かたむ》ける。独立軍司令官となった彼は、燃えるがごとき真紅《しんく》の軍服を身にまとい、戦場を駆《か》けめぐるのであった。

三十六歳となる生涯《しょうがい》最後の誕生日を、バイロンは戦場で迎える。戦況は絶望的であった。勝ち誇《ほこ》る敵の襲撃に加え、内部の反乱にも悩まされる。その日、彼は一詩を詠《よ》む。

もしも、おまえが、自身の青春を悔《く》いているなら、なぜに生きながらえるのか？
　栄誉ある死をとぐべき国が、ここにあるではないか。
たしかに、ここにあるのだ。——いざ、戦場へ馳《は》せ行けよ。

そして、おまえの息をたえしめよ！
しかし、兵士の墓の一基こそ、おまえにとって、至上のすみかとなってくれよう。
（中略）
そのあとで、あたりを見回せよ。そして、おまえの果つべき大地を選定せよ。
そのあとで、おまえの「永き眠り」につけよ。(8)

バイロンはすでに、このギリシアの地で生涯《しょうがい》を終えることを決めていたのであろう。辞世《じせい》とも思えるこの詩には、澄《す》みきった詩人の境涯《きょうがい》、崇高《すうこう》さが溢《あふ》れている。

彼にはギリシアから逃《のが》れて、他の地で悠々《ゆうゆう》と暮らすことも十分できたはずだった。

しかし、詩人は、あえて戦場にとどまる。

人生の価値とは、たんに長さで決まるものではない。また、幸福とは、表面の姿で判断することはできない。みずからの使命を自覚し、目的に燃える人間に悔《く》いなどあろうはずがない。自身の正義と信念に生きたバイロンには、後悔《こうかい》などなかったにちがいない。

私の胸には、そうした彼の魂《たましい》の勝鬨《かちどき》が響《ひび》きわたる。人の批判をするのは、その人の自由であろう。ただ、みずからはみずからの信条のもとに行動をもって進みたい――私もこの決意で生きてきた。

この詩から約三カ月後の一八二四年四月、バイロンは無理がたたり、折からの病気が悪化する。戦場で十分な治療など望むべくもなかった。失われゆく意識のなかで、彼は「進め、進め、おれの後につづけ！(9)」と、うわ言で絶叫する。

四月十九日の夕刻、彼は長い昏睡《こんすい》状態から一瞬だけ目を開き、そして生涯を終えた。この時、静寂《せいじゃく》を破り、突如雷鳴《とつじょらいめい》が轟《とどろ》きわたり、轟然《ごうぜん》たる雨が降りそそいだといわれる。

「精神の自由」への宣言

「人生哲学は役に立たない――行動あるのみ」との言葉のまま、短い生涯を駆《か》けぬけたバイロンの行動の焦点は何であったか。それは、つねに「自由のため」という一点であった。

バイロンは一時期、野党の貴族院議員として、政治にたずさわる。当時、産業革命の波は、労働者を無残に巻きこみ犠牲《ぎせい》にしていた。

バイロンの処女演説は、労働者の権利を守り、権力による圧迫《あっぱく》の理不尽《りふじん》さを、理路整然と、また激《はげ》しく訴《うった》えるものであった。「宗教による差別の不当」「言論の自由」といった問題をバイロンは演説で取り上げ、頑迷《がんめい》固陋《ころう》な勢力と真《ま》っ向《こう》から戦った。

「(＝国王の)行列を、眼にも心にも威厳のあるものにするのは単なるうわべの『華やかさ』でなく——『国民』の信託である」

この一句に、バイロンの政治的信念が示されているといえよう。

また、彼はこうも詠《うた》う。

国民《くにたみ》のため辛苦《しんく》する者こそ
げに哀れなれど、自由の身なり。
王侯のため額に汗する者は

偽《いつわ》り多き侍従にも似たり――
哀れなる哉彼《かなかれ》、身に美服を纏《まと》ひ
家扶《かふ》を受け、主《ぬし》の門辺《かどべ》に膝《ひざ》まづき
侍《はんべ》るその光景《さま》は、奴隷《どれい》とや云《い》はん。(10)

この詩は、愛する祖国から追放された、イタリアの大詩人ダンテ*を思って作られたものである。バイロン自身もまた追放の身であった。権威《けんい》におもねり、富貴《ふうき》にこびるような人間は、すでに心まで奴隷となっている。心の自由を奪われることこそ、最大の不幸ではないのかと。ダンテの最終章を描《えが》きながら、バイロンは自身の真情を訴《うった》えた。

バイロンは、レマン湖上のシヨン城で古い牢獄《ろうごく》を見、かつてここに幽閉《ゆうへい》されていた一人の志士を主人公とする詩をつくっている。その冒頭《ぼうとう》には次のようにある。

自由よ！　鉄鎖《てっさ》に抗する精神を守る、永遠の霊よ！
お前は牢獄にあってこそ真の生彩《せいさい》を発揮する。

なぜなら、牢獄《ろうごく》の中にあっても、お前は心を――自由愛の他《ほか》は何ものにも縛《しば》られぬ心を、己《おのれ》のすみかとするからだ。[11]

「真の自由とは心をすみかとする」と詩人は言う。たとえ身は牢獄にあって鎖《くさり》に繋《つな》がれていようと、心を束縛《そくばく》されなければ、自由を勝ちとった人であると。

バイロンは「神に対する反逆《はんぎゃく》」を絶えず作品に描《えが》いている。いうまでもなく、当時の教会からは「悪魔主義」として厳《きび》しく攻撃《こうげき》を受ける。このため彼の遺骸《いがい》はウエストミンスターへの埋葬《まいそう》を拒否《きょひ》されている。死後もなお執拗《しつよう》な宗教の権威《けんい》の圧迫《あっぱく》は続いた。

バイロンの最大の理解者であったゲーテは、作品『カイン』を批評しながら、*エッカーマンにこう語る。

「バイロンのような自由な精神は、教会のドグマの不十分さに、どんなに悩んだか、このような作品によって、おしつけられた教義から、どんなに自由になろうとつとめたか[12]」

バイロンは、あるとき望遠鏡で星々を眺《なが》めながら、こう語ったという。

「神に仕える聖職者は、みな天文学に関する完全な知識を持つべきだ。天文学ほど人の心をより寛《ひろ》く、より大きく、より豊かに啓発《けいはつ》してくれる科学はないよ。天文学は人間の狭い心を、その狭量《きょうりょう》、偏見《へんけん》を解放してくれるだろうからね[13]」

自由なる精神の輝《かがや》きを消し去ろうとする勢力は、いつの時代にもさまざまに暗躍《あんやく》する。バイロンの詩にあふれる精神の自由への高らかな宣言は「強くあれ、一歩もしりぞくな」というエールを送ってくれているようだ。

▽——バイロンの詩の引用は、(1)は新潮文庫『バイロン詩集』阿部知二訳、(8)は角川書店刊『世界の詩集4　バイロン詩集』斎藤正二訳、(5)は『バイロン全集』第三巻(日本図書センター)所収の「チャイルド・ハロルド世界歴程　第三巻」岡本成蹊訳、(10)は同第五巻所収の「ダンテの豫言」鈴木賢治訳、(6、7)は『ドン・ジュアン　下』小川和夫訳(冨山房)、(11)は岩波文庫『イギリス名詩選』平井正穂編によった。その他の引用は、(2)は楠木哲夫著『永遠の巡礼詩人バイロン』(三省堂)、(3)は前掲『バイロン全集』第五巻所収の「書簡集」岡本隆訳、(9)は田代多志著「バイロン評傳」、(4)は前掲『バイロン詩集』の解説、(13)は前掲『永遠の巡礼詩人バイロン』から。また、エッカーマン著『ゲーテとの対話(上)』山下肇訳(岩波文庫)を引用(12)したほか、上杉文世著『バイロン研究』(研究社)、エンツォ・オルランディ編『カラー版　世界の文豪叢書　バイロン』田中栄一訳(評論社)等を参照した。

「科学と人間」の新しき地平線

サートン『科学史と新ヒューマニズム』

George Sarton
(1884～1956)

「こんなにも宇宙は身近になったか」——一九九二年九月、スペースシャトル「エンデバー」が行った日米共同宇宙実験の模様は、日本の国民をテレビの前にくぎづけにした。なかでも乗組員の毛利《もうり》衛《まもる》さんと、日本の子どもたちを映像と声で結んだ「宇宙授業」は新鮮《しんせん》な感動を誘《さそ》ったものである。

ところで、日本中がシャトル・ブームにわきはじめていた七月、こんなニュースが新聞の地方版に出ていたという。

「女子高生が遺伝子実験に成功、専門家、先端技術普及に驚《おどろ》く」

愛媛県の農業高校に通う女子生徒四人が、米ぬかのたんぱく質を使った実験で、遺伝子の切断と結合に成功したというのである。

十数年まえは「先端技術」であった遺伝子実験が、いまや高校生の手で行われるようになったわけであり、識者《しきしゃ》も科学技術の浸透《しんとう》の速さに驚嘆《きょうたん》していた。その女子高校生の感想がふるっている。

「理屈は難《むずか》しかったけど、やってみたら簡単だった」

マクロからミクロまで、まさに日進月歩。科学は今日、私たちの親しい「隣人」になった観がある。

今、科学をめぐって私なりに重ねてきた行動をふりかえるとき、恩師とのある語らいの場面が思い起こされる。

昭和三十二年（一九五七年）五月、東京で日本国際見本市が行われ、私は参考のためにと思い、見学に訪《おとず》れた。

会場は大勢の人びとでにぎわっていた。オートメーション時代の到来を告《つ》げる、活気に満ちた市であった。

帰ってその様子を報告すると、恩師は興味《きょうみ》深げに聞かれ、一言いわれた。「〝科学と宗教〟について、考えていくんだなあ」と。

こうした恩師の何気ない言葉も、かけがえのない指針として、若い私の生命に刻《きざ》まれていった。かねてから科学文明の未来と宗教について思索《しさく》をめぐらせていた私は、科学と宗教に関する著作の執筆《しっぴつ》を決意していた。

サートン*の『科学史と新ヒューマニズム』をひもといたのも、その一助となればとの思いからであった。

昭和三十五年一月十八日の「日記」には、「サートン著の『科学史と新ヒューマニズム』の続きを読む。いつの日か『科学と宗教』執筆の参考としたい」と記《しる》してある。

「人間学」としての科学を

科学史家のジョージ・サートンは、ベルギーに生まれた。ゲント大学で化学や数学を研究した後、フランスの物理学者*ポアンカレらの影響《えいきょう》によって、科学史への関心を深めていく。

第一次世界大戦の戦火に追われてイギリスに移り、一九一五年には渡米。カーネギー研究所の研究員を経《へ》て、一九四〇年、サートンはハーバード大学の教授に就任《しゅうにん》し、大学内に科学史研究室を創設した。また、国際科学史学会の創設に参加し、のちにその会長を務《つと》めている。

彼の業績は、原著で三巻・五千頁《ページ》におよぶ大作『科学史序説』に代表されるが、その精力的な研究を支えた理想、いわば人間学としての科学への希求《ききゅう》を、情熱をこめて綴《つづ》った一書が『科学史と新ヒューマニズム』である。

サートンの主唱する「新ヒューマニズム」とは何か。要約すると、それまで科学を敬遠し、芸術や宗教の世界に内向してきた「旧式のヒューマニズム」に、科学的精神への開眼《かいがん》を促《うなが》し、より全的な人間性の開発をめざすべきであるとする主張である。彼は、それを「科学的ヒューマニズム」(1)とも呼んでいる。

彼によれば、たいていのヒューマニストは科学の物質的な功績のみを見ており、科学のもつ豊かな精神性を顧《かえり》みようとしない。だが、そうであってはならないという。

「真実のヒューマニストは、芸術の生命や宗教の生命を知っていると同様に、科学の生命をも知らねばならない(2)」と。

長く牽制《けんせい》しあってきた科学と他の文化部門の間に橋をかけ、科学を人間化《ヒューマナイズ》すること。それがサートンの念願であった。

「『新ヒューマニズム』は二重のルネサンスである。文学にとっては科学的ルネサンス、そして科学者にとっては文学的ルネサンス(3)」という言葉が彼の心情を伝えている。

そこから響《ひび》いてくるのは、科学と科学者の人類的使命を叫《さけ》ぶ警醒《けいせい》の声である。

「人類行進の先頭を大胆に歩いて行く科学者は偉大な使嗾者《しそうしゃ》である。（中略）人類は座って休息し度《た》いと思っている。然《しか》し彼は先頭に立たねばならない。彼にとっては何物も平和でなく、また何物にとっても彼は平和ではない。彼は、休息を知らざる人類の精神であり、人類の良心であるから(4)」

使嗾者（けしかける者）とは逆説的な修辞であろうが、そこには科学者＝先駆《せんく》者との強烈な自負《じふ》があふれ出ている。

彼は、科学技術の進歩や産業・経済の発展が「功利性」の追求に酔《よ》うあまり、かえって人びとの精神を逼息《ひっそく》させ、生活を害する結果となってしまっている実情を深く憂《うれ》えている。そのうえでなおかつ、それを打開する救世の使命と力を、あくまでも科学（者）自身のうちに見いだそうとするのである。

そこには、科学そのものへの見方が、なお楽観的であった当時の時代性が投影《とうえい》されている。

現代科学の方法論的な限界

ギリシア文明とキリスト教文明を淵源《えんげん》とする近代西洋科学は、「神と人間」「人間と自然」という二分法的思考に立脚《りっきゃく》した実験と観察・分析《ぶんせき》によって、自然を対象化し支配することに、その眼目《がんもく》があった。実際、それは人びとの生活を向上させるうえできわめて有効であり、この有効性ゆえに、近代科学の思考法は世界を主導する原理となってきた。

しかし、ほかならぬ科学の進展が、核兵器などの大量殺戮《さつりく》兵器や地球規模の環境破壊という「地球的問題群」を惹《ひ》き起こす要因となっている今日、私たちは、現代科学文明の方法論的な限界を直視しないわけにはいかなくなっている。

たとえば、*デモクリトスの原子論の流れを汲《く》む「要素還元主義」の克服《こくふく》への試《こころ》みなどにみるように、科学万能の神話は、各分野で根底から問い直されているのである。

あの*アインシュタインは晩年、こんど生まれ変わったら、科学者にならないで、「鉛管工か行商人になることを選択《せんたく》するでしょう(5)」と語ったという。そこには、結果として核兵器の製造・使用に与《くみ》してしまった自身の来し方への、沈痛《ちんつう》な悔恨《かいこん》の情がうかがえる。

それはまた、偉大な科学者にしてコスモポリタン、そして天性の楽観主義者であったアインシュタインすら、科学文明への抜きがたいペシミズムを抱《いだ》いていたことの表れでもあろう。こうした苦悩は、科学の倫理《りんり》性や科学者の社会的責任の問題として、今日《こんにち》に引き継《つ》がれているところである。

サートンの科学観は、巨大な科学の力が人類という「種」そのものの生存を脅《おびや》かし始める以前、科学文明の明るい未来を予感しえた、一九三〇年代という時代の制約を負うものといえよう。

とはいえ、どこまでも科学を「人間の研究」としてとらえようとする彼の視点は、「神話崩壊《ほうかい》後」の科学の在り方を問ううえでも非常に重要な示唆《しさ》となりうると考えられる。

「科学の人間化」のため不可欠《ふかけつ》な方法として、彼は科学を歴史的に省察《しょうさつ》し、各時代の科学の偉大な人間的業績を現代に汲《く》みあげていくべきであると説く。

「我々は古人という巨人の肩に乗って、遠くを見ている小人に過ぎない」のであり、古代・中世科学の偉大な歴史を謙虚《けんきょ》に学ばねばならない、と。

「吾《わ》が新しいヒューマニストは、あらゆる創造的活動に参与《さんよ》することを願い、熱意を以《もっ》て人類の前進を助けることを希望する。併《しか》しそれと同時に感謝と尊敬とを以《もっ》て過去を回顧《かいこ》することを希望する」(6)

科学的精神と歴史的精神の融合《ゆうごう》という課題こそ、新しきヒューマニストの高貴なる義務であるというのである。それは科学者に、専門領域の研究だけでなく、人類総体の進歩への学際的な配慮《はいりょ》を促《うなが》すことにほかならない。

「全体像」を求めて東洋に着目

この新ヒューマニズムを基調としたサートンの科学史は、科学を中心に、芸術や宗教など他の文化部門を総合《そうごう》するという偉大な意図《いと》のもとに構想された。いわば「諸学の学」「人間の学」の色調を帯びている。

総合的な科学史研究という考えは、社会学の創始者として知られる十九世紀フランスの哲学者コント*に遡《さかのぼ》るとされるが、独立した学問分野として成長するのは今世紀に入ってからのことである。

サートンはその草分けであり、アメリカにおける科学史研究の「始祖」的存在といってよい。

その具体的な例として、彼は古代エジプト、メソポタミア、中世アラビア文化への豊かな造詣《ぞうけい》を生かして、西洋科学の淵源《えんげん》が東洋の諸文明にあることを諄々《じゅんじゅん》と論証していく。彼自身、その後、アラビア科学史の研究を熱心に続け、中東を訪問している。

「光は東より！　吾々《われわれ》の最も初期の科学知識が東洋に源《みなもと》を発することには些《いささ》かの疑いもない(7)」――東洋の英知が育《はぐく》んだ天文学・数学・医学などの知識が、いかにギリシアやローマの文明に受け継《つ》がれ、ヨーロッパ科学の「胚種《はいしゅ》」となっていったかをたどるサートンの眼差《まなざ》しは、東洋人の営々たる科学的努力への尊敬と愛情に満ちている。

そして彼は「東と西との律動を記憶せよ。すでに幾度か吾々の霊感は東から来た。それが再び来ないという理由が何処《いずこ》にあろうか。恐らく偉大な思想は今後もなお東から吾々に達するであろう。吾々はそれを迎える心の準備をしておかねばならない(8)」と、東洋文明への絶大な期待を語るのである。

いまだ欧米諸国に、アジアや中東諸国への優越意識や偏見《へんけん》が色濃《こ》かった当時にあってのすぐれた史眼である。

おそらくサートンは、第一次世界大戦の体験を経《へ》て、西洋文明の傲《おご》りへの強い危惧《きぐ》を抱《いだ》いていたにちがいない。

いうまでもなく彼の考えは、今日《こんにち》、時折みうけられるような、エキゾチズム本位の俗流オリエンタリズムとは無縁であった。

「人類の全一性は東と西とを包容する。それは一人の人間に於《お》ける二つの気分のようなものである。この両者は人間の経験のもつ根本的且《か》つ相互補足的な二面を示すものである。科学的真理は東西ともに唯《ただ》一つである(9)」

人類を一つに結ぶ「架橋《かきょう》」としての科学的真理。その全体像に迫《せま》るうえでの東洋への着目であった。

アインシュタインの「人類の滅亡を防ぐには、偉大な精神文明の台頭《たいとう》が必要であり、私は、それを東洋に期待する」という指摘《してき》とも響《ひび》きあう卓見《たっけん》であろう。

このことで想起するのは、不確定性原理で知られるドイツの理論物理学者*ハイゼンベルクが、詩聖*タゴールと対話した際、量子力学の導きだす世界像とインド思想の世界観とがあまりにも近いことを知って目を瞠《みは》った、というエピソードである。

東と西、見つめるのは「同じ宇宙」であった！　——東洋の英知の光を目《ま》のあたりにしたハイゼンベルクの驚《おどろ》きと感銘《かんめい》は、いかばかりであったろうか。

私もまた、洋の東西や体制の違いを超えた科学的真理の交流が、新しきグローバリズムの源泉となり、平和創造の力となることを期待する一人である。

ただ先に述べたように、人類の諸問題は、「真理」と「価値」の二律背反《アンチノミー》という問題を深刻《しんこく》につきつけており、もはや科学的真理の探究《たんきゅう》が、人類全体にそのまま価値をもたらすという前提は成り立たなくなっている。

その意味で、個々の科学的知識をより豊かな「知恵の全体性」のなかに位置づけ、生かしていく土壌《どじょう》こそ必要とされている。私はそれを、東洋思想の真髄《しんずい》である仏法に求めたいのである。

真に科学をリードするもの

ともあれ、人間精神における科学と歴史の結合をめざすサートンの志は、また不断の精神闘争《とうそう》への決心でもあった。

「科学史は、迷信と無知《むち》の怠《なま》け者に対する、また虚言《きょげん》者と偽善《ぎぜん》者、詐欺《さぎ》者と自欺《じぎ》者に対する、また暗黒と不合理のあらゆる勢力に対する、決して止《や》むことのない長期戦の物語である」[10]

彼の真理への情熱は「人類の知的団結を破壊する者」への闘争《とうそう》心と一体であった。新ヒューマニズムとは、何より戦うヒューマニズムであった。科学はもとより、「学問」「真理」に生きるすべての人間が模範《もはん》とすべき態度であろう。

膨大《ぼうだい》な主著『科学史序説』はサートンの死によって未完に終わったが、丹念《たんねん》な資料収集にもとづく彼の業績は、二十世紀における、科学と人間をめぐる「止《や》むことのない長期戦」の嚆矢《こうし》となった。

彼の主宰《しゅさい》した研究誌『アイシス』が、よき継承《けいしょう》者を得て彼の死後も存続している事実は、何よりその象徴《しょうちょう》であろう。

科学とは何か、歴史とは何か、そして人間とは……と問い続けたサートンは、まことに「科学史家であることを通して人間《ヒューマニティ》を欣求《ごんぐ》する求道者」[11]（森島恒雄《もりしまつねお》）と呼ぶにふさわしい真率《しんそつ》の学究であり、科学の黄金時代の余光を浴びながら、大らかな「全人性」の讃歌《さんか》を謳《うた》いあげた戦人《いくさびと》であった。

私が『科学と宗教』を上梓《じょうし》したのは昭和四十年（一九六五年）のことである。同著では、天文・物理・生物・医学など各分野の知見を検証し、科学をリードしてゆく仏法哲理の卓越《たくえつ》性を論じた。

もとより、それは一つの手がかりとして編んだものである。十七世紀のデカルト*、パスカル*から近年のベルクソン*、ニーダム*らにいたる幾多の精神的営為《えいい》が物語るように、「科学と宗教」とは、人類が永遠に問い続けるべきテーマにほかならない。

恩師戸田先生は、さまざまな宗教を学んだ経験をとおし、非科学的な教義では現代人はとうてい納得《なっとく》しえないと述べ、「科学と相反せず、しかも科学的にして、実験証明のともなう、論理的な宗教こそ最高のものだ」と語っていた。日蓮大聖人の仏法こそ、真に科学をリードし、人間のための科学の曙光《しょこう》を輝《かがや》かせていく地平となるという確信であった。

その同じ信念から、私も科学について機会あるごとに発言を重ねてきた。

アメリカのポーリング*博士、ロシアのログノフ博士（モスクワ大学前総長）をはじめ、世界の多くの科学者とも対話を交わしている。ログノフ博士とは、現在、二番目の対談集『*科学と宗教』の編纂《へんさん》を進めている最中である。世界の知性と知性、良心と良心を結び、科学の進歩と人類の幸福に貢献《こうけん》できれば——。これが私の真情である。

恩師はよく「科学が進歩すればするほど、仏法の偉大さが証明されるであろう」と語っておられた。恩師の心とともに、私の生涯《しょうがい》はある。

▽——『科学史と新ヒューマニズム』からの引用（1〜4、6〜10）は森島恒雄訳（岩波新書）によった。また、（11）は同書の訳者後記、（5）はコンドー著『アインシュタイン物語』杉元賢治訳（東京図書）を引用および参照した。

「最極の宮殿」はわが胸中に

ミルトン『失楽園』

John Milton
(1608~1674)

恩師は、よく言われていた。

「青年ならば、苦労は買ってでもするものだ。苦労し、悩んでこそ、偉大な人間になれるのだよ」

その厳父《げんぷ》の声が、今も耳朶《じだ》に響《ひび》く。

昭和二十六年（一九五一年）の正月八日、私は「日記」にこう記《しる》している。

「帰宅、十時、読書、*ミルトン『失楽園』」

私は二十三歳。戸田先生のもとで働き始めてから、三年目を迎えていた。

前年から、先生の事業は深刻《しんこく》な苦境が続いていた。

「闇《やみ》が深いほど暁《あかつき》は近い」という。しかし、本当に出口の見えぬ、長く苦しい「深い闇」の時期であった。

同僚は次々に職場を去っていった。先生に司直《しちょく》の手が伸びる恐れさえあった。先生は万一のために、すでに創価学会理事長の立場も辞《じ》されていた。

しかし、激戦の矢面《やおもて》に立たれながら、まったく泰然《たいぜん》自《じ》若《じゃく》としておられた。偉大な先生であられた。

私は一人、青年らしく懸命《けんめい》に戦った。何よりも師を守るために、未来の突破口を開くために――。

同じ日、私は一詩を綴《つづ》った。

「苦しむがよい。／若芽が、大地の香りを打ち破って、／伸びゆくために。

泣くがよい。／梅雨の、彼方《かなた》の、太陽を仰ぎ見る日まで、／已《や》むを得まい。

悩むがよい。／暗き、深夜を過ぎずして、／尊厳《そんげん》なる、曙《あけぼの》を見ることが出来ぬ故《ゆえ》に」

闇は深かった。だが、師とともに、決然と進む胸中《きょうちゅう》には、希望の炎《ほのお》が燃えていた。

苦難は即《そく》幸福であった。

「無教会主義者」として

イギリスの詩人ジョン・ミルトンの代表作『失楽園』は、私の青春の思い出とともに、決して忘れることはできない。また、一九九〇年秋、オックスフォード大学の「ボドリーアン図書館重宝展」を八王子の東京富士美術館で開催したとき、ミルトンの最初の『詩集』が出品された。まるで「旧友」に再会したような感慨《かんがい》を覚えたものである。

『失楽園』は全十二巻（初版十巻）、一万五百余行におよぶ雄大《ゆうだい》な叙事詩である。同時代の詩人ドライデンは、往古《おうこ》の大詩人であるギリシアの*ホメロス、ローマの*ヴェルギリウスに比肩《ひけん》すると称《たた》えたという。

しかし、この畢生《ひっせい》の大作は、穏《おだ》やかな幸福の結果ではなかった。むしろ血涙《けつるい》しぼるがごとき苦悩の大樹に実った果実であった。ここに、私は惹《ひ》かれた。

青春時代のミルトンは、一言でいえば不断の「勉学の人」であった。十二歳以降、夜半まえに勉強をやめて寝たことはほとんどない、と述懐《じゅっかい》しているほどである。ケンブリッジ大学に学んだ後も詩作と古典文学研究に没頭《ぼっとう》。早くから「詩人」となるべき使命を感じていたようである。

二十九歳の時（一六三八年）、彼は勉学の総決算として、フランスなどへ赴《おもむ》く。イタリアでは、宗教裁判にかけられて幽閉《ゆうへい》中の天文学者ガリレオ・*ガリレイとも会見。自由を抑圧《よくあつ》する権威《けんい》への怒《いか》りは、彼の魂《たましい》深く刻《きざ》みこまれた。

旅行中、祖国の内乱の報が飛びこむ。国王*チャールズ一世は国教会と組んで国王専制を強め、議会に勢力を持つ清教徒を圧迫《あっぱく》。ついに双方、武器を持って立ち上がったのである。ミルトンは、自分だけ外国旅行はしていられないと、物情騒然《ぶつじょうそうぜん》たる祖国へ戻る。

一六四二年、*クロムウェルが兵を起こし、戦いの末、清教徒を中心とする議会軍が王党軍を撃破《げきは》。一六四九年には、共和制が実現する。こうしたなか、ミルトンも、革命を擁護《ようご》する数々の論説を発表。共和政府の秘書官にも就任《しゅうにん》し、「自由の戦士」として戦った。

みずから「左手の芸」と呼び、時に辛辣《しんらつ》をきわめた彼のパンフレットは、堕落《だらく》した教会制度の改革を主張したのに始まり、「宗教的自由」「言論・出版の自由」「市民的自由」等々、あらゆる角度から「自由」を訴《うった》えた。地上の楽園――「新しいイギリス」の到来を恋慕《れんぼ》するかのように。

ここで、ミルトンの宗教観について、一言ふれておきたい。「ミルトンは終りまで高貴荘厳《そうごん》なる無教会主義者であった(1)」――*内村鑑三《うちむらかんぞう》の評言である。それは峻厳《しゅんげん》なる清教徒という意味だけではあるまい。教会から破門されたトルストイ*が「神の王国は汝《なんじ》の胸中《きょうちゅう》にあり」と叫《さけ》んだがごとく、彼の眼《め》も「人間の内面」に注がれていたからだ。

ミルトンは、当時行われた宗教改革には満足しなかった。「宗教改革それ自身の改革(2)」さえ訴えていた。彼には、自分の信仰の「責任と義務」は「或《あ》る代理商、すなわち誰《だれ》か名が聞え尊信《そんしん》されているに違いない神学者(3)」などに任せてはならないものであった。

魂の救いの「責任と義務」は自身にある。これを放棄《ほうき》する「お任《まか》せ信仰」は人間としての「自由」を放棄《ほうき》するものだというのである。その叫《さけ》びは、三世紀半の時を超えて、現代の宗教の在《あ》り方をも問いかけている。

口述筆記された大叙事詩

やがてミルトンの身の上に、また共和政の上に、嵐《あらし》が襲《おそ》いかかる。彼の両眼の失明である。時に四十三歳、長年の過労のためであった。敵対者は「天罰だ」といって嘲《ちょう》笑《しょう》さえした。しかし、彼は「自分の運命を私は恥《はじ》とも思わないし、悔《く》いてもいない。私の決意は極《きわ》めて堅《かた》く、揺《ゆ》るぎないものである(4)」と毅然《きぜん》としていた。

苦難は続く。数年を経《へ》て、クロムウェルが死去。ここぞとばかり、王党派が勢いづく。ミルトンは懸命《けんめい》に共和制を弁護し、「自由の最後の言葉」を守りぬこうとした。だが、すでに時流は変わっていた。王政復古――一六六〇年五月、人民は、国外にいた*チャールズ二世を歓呼《かんこ》で迎える。革命は敗退した。

共和派への厳《きび》しい弾圧《だんあつ》の開始。ミルトンは危うく処刑を免《まぬか》れるが、著書を焼かれ、投獄《とうごく》もされた。二十年におよぶ「自由への戦い」は何だったのか。失望は深かったろう。家庭的にも不幸な出来事が続いていた。

しかし、信念は不動であった。否《いな》、現実への悲嘆《ひたん》と幻滅《げんめつ》を発条《ばね》にして、今や彼の「心の眼」は一段と浄化され、自身の真実を凝視《ぎょうし》していった。そのなかから、傑作《けっさく》の『失楽園』は生まれた。大叙事詩の執筆《しっぴつ》は、詩人の一生の宿願であった。

さらに『復楽園』、自分と同じ境遇の勇者を主人公にした『闘士サムソン』を発表。こうして晩年、三つの大作を完成させた。すべて口述筆記である。苦難に耐《た》え、「詩人」としてみずからの使命に殉《じゅん》じた生涯《しょうがい》であった。

その姿は、青年時代、私が愛した「波浪《はろう》は、障害に遭《あ》うごとに、その頑固《がんこ》の度を増す」という言葉を思い起こさせる。

サタンのサタンたる由縁

ミルトンの『失楽園』は原題を「パラダイス・ロスト」という。旧約聖書のアダムとイブの「楽園追放」を題材にしており、「神に対する人間の最初の叛逆《はんぎゃく》(5)」すなわち人間の「原罪」がテーマである。

いうまでもなくキリスト教の教義にもとづいた作品であるが、すでに「世界文学」にふさわしい普遍《ふへん》性と人間洞察《どうさつ》を具《そな》えているといってよい。とりわけ「人間とは」「自由とは」「幸福とは」「何が善であり悪なのか」などの問題を探究《たんきゅう》する彼の眼は、深く鋭《するど》い。そして「神と悪魔」「善と悪」「天国と地獄」といった二元的な問題が、人間心理の鋭い洞察に即しつつ、鮮《あざ》やかなコントラストをもって描《えが》きだされている。ここでは、世界の青年が共有する文学作品として取り上げたい。

さて、詩人は、ある文書のなかで、若き日からずっと「神的なものであれ人間的なものであれ、何が法であるか(6)」を探究してきたと述懐《じゅっかい》している。どこか「天道、是《ぜ》か非《ひ》か」を究《きわ》めようとした中国の*司馬遷《しばせん》にも通ずる執念《しゅうねん》が感じられてならない。

『失楽園』は、聖書で「人類の祖」とされるアダムとイブの男女が、サタン（悪魔）の誘惑《ゆうわく》により、神の教えに背《そむ》き、楽園のエデンを追放される悲劇を描いている。天国や地獄の模様、アダム以後の人類の歴史など、さまざまなエピソードが織りこまれてはいるが、中心は「楽園喪失《そうしつ》」の物語にある。

ミルトン描くサタンは、きわめて異彩《いさい》を放っている。ダンテ*の『神曲』などの古典的な悪魔とまったく異《こと》なった文学的造型は、多くの読者の興味《きょうみ》を引きつけたものである。サタンは元来、神のもとにあって、非常に高い地位を占めていた天使であった。多数の天使を引き連れ、神に反逆《はんぎゃく》したが、大敗を喫《きっ》して、地獄に堕《お》ちたのである。しかし、彼は懺悔《ざんげ》などしない。「一敗地《いっぱいち》に塗《まみ》れたからといって、それがどうだというのだ？[7]」――こう、傲岸不遜《ごうがんふそん》に叫《さけ》び、再度、神との戦いへと手下どもを煽動《せんどう》する。

そして、地獄に建設された「万魔殿」に集《つど》い、神が新しく創造した「人間」たちの新世界（地球）を襲《おそ》い、神の計画を邪魔《じゃま》してやろうと謀議《ぼうぎ》をめぐらす。結局、サタンが単身、新世界の探索《たんさく》に出発する。

さて、サタンが堕天使《だてんし》に神への逆襲《ぎゃくしゅう》を訴《うった》える印象的な場面がある。「彼は、三度、口を開いて語ろうとし、三度、涙に咽《むせ》んだ[8]」と。抑《おさ》えきれぬ感情の発露《はつろ》に、一種、血の通った人間性を感じさせる。しかし、だまされてはならない。「そこがサタンのサタンたるところ[9]」（矢内原忠雄《やないはらただお》）なのである。人間を「誘惑」する魅力《みりょく》もなく、鬼面《きめん》人を驚《おどろ》かすだけの存在であれば、どうして神の強力な「敵対者」たりうるか。
ミルトンの、まことに鋭利な描写《びょうしゃ》である。ちなみに、サタンとは文字どおり「敵」の意味である。

ミルトンは冒頭《ぼうとう》、詩神に「願わくば、私のこの内なる暗きを／照明《てら》し、私のこの内なる低きを高め、支え給《たま》わらんことを！」(10)と呼びかけた。こうした「内なるもの」へ向かうまなざしは、彼の一貫した傾向である。「地獄」や「天国」のとらえ方についても、同様のことがいえると思う。

たとえば、新世界を眼前にしたサタンが、迷いを生じる有名な場面がある。

「ああ、わたしのこの惨《みじめ》さは何としたことか！　どこへ逃げたらこの無限の怒《いか》り、この無限の絶望から脱することができるのか？　どこへ逃げようが、そこに地獄がある！　いや、わたし自身が地獄だ！」(11)

苦悩の地獄とは、どこか外部にあるのではない。その生命の内部にある。幸福な楽園を眼前にして、「わたし自身が地獄だ」と悲痛《ひつう》な叫《さけ》びを上げるサタン。この「生命の内部」に光を当ててこそ、人間の幸不幸の本質も、見えてくるのであろう。

　ところで、なぜサタンは反逆者《はんぎゃく》となったのだろうか？　その「因」はサタンの矛《む》盾《じゅん》した心理の独白に明らかである。

「神に讃美《さんび》を捧げることは、辛《つら》いどころか全く易々《いい》たる恩返しであり、感謝を捧げることも全く当然なことであった！」「(＝にもかかわらず）余りにも高い地位に挙《あ》げられたために、わたしは服従を嫌悪《けんお》するにいたり、ほんのもう一歩高く昇れば、我こそは最高の者となれる（中略）と思った[12]」と。

　この慢心《まんしん》、傲慢《ごうまん》、不知恩《ふちおん》、わがまま、自己中心……まさに「反逆者」の心理を描《えが》き切った白眉《はくび》といえよう。また「こんな自分になったのも神のせいだ」と責任転嫁《てんか》する点も、そのとおりであろう。ミルトンは、ある天使の口を借りて、傲慢なサタンを、こう呵責《かしゃく》している。

「汝自身、自由な身どころか自分自身の奴隷《どれい》になっているではないか。（中略）汝は地獄を支配するがよい、まさに汝にふさわしい王国だからだ[13]」

「楽園」に着いたサタンは、自由な存在として造られたアダムとイブが、神から「知識の樹」の実を食べてはならない、と命じられていることを知る。そして、人間をそそのかして、この禁令を犯させようとたくらむ。

サタンは「蛇《へび》」の体内に入り、言葉巧《たく》みにイブを誘惑《ゆうわく》。ついに「禁断の実」を食べさせることに成功する。アダムはイブの致命的な「破戒」を知って愕然《がくぜん》とするが、彼女と運命をともにしようと覚悟する。神の禁令を破り、みずからも果実を食べる。これを人類の「原罪」とするわけである。また、サタンの誘惑と、たぶらかされる人間の心理の描写《びょうしゃ》は、まことに委曲《いきょく》を尽《つ》くしたものである。

さらに、ここには「人間の自由とは何か」という重大な問題が提起されている。ちなみに『失楽園』には「自由」という言葉が群を抜いて頻出《ひんしゅつ》し、類語を含めると七十七カ所にも上《のぼ》るそうだ。

「自由」はミルトンが生涯《しょうがい》、命をかけて守ろうとしたものであった。しかも彼は「自由は外よりも、われわれの内部に求めなければならない[14]」と知悉《ちしつ》していた。

むずかしい問題であるが、私は一つだけ指摘《してき》しておきたい。

ミルトンは「人間は元来、自由なものとしてつくられた」と繰《く》りかえし述べている。

しかし、「神への信仰」の象徴《しょうちょう》であった禁断の実を食べたことで、人間は「真の自由」を失い、「理性」ではなく「欲望」に従う奴隷《どれい》になってしまった。「内的な自由」が壊《こわ》れた以上、「外的な自由」もない。故《ゆえ》に「圧制は必ず存在する」と――。

　こうしたミルトンの洞察《どうさつ》は、たとえば文豪《ぶんごう》*ドストエフスキーなどが鋭《するど》く提起した「自由の背理《はいり》」、つまり過度の自由が逆に過度の隷属《れいぞく》をもたらすという問題についても、貴重な示唆《しさ》を与えてくれるかもしれない。ただ、それには「外なる神」ではなく「内なる法」への視座《しざ》が不可欠《ふかけつ》となろう。

「民衆の幸福」こそ真の目的

　罪を犯したアダムとイブは「楽園」を追放される。しかし詩人は、改悛《かいしゅん》したアダムに「真理のためには苦難に堪《た》えることこそ最高の勝利にいたる勇気そのものであり、信仰をもっている者にとっては死も永遠の生命にいたる門にすぎない、ということをしっかり学んでゆきたいと思います[15]」と語らせている。

そして二人は、「自分の内なる楽園を、遥《はる》かに幸《さち》多き楽園を」(16)求めて、新たに旅立っていくのである。追放ゆえに悲劇ではあるが、二人の心はもはや「悲劇的」ではない。このラストシーンを読みながら、イブの「破戒」を知ったアダムの絶望のつぶやきを想起した。すなわち「この寂《さび》しい荒涼《こうりょう》たる森……」と。彼の「内なる楽園」が壊れた瞬間《しゅんかん》、「外なる楽園」も幻《まぼろし》のごとく消え去り、荒涼たる風景に一変してしまったのである。

つまりミルトンは、胸中《きょうちゅう》に築かれた「内なる楽園」こそ、何ものにも崩されぬ「真の楽園」であり、それなくしては「外なる楽園」もありえないことを語ろうとしたのではないだろうか。そう考えるとき、ミルトンが生涯《しょうがい》かけて求め続けたものが、鮮《あざ》やかな輪郭《りんかく》をもって現れてくるように思えるのである。

かつて、戸田先生は「革命は幸福を追求することである」と教えてくださった。まさに人間の幸福こそ、民衆の幸福こそ、真の「革命の目的」であろう。そして、一人一人の胸中に「最極《さいごく》の宮殿」を築きゆくことが、これからの革命の指標とならねばならない。

革命期を生き、失明の運命と戦い、迫害《はくがい》と投獄《とうごく》など幾多の苦難と戦いつつ『失楽園』を謳《うた》い、人間の「内なる幸福の楽園」を謳ったミルトン。まさしく「革命詩人」の名にふさわしい詩人であった。人生そのものが「叙事詩」のごとき一生であった。

若き日のミルトンに、こんな印象的な言葉がある。

「もしも神の偉大な贈物の如《ごと》き知識と知慧《ちえ》が与えられておれば、一家族でも、一人でも優《ゆう》に一国を改革するにたる」[17]と。

ふと私は、「人間革命」というわが永遠のテーマに思いを馳《は》せた。

▽――『失楽園』からの引用（5、7、8、11～13、15、16）は、入手のしやすさも考慮し、すべて平井正穂訳の『失楽園』（岩波文庫）を用いた。その他の引用は、（10）は同書の解説から。（1）は『内村鑑三著作集』第十巻（岩波書店）、（2、3）はミルトン著『言論の自由』上野精一・石田憲次・吉田新吾訳（岩波文庫）、（4）は渡辺昇著『ミルトンと聖書』（開文社出版）、（6、17）は平井正穂著『ミルトン』（研究社出版）、（9）は『矢内原忠雄　土曜学校講義』第八巻所収「ミルトン『楽園喪失』I」矢内原伊作・藤田若雄編（みすず書房）、（14）は香内三郎著『言論の自由の源流』（平凡社）によった。また、これらのほか、才野重雄著『ミルトンの生涯』（研究社出版）などを参照した。

民衆に愛された哲人

エマソン『エマソン論文集』

穏《おだ》やかな太陽の光、楽しげな樹々《きぎ》のざわめき——。「ルネサンス・シティ」ボストンは、鮮《あざ》やかな錦繍《きんしゅう》に包まれようとしていた。

一九九一年（平成三年）九月、私はこの「アメリカの知性の都」を訪《おとず》れ、ハーバード大学の招聘《しょうへい》を受けて、「ソフト・パワーの時代と哲学」と題する講演を行った。

そのなかで私は現代世界の潮流として、軍事力・権力・富《とみ》といったハード・パワーに比べ、知識や情報・文化・システムなどのソフト・パワーがいちじるしく力を増しつつあることを指摘《してき》し、この時流を不可逆《ふかぎゃく》なものにしていくうえで最も重要な力は、

「内発的なるもの」にこそ求められなければならないことを訴《うった》えた。

「内発的なるもの」とは、どこまでも「人間」を、ひいては「生命」を根本に据《す》える透徹《とうてつ》した眼差《まなざ》しであり、そうした視座《しざ》を片時も手放さない逞《たくま》しき哲学であるといってよい。私は、その比類《ひるい》なき体現者の一人として、*エマソンを挙《あ》げ、彼の言葉を掲《かか》げた。

「私のうちに神を示すものが、私を力づける。私の外に神を示すものは、私を、いぼや瘤《こぶ》のように、小さなものとする(1)」


「コンコードの哲人」「アメリカ・ルネサンスの旗手」ラルフ・ウォルドー・エマソン。卓越《たくえつ》した思想家であり、哲学者であり、詩人であり、またよき教育者でもあった彼の著作は、私が青年時代に愛読した、忘れえぬ「友人」の一人である。いつでもひもとけるように、つねに近くの書棚《しょだな》に置いていたものである。

戦後の焼け野原のなかで、精神の飢《う》えを癒《い》やすかのごとく、いくどとなく頁《ページ》を繰《く》ったことが懐《なつ》かしい。

また、恩師戸田城聖先生からも、「エマソンは、しっかり読みなさい」と勧《すす》められた。エマソンの名とともに、そうした青春の日々が思い起こされる。

「変動する時代」の空気を吸って

十九世紀が開幕して間もないころ、エマソンは、ニューイングランドのボストンに生まれた。代々牧師を務《つと》めた由緒《ゆいしょ》ある家系で、父親も著名な牧師であったが、八歳のときに、その父が五人の兄弟を残して亡《な》くなり、苦しい生活を余儀《よぎ》なくされている。

当時のアメリカは、いわば「変化の時代」にあった。産業革命によって社会は大きく変わりつつあった。また、伝統的な宗教も、科学の発達などにより、しだいに崩《くず》れていった。エマソンは、そうした価値観が変動する時代の空気を呼吸しながら、育ったのである。

少年時代、彼に影響《えいきょう》を与えたものとして、温《あたた》かな母の愛情とともに、教育熱心な叔《お》母《ば》の存在が挙《あ》げられる。彼女は、幼《おさな》いエマソン少年に、「高い目的をかかげよ」「怖ろしくてできないと思うことを為《な》せ」「崇高《すうこう》な人格は必らず崇高な動機から生れる」(2)と、繰《く》りかえし教え諭《さと》したという。

後年、彼は、子どもを一個の人格として尊重した叔母の教育を「かけがえのない天の恵み(3)」と述懐《じゅっかい》している。

やがて、十四歳でハーバードに入学、古今の哲学や文学に親しんでいった。さらに神学部へと進み、二十五歳の若さでボストンの著名な教会（ユニテリアン派）の副牧師に就任《しゅうにん》する。ユニテリアン派とは、キリスト教の伝統教義である三位《さんみ》一体論に反対し、神性はあくまで単一であると主張する教派である。

彼の巧《たく》みな雄弁術は多くの人びとを魅了《みりょう》し、その名声は急速に高まっていった。ほどなく正牧師が病気のため引退し、教会の全責任は彼の双肩《そうけん》に委《ゆだ》ねられた。そのかたわらで、マサチューセッツ州議会上院の顧問牧師に選ばれ、ボストン教育委員にも選出されるなど、きわめて恵まれた人生の出航であった。

その順風にただ帆《ほ》をはるだけであったならば、哲人エマソンは誕生しなかったであろう。しかし彼の胸中《きょうちゅう》には、いかなる地位や名誉をもってしても、かき消すことができない「内なる声」が、絶えず響《ひび》いていた。

彼のめざしていたものは、牧師という職業ではなく、あくまでも宗教者としての真の務《つと》めであったのである。「内なる声」は、理想と現実のはなはだしい乖離《かいり》を、鋭《するど》く彼に告《つ》げていた。

当時の教会には、権威《けんい》によって課せられた「死んだ形式」が、根強くはびこっていた。また、孜々《しし》として集《つど》う貧しき人びとを見下すような空気も一部にあった。枯れ葉のごとく生命を失ったみせかけの儀式《ぎしき》ばかりで、自発的な瑞々《みずみず》しい信仰の精神は、すっかり色褪《いろあ》せていたのである。

「実践とはただの形式ではない」

あらゆる「宗教の権威」は「形式」を生み、その「宗教の精神」をみずから呪縛《じゅばく》していく――。これまでの歴史のなかで、さまざまな宗教が、そうした歩みを繰《く》りかえしてきた。そして、それは決して過去の出来事ではない。現代の宗教のあり方をも、厳《きび》しく問いかけている。

かつて私が対談した、今世紀最大の歴史学者*トインビー博士は、この点を深く洞察《どうさつ》し、語っている。

「歴史に名をとどめてきた宗教を滅ぼす一つの方法は、近代にとって受け入れがたくなっている形式のなかにこれを閉《と》じこめておくことだろう」と。

エマソンもまた、この方程式を十分に知悉《ちしつ》していた。それ故《ゆえ》、惰眠《だみん》を貪《むさぼ》る教会と妥《だ》協《きょう》することは、決してできなかった。彼の内なる炯眼《けいがん》は、幸福な結婚生活が妻の病死によりわずか一年半で破れたことや、愛する弟の発狂などの不幸を経《へ》て、ますます研《と》ぎすまされていった。

彼は、日記にこう記《しる》している。

「宗教も、無関心のために滅びるばかりでなく、頑迷《がんめい》のために見事に滅びてゆく(4)」

「私たちの内なる神が、神を礼拝するのだ(5)」

「自分は時々、自分が牧師をしていることにいちばん反発するのは、自分のいちばんよい部分だと考える(6)」

「立派な牧師になるには、どうしても、牧師の職を去ることが必要だと考えることが

あった。この職業は、もう時代後れだ。時代が変っているのに、われわれは祖先のすたれた形式で礼拝している」(7)

彼は、聖餐《せいさん》式にパンと葡萄《ぶどう》酒を用いることは廃止すべきであり、その儀式《ぎしき》の権威《けんい》を主張することもやめるよう、教会に提案した。教会側は、この改革案を拒絶《きょぜつ》。世論の騒然《そうぜん》たる賛否の嵐《あらし》のなか、彼は思索《しさく》を深めるために一人、山に登る。

みずからの「内なる声」に従うべきか、否《いな》か。激《はげ》しい葛藤《かっとう》のすえ、彼は、大いなる決断を下す。

「人間が心にいだく宗教とは軽信ではない。その実践《じっせん》とはただの形式ではない。それは一つの生命なのだ。人間の秩序《ちつじょ》と健全さだ。それは他から得たり、つけ加えたりされるものではなく、君がすでにもっている機能が、新しい生命を獲得することなのだ」(8)と。

この言葉にも表れているように、彼の求めた宗教とは、人格神への帰依《きえ》といった既《き》存《そん》の宗教思想に収まるものではなかった。今から百年まえ、日本でいち早くエマソンを紹介した明治の評論家・*北村透谷《きたむらとうこく》は、それを「自然教」と呼び、「彼は或《ある》意味に於《おい》ては無神論者なり、彼は屢《しばしば》『神』といふ語を人的神《パーソニハイド、ゴッド》と背馳《はいち》せる意味に用ひたり」『全《ホール》』なるもの、之《これ》を以《もっ》て神とせり(9)」と論じている。

すなわち、彼にとっての「神」とは、宇宙に躍動する根源的な法則であり、普遍《ふへん》的な精神に迫《せま》るものであったといえよう。

山を下りた彼は、真実の宗教者となるために、きっぱりと牧師職を退いた。二十九歳のときであった。彼は、その決意を一詩に託《たく》している。

私は自分から離れて生きることをすまい、
他人の目でものを見ることをすまい、
私の善は善であり、私の悪は悪なのだ。
私は自由になろう。他人がよろこぶようにものを考える限りは、
私は自由になり得ないのだ。
私はあえて自分の道を自分でつくろう(10)

ハーバード大学での講演の波紋

悪《あ》しき権威《けんい》の鉄鎖《てっさ》を断《ことわ》った彼は、一年間、ヨーロッパ各地を旅する。*カーライルと親交を結んだり、*コールリッジや*ワーズワースらと語りあうなど、有意義な時間をもったが、アメリカ以上に形骸《けいがい》化した宗教の実態には、失望せざるを得なかった。ローマで、ものものしい教会の儀式《ぎしき》に接した彼は、「このような小間物《こまもの》の飾《かざ》りと馬鹿殿《ばかとの》さま的精神虚弱《きょじゃく》の中には、真の威厳はない(11)」と一蹴《いっしゅう》している。

人類が求める新しい「精神」とは何か。それを指し示すのが私の使命である——。帰国した彼は、ボストン郊外の田舎《いなか》町コンコードに居を構え、いよいよ本格的な言論の闘《たたか》いを展開していく。

社会を、そして人間を変えていこうとする言論戦——。彼にとってその武器は、著作と講演であった。とりわけ講演は、彼の活動の中心ともいうべきもので、高齢のため動けなくなるまで、さまざまな場所を講演してまわった。まさしく、徹《てっ》して書き、語りぬいた「言論の人」であった。

戸田先生も、「未来を開きゆく私どもの運動は、思想戦であり、言論戦である。書きに書かねばならないし、喋《しゃべ》りに喋らなければならない」と、つねに、私たち青年に語っていた。私のこれまでの著作やスピーチの活動は、この恩師の遺訓を、私なりに深め広げてきたものである。

さて一八三八年、エマソンは、その宗教思想の集大成として、ハーバード大学神学部で講演を行う。有名な「神学部講演」である。招待に応じ、その年の卒業予定者たちに向けて語られたのである。

そのなかで彼は、教会が「宗教のための宗教」に堕《だ》して、「人間」を軽んじていることを、徹底的《てっていてき》に非難している。

「『教会』は、いのちの火もほとんどすべて消え失せて、ぐらぐらといまにも倒れそうに思えます[12]」

「説教壇が形式主義者に奪い取られると、礼拝者はいつも欺《あざ》むかれて、満たされぬ思いを感じてしまいます。祈りが始まると、とたんにわたしたちは畏縮《いしゅく》してしまいます。

何しろ祈りが、わたしたちを高めてくれず、打ちすえ、不快にするのです[13]」

「説教壇に立つことを天職とされながら、しかもいのちの糧《かて》を与えない不幸な人間は、まったく哀《あわ》れです[14]」

そして、教会に巣くう悪を取り除くために、こう結論し、訴《うった》える。

「救いは魂《たましい》にこそ求められねばなりません。人間が登場するところ、必ず革命が起こります。古いものは奴隷《どれい》のためにあるのです[15]」

「仲介者《ちゅうかい》もなくヴェールもつけずに、敢然と神を愛してほしい[16]」

「形式のいびつさを救うものは、第一に魂、第二に魂、そして永遠に魂なのです[17]」

なんという誇《ほこ》らかな宣言であろうか。そもそも人間の生命は、「宇宙」と対話し、「自然」と一体になりゆく大いなる広がりをもっている。過去・現在・未来という「永遠」を収め、他のあらゆる生命と繋《つな》がって、限りなき可能性に満ちあふれている。宗教とは本来、そうした生命の力を引き出すためにこそある。

この意味において、エマソンの叫《さけ》びはまさに、アメリカ・ルネサンスの到来を告《つ》げるにたる、英知と勇気の号砲《ごうほう》であった。

一方、「平凡《へいぼん》な講演」を期待していた神学部当局は、蜂《はち》の巣をつついたような騒《さわ》ぎとなる。神学部長は、この講演を愚劣《ぐれつ》な無神論と決めつけた。
また、多くの一般の人びとも、エマソンを不信心者・異教徒・危険分子などと口をきわめて攻撃《こうげき》し、挙句《あげく》の果てには、狂犬とののしる者もいたという。

この講演によって、彼は、その後三十年間にわたってハーバード大学神学部で講演することを禁止され、教会からも事実上、追放される形となった。

しかし彼は、それらの波騒《なみざい》を超然と見下ろしていた。「社会は自分を買収することはできない[18]」と。彼の胸中《きょうちゅう》には、普遍《ふへん》的精神と交信し直結する、わが「魂」が燦然《さんぜん》と輝《かがや》いていた。これだけは、何ものをもってしても侵《おか》すことはできなかったのである。

人間主義を宣した「自己信頼」の哲学

彼の思想の骨格をなす一つに、「自己信頼」の哲学がある。「神学部講演」にも表れているが、普遍的精神に連なる自己の魂以外には、いかなる権威《けんい》の介入《かいにゅう》をも認《みと》めない、大いなる人間主義の宣言である。

それは、「自己信頼」と題する一篇のなかに明快に記《しる》されている。ちなみに、この文章は、その思想の高邁《こうまい》さと卓越《たくえつ》した表現によって、エマソンの最も偉大な随筆の一つとされている。

彼は、高らかにうたう。

「自分自身を信ずることだ。この鉄絃《てつげん》のひびきがあってこそ万人の胸は打ちおののくのだ[19]」

「一個の人間になろうと思う人は、世間に迎合《げいごう》しない人にならなければならない。（中略）結局自分自身の精神の完全さ以外に神聖なものはない。自分自身にとってみずからを清浄潔白なものとすることである。そうすればその人は世界の賛同を得るであろう[20]」

いずれも、私が青年時代、繰《く》りかえし愛誦《あいしょう》した一文である。

幸福の宮殿はわが胸中《きょうちゅう》にあり、希望の泉はわが足下にある。戸田先生もよく、「青

年にとって大切なことは、自分の心を信じることだ。自分自身に生きよ。自分自身に生きる以外にはない」と語っていた。この恩師の言葉は、遺言のごとき響《ひび》きをもって私の胸に刻《きざ》まれている。

エマソンは、アメリカの「知的独立宣言」とされる歴史的な講演「アメリカの学者」のなかで、思想と行動の一致を論じている。

「行動が欠けていれば、学者はまだ一人前の人間ではありません。行動が欠けていれば、想念が熟して真理という実を結ぶことは絶対に不可能です[21]」と。

この言葉どおり、彼もまた言行一致の哲人であった。

「奴隷《どれい》制度、専横《せんおう》な政府、独占事業、圧政者などの主張を弁護する学者は、自分の職業を裏切る者である[22]」と叫《さけ》び、人間の魂《たましい》の尊厳を踏みにじる奴隷制度には、断固反対の声を上げ、多くの非難を押しのけて、その反対闘争《とうそう》に身を投じていったのである。

一八五〇年、あくまでも奴隷制を固持しようとする「逃亡奴隷法」が制定されるや、彼は、法科生のごとく法律の勉強に没頭《ぼっとう》し、悪法を糾弾《きゅうだん》する論陣を張った。

南北戦争時（一八六一年―六五年）にあっても、窮乏《きゅうぼう》する生活のなか、徹底《てってい》して奴隷解放を支持する言論戦を繰《く》りひろげている。

そして、*リンカーンが奴隷《どれい》解放宣言を行った一八六三年一月一日、彼は、祝賀音楽会の序曲として、自作の「ボストン賛歌《さんか》」を高らかに朗読した。

今日　捕われた者を解き放て
そうすれば　自由になるのだ
人びとを塵《ちり》のなかから抱きあげよ
彼等の救いのラッパを吹き鳴らせ！(23)

エマソンは、つねに温《あたた》かな人の輪につつまれていた。彼を慕《した》って、多くの人びとがコンコードを訪《おとず》れた。*ガンジーにも影響《えいきょう》を与えた思想家*ソロー、理想主義的な教育者*オールコット、宗教改革者の*チャニングらとは、一緒に森を散策しながら哲学や人生を語りあうなど、美しき友情の劇を残している。

晩年、彼は家を火災で失うという不幸に遭《あ》った。しかし、友人たちの真心により、わずか一年たらずで再築され、ヨーロッパの旅から帰国したエマソンを、市民たちは、あたかも凱旋《がいせん》将軍を迎えるかのごとく、鐘を鳴らし歓呼《かんこ》の声で歓迎した。

エマソンは、語っている。

「いっさいの門戸を押しひろげ、万人とともに味わい、万人につくす善だけが、本当に役に立つ美酒《うまざけ》なのだ[24]」と。

彼は、みずからの国土を愛し、町を愛し、家族を愛し、友人を愛し、そして人間をこよなく愛した。故《ゆえ》に、それらすべてのものから愛された。まことに、よきコスモポリタンとしての人格の光彩《こうさい》が鮮《あざ》やかに放たれている。

かつて、ハーバード大学のモンゴメリー教授と、エマソンについて語らったことがある。教授は、私の親しい友人であり、カリフォルニアにある「アメリカ創価大学環太平洋平和文化研究センター」の所長を務《つと》めておられる。

その折、教授は、エマソンが住んでいた簡素《かんそ》で小さな家が、今もそのままの形で残っており、当時の雰囲気《ふんいき》を伝えていることを紹介し、こう言い添《そ》えられた。

「じつはこのコンコードにも、他の地域と同じように、ホテルや店舗《てんぽ》の建設など開発の手が入ろうとしました。しかし、市民グループの行動によって、それが制限されるようになったのです」と。

民衆に生きる人は強い。民衆に愛される人は永遠である。ダイヤモンドのごときエマソンの生涯《しょうがい》は、私たちに限りない勇気を与えてくれる。

▽――エマソンの言葉からの引用は、おもに日本教文社刊『エマソン選集』（全七巻）と岩波文庫版『エマソン論文集』によった。（1）は『エマソン選集』第一巻の斎藤光訳、（4、5、8、10）は同第七巻の小泉一郎訳、（19、20）は同第二巻の入江勇起男訳、（24）は同第六巻の酒本雅之訳。（12～17、21）は『エマソン論文集（上）』酒本雅之訳。その他の引用は、（2、3）は斎藤光著の新英米文学評伝双書『エマソン』（研究社出版）、（6、7、11、18）はブリス・ペリー編『エマソンの日記』富田彬訳（有信堂）、（9）は小田切秀雄編『北村透谷集』（筑摩書房）、（23）は尾形敏彦著『ウォルドー・エマスン』（あぽろん社）によるほか、生駒幸運編『エマソン・自然と人生』（旺史社）、養徳社刊『アメリカの倫理』、尾形敏彦著『エマスンとソーロウの研究』（風間書房）などを参照した。（22）は以下の文献によった。*'The Man of Letters,'Emerson's Complete Works:Lectures and Biographical Sketches,vol.10,*edited by James Elliot Cabot,Houghton,Mifflin and Company.

「人間復興のエートス」を求めて

マックス・ウェーバー『宗教社会学論集』

Max Weber
(1864~1920)

妥協許さぬ孤高の姿勢

なぜ、学問を志すのか——そう夫人に問われた彼は、こう答えたという。

「自分がどれだけ堪《た》えられるかを私は知りたいのだ(1)」と。

学都ハイデルベルクでの学生時代に培《つちか》った果敢《かかん》さ、剛健《ごうけん》さを、終生の生活信条とした彼。学問の世界にあっても、妥協《だきょう》を許さぬ孤高《ここう》の姿勢を貫《つらぬ》いた雄々《おお》しさに、自立・自尊の「ウェーバー的主体」という言葉すら生んだ彼——今世紀を代表する政治・経済学の巨峰《きょほう》にして宗教社会学の先覚者*マックス・ウェーバーの、確かな輪郭《りんかく》を伝えるエピソードである。

「科学」と「技術」の目覚ましい発展に彩《いろど》られた十九、二十世紀。それは、ヨーロッパ文明の価値観が、世界を席捲《せっけん》した世紀であった。しかし、この時代、ヨーロッパの偉大な知性たちは、それを文明の「進歩」ではなく、「衰退」と「没落《ぼつらく》」の過程と見ていた。

科学・政治・経済——そうした「人間以外の力」の肥大《ひだい》が、ほかならぬ「人間」を圧倒し、「モノ化」するという危機感。ウェーバーも、その警世《けいせい》の鐘を打ち鳴らした一人であった。彼が〝近代の総括者《そうかつしゃ》〟〝一つの時代が終わろうとするとき、いつも現れてくるような人間〟と呼ばれるゆえんである。

昭和三十三年（一九五八年）一月、私は三十歳。いわゆる「而立《じりつ》」——「三十にして立つ」の歳《とし》を迎えたばかりであった。

それはまた、恩師戸田城聖先生ご逝去《せいきょ》の約三カ月まえでもあった。当時、先生のお体《からだ》は、衰弱《すいじゃく》の度を、ますます加えておられた。私の心は日夜、先生の枕頭《ちんとう》を離れることはなかった。ただ、ご回復を祈りに祈りながらの戦いの日々が続いていた。だが同時に、避《さ》けがたい運命の日が近づきつつあることもまた、私は胸中《きょうちゅう》深く実感せざるをえなかったのである。

戸田先生が、後事《こうじ》を託されようとしていた「広宣流布」の大事業――その一つに、日蓮大聖人の仏法を、社会の上に、どう展開していくか、という命題があった。

大聖人の仏法には、その信仰の純粋性と、人間変革・社会変革への求道の真摯《しんし》さ故《ゆえ》の、ある種の「激《はげ》しさ」がある。だが日本では、その「激しさ」という一面が誤解され、救世の大情熱も、狂信的なものとして錯覚《さっかく》されがちであった。戦前・戦中と、「日蓮主義」などという名のもとに、軍国主義の高揚《こうよう》に利用されてきたことも事実である。さらに戦後、恩師のもと「広宣流布」の本格的な前進を開始した創価学会に対しても、それと同種の批判が繰《く》りかえされていた。

その誤解の壁を打ち破りたい。大聖人の仏法が、時代・社会に開かれた、真実の「人間主義」の宗教であることを、ひろく世界に示したい、証明したい――恩師の胸《きょう》奥《おう》に秘められていた、そうした深いお心を、私はつねづね痛感していたのである。

そして恩師が私たち弟子《でし》に示された指針の数々を、具体的に、どう社会の上で実現しゆくかとの問いかけは、日を追って私の脳裏《のうり》に重さを増しつつあった。マックス・ウェーバーの『宗教社会学論集』も、そうした思索《しさく》のなかで手にした一書である。京都から舞鶴、大阪、堺《さかい》、岡山へと続いた激励《げきれい》行を重ねた汽車の旅での読書であった。

「人間」をいかに蘇生させるか

ウェーバーが宗教社会学研究の道を歩み始めた当時、ヨーロッパでは、マルクス主義に代表される唯物論《ゆいぶつろん》的な思想傾向が、思潮の主流を占《し》めたかの観があった。人間と社会の関係を、物質や経済的利害の側面からとらえようとする視角である。そうした時代に、彼が人間と社会を、あえて「宗教」の側面から描《えが》きだそうとしたのは、なぜか。

彼自身に即《そく》していえば、その家庭環境が挙《あ》げられよう。一家の気風は宗教的だった、とウェーバー夫人は伝えるが、政治家であった父は、享楽《きょうらく》を好み、内省的な生活とは、およそ無縁の人物であったようだ。一方、母は、夫とは反対に、信仰に深い安らぎを見いだす女性であった。最も身近な存在である両親の性格の違いに見た、「世俗《せぞく》的人生」と「宗教的人生」のコントラスト（対比）――それは少年ウェーバーの心に、「人生とは何か」「宗教とは何か」という問いかけの芽を、育《はぐく》んだといってよい。

もう一点は、近代の、いわゆる「神の死」とともに、「人間の危機」「文明の危機」が露《あらわ》になってきたという時代状況である。近代の出発において、人間は、永遠不変の実在としての神や、絶対的存在を問うことをやめた。人間は神と訣別《けつべつ》し、「独《ひと》り歩き」を始めたはずであった。だが、神という支柱を失った人間は、みずからの人間完成の軌道《きどう》を見失った。その一方で科学や技術、制度など「人間以外の力」に人間が支配される時代を招いてしまった。

「神の死」の顕在化《けんざいか》とともに到来した「人間の魂《たましい》の死」の危機。そこに「人間」を、いかに蘇生《そせい》させゆくか――生産力や生産関係を歴史哲学の根底におく唯物主義とは異《こと》なり、人間の内面そのものにかかわる宗教意識に即して歴史を描きだそうとしたウェーバーの試《こころ》みは、そうした時代認識と深くかかわっていたといえよう。

エートス＝「行為への実践的起動力」

「宗教社会学」――いうまでもなく彼は、宗教それ自体、たとえば教義の当否《とうひ》などを問うたわけではない。宗教が人生と社会にもつ意味の解明をめざしたのである。その分析《ぶんせき》の過程で生まれたキーワードは「エートス(2)」と呼ばれる。エートスとは、彼によれば、生活から独立・超越し、人間を外部から拘束《こうそく》する「規範《きはん》」ではない。人間の意識の背後に浸透《しんとう》し、内面化された「行為への実践的起動力(3)」を指すという。

では、宗教は、人間と社会に、どのようなエートスを与えてきたのか。とくに「経済倫理《りんり》(4)」の面で、どのような意味を生んだのか。彼は、ここに研究の座標軸《ざひょうじく》をおき、「世界宗教」の性格を探っていく。

まず彼が「現世肯定《げんせこうてい》の宗教」と呼んだ「儒教《じゅきょう》と道教《どうきょう》」である。儒教――それが「宗教」であるか否《いな》かは議論の分かれるところとして――は、現世の社会秩序《ちつじょ》を、「もともと正しきもの、良きもの」としてとらえ、その維持《いじ》に努《つと》める。自己の生活も社会の繁栄《はんえい》も、その前提の上に成り立つものとする。いわば「秩序形成《けいせい》のエートス」である。だが、それは、現世を固定化《こていか》してとらえるあまり、社会の停滞《ていたい》を招きがちであった。とともに現実変革への意識はつねに乏《とぼ》しかった。迷信や呪術《じゅじゅつ》で大衆をとらえた道教も、現世の秩序そのものにはふれない。むしろ儒教とあいまって、中国社会の固定化をいっそう強めたというのである。

　彼が「現世拒否《きょひ》の宗教」と位置づけた「ヒンズー教と仏教」は、どうか。彼も、西洋一般の知性と同じように、それらは、とりわけ瞑想《めいそう》的・神秘《しんぴ》的傾向の強い宗教と見ていたようだ。ヒンズー教にせよ仏教にせよ、政治・経済・文化など現世のさまざまな価値と深刻《しんこく》な対立を生みながら、みずからの観念《かんねん》的な「救いの世界」にとどまる。そこには、「無常《むじょう》の世界」にすぎない現世と積極的にかかわろうとする意識・意欲は生まれなかったとする。

　ウェーバーの関心を最もひいたのは「古代ユダヤ教」である。その宗教意識の特徴は、「禁欲《きんよく》」と「勤労《きんろう》精神」にあった。彼は、ここに注目する。そして、勤労精神を通じて民衆の社会意識を覚醒《かくせい》し、社会への参加を促《うなが》すというエートスが、中世キリスト教、プロテスタンティズムへと流れるヨーロッパ宗教史を貫《つらぬ》いてきたと見たのである。

ヨーロッパの宗教、とりわけプロテスタンティズムの世界観によれば、現世は「神に与えられたもの」である。故《ゆえ》に人びとは、神の意思に沿《そ》うよう社会を変革し、造《つく》りかえることも辞《じ》さない。神をたたえ、神の栄光を増すためであれば、自己の生活と社会を、神の国に近づけることに努《つと》める。

ウェーバーは、そうした社会変革への積極性・能動《のうどう》性こそ、他に例をみない、ヨーロッパ独自の宗教意識であるとした。そして、その激《はげ》しい「現実変革のエートス」あればこそ、ヨーロッパが世界で唯一《ゆいいつ》、「普遍《ふへん》的な近代文明」を築き、世界を制覇《せいは》しえたのだと結論したのである。

だが、その「普遍的な近代文明」にも、すでに衰退の黄昏《たそがれ》が迫《せま》っていた。ウェーバーが、『宗教社会学論集』の諸考察を発表したのも、ヨーロッパが第一次世界大戦の暗雲につつまれていた時期である。ヨーロッパに育った近代文明の価値観は、その巨大な歯車ゆえに、未曾有《みぞう》の世界戦争というブラックホールのなかへ身を投じつつあった。

近代ヨーロッパの物質文明は、ウェーバーの考察によれば、キリスト教による「変革のエートス」によって築かれたものであった。それは、もともと、より良き社会の実現へと限りなく高められるはずのものであった。にもかかわらず現れてきた文明の衰弱《すいじゃく》――その原因は、どこにあったのか。

結論的にいえば、それは本来、キリスト教の世界観それ自体に、はらまれていたといってよい。なぜならプロテスタンティズムにせよ、ピューリタニズムにせよ、その「変革のエートス」とは、あくまでも「神への奉仕」を第一義とし、「人間」そのものには、二義、三義的な意味しか与えていなかった。科学や経済合理性、官僚制《かんりょう》など、「人間以外の力」の肥大《ひだい》とは、まさに、その盲点に生まれたものではなかったか。

とともにウェーバーは、宗教の精神性と切り離された文明が、やがて失速《しっそく》していく、という予感をもっていた。彼は『宗教社会学論集』でも、圧巻《あっかん》の一章とされる「中間《ちゅうかん》考察(5)」で、「知性」と「宗教」の相克《そうこく》の果てに「知性」が勝利をおさめるであろうと想定する。そこで宗教は非合理なものとして退《しりぞ》けられ、排除される。だが宗教に勝利し、「世界」をその手中にしたはずの「知性」もまた、破綻《はたん》していかざるをえまいと記《しる》したのである。

「人間のための宗教」が未来を拓く

私は、一九九三年一月末から二月はじめ、南米訪問に先立ち、一年四カ月ぶりにアメリカを訪《おとず》れた。アメリカが直面する問題の一つに、「労働倫理《りんり》（ワーク・エティクス）」の問題があるが、ウェーバーは早くから、その背後に隠されている病理を、見すえていた。

病《やまい》のため教職を退いていた一九〇四年、彼は夫人とともにアメリカを旅した。巨大な生産力、経済力の台頭《たいとう》とともに、急速に発展しつつあった今世紀初頭のアメリカ。そのバイタリティーあふれる社会と国民性の背後に彼は何を見たか。それは社会を貫《つらぬ》く「経済合理性」の巨大さ故《ゆえ》の精神性・倫理性の稀薄《きはく》化の兆《きざ》し——人間精神の退廃《たいはい》の予兆《よちょう》であった。そこに彼の先見の眼の鋭《するど》さがあった。

ヨーロッパ文明の危機は、ほかならぬ、その文明を生んだキリスト教的エートスに、はらまれていた。だが文明は、確たる宗教的精神なくしては破綻せざるをえないということも事実である。「人間の復興」を希求《ききゅう》しつつも、そうしたジレンマの前に立ちどまらざるをえなかったウェーバーの苦悶《くもん》は、それまでの「神のための宗教」の限界を超克《ちょうこく》する新しき世界宗教――「神」ではなく「人間」へと向かう「人間のための宗教」の光を模索《もさく》していたとはいえまいか。

イギリスの世界的な天文学者であるフレッド・ホイル博士は、博士の愛弟子《まなでし》でもあるウィックラマシンゲ博士と私との対談集（『「宇宙」と「人間」のロマンを語る』毎日新聞社）に、序文を寄せてくださった。そこで大要、こう述べておられる。

――キリスト教に代表されるヨーロッパの宗教は、人類を取り巻く「宇宙」と「世界」を狭《せま》くした。「宇宙」と「世界」、「宇宙」と「人間」を分断した。長い間、宗教によって狭《せば》められ、歪《ゆが》められてきた宇宙観・世界観――そうした「閉《と》じた箱」には、もはや活力も、新しい発見もない。今後は、宇宙と世界と人間を結び、つつみこむ新しい宇宙観、新しい価値観の枠組み――「開いた箱」こそが必要なのだ、と。

博士の言葉もまた、「宗教のための宗教」――「人間」という、奉仕すべき目的を見失った「転倒《てんとう》の宗教」への痛烈《つうれつ》な批判であろう。そうした「閉《と》じた箱」の宗教が織《お》りなしてきた歴史に、人類は最早《もはや》、こりごりしている。求められるべきは「開いた箱」の宗教――人間と社会、世界を結ぶとともに、どこまでも「人間への奉仕」を根底に据《す》えながら、ひろく社会の進歩と向上をリードしゆく「人間のための宗教」であろう。

また、時代はつねに動いている。社会は激変し続けている。そして、実社会に生きる人間は、限りなく多様多彩である。博士も指摘《してき》されるように、その千変万化の変化相に即応する、ダイナミックな世界観・社会観・人間観を示してこそ、宗教本来の価値があろう。その意味で、時代と社会に目を閉じ、その要請《ようせい》に応《こた》えられない教えや教団は、いつか流れもよどみ、衰亡せざるをえない。今も、私たちが眼前にしているとおりである。

物質文明のなかで衰弱《すいじゃく》しきった人間の精神を復興し、真の「人間の世紀」を開きゆく「人間のための宗教」への道。また、政治・経済・文化をはじめ、あらゆる分野を、「人間のための宗教」の価値の光で照らしゆく、「宗教と社会」の架橋《かきょう》作業——私は書を閉じつつ、仏法の壮大な「人間主義のエートス」の可能性の未来に、あらためて思いを巡《めぐ》らせていた。

　ともあれ、物質文明の冷笑《れいしょう》的な歯車に押し潰《つぶ》されるかのような時代に、人間の「生」の蘇生《そせい》を求めたウェーバーの叫《さけ》び。それは、従来の「世界宗教」の限界を超えて、人間と社会と世界を結びゆく仏法の哲理とも、深い共鳴の和音を響《ひび》かせている。「神」から「理性」へ、そして「人間」「生命」へと向かう、人類と文明の巨視《きょし》的な流れを、はるかに望んでいたかのごとく。

　ドイツ敗戦後の混乱期に迎えた最晩年——彼は、長く遠ざかっていた教壇に、ふたたび立つことを決意する。病《や》み疲れた身を、学生との交流と討論の第一線にさらそうと立ち上がる。

「人間復興の時代」の黎明《れいめい》を探し求めた彼の精神の軌跡《きせき》に、人生の最後の炎《ほのお》を、青年たちの未来のために燃焼しようとした恩師の姿が重なる。——その風貌《ふうぼう》は、今なお、精神の「新しきエートス」創造への情熱を訴《うった》えてやまない。

――車中の思索《しさく》は、いつしかウェーバーとの「対話」から、ふたたび病篤《やまいあつ》き恩師の元へと戻った。恩師の示された、「社会」と「世界」への大道――その本格的な戦いの歩みを進める時は、刻一刻と近づいていた。

▽――『宗教社会学論集』からの引用（3～5）は、大塚久雄・生松敬三訳『宗教社会学論選』（みすず書房）によった。（1）はマリアンネ・ウェーバー著『マックス・ウェーバー』Ⅰ、大久保和郎訳（みすず書房）、（2）はラインハルト・ベンディクス著『マックス・ウェーバー』折原浩訳（中央公論社）から引用したほか、前掲『宗教社会学論選』、住谷一彦著『マックス・ヴェーバー』（日本放送出版協会）、住谷一彦・小林純・山田正範著『マックス＝ヴェーバー』（清水書院）、青山秀夫著『マックス・ウェーバー』（岩波書店）等を参照した。

「権威への信仰」を打ち砕く革命

イプセン『人形の家』

Henrik Ibsen (1828〜1906)

「生きた精神」との交流を求めて

青年は「希望の声」を求めている。「魂《たましい》の声」に敏感である。フランスの作家ロマン・ロラン*も、人生と芸術に悩む、そんな無名の一青年であった。彼は、老トルストイ*に指針を求めて手紙を書き、慣れないフランス語で返事を寄せて励《はげ》ましてくれたトルストイを、生涯《しょうがい》の師と仰《あお》いだ。

そのロランには、もう一人、手紙を送り、精神の救いを求めた「希望の人」がいた。

「近代演劇の父」とされるノルウェーの劇作家*イプセンである。

「私は一人です（中略）ときどき、ひどい孤独感に困惑して、われながら、どうにもならなくなります。本能的な動作で、あなたの方に手を差しのべることをお恕《ゆる》しください（中略）世界の生気《せいき》のない、騒《さわ》がしい沈黙のなかで、言葉の下にある生きた精神を聞きわけることのできる人に言葉をかけることは一つの慰《なぐさ》めであります[1]」

二十八歳のロランが、晩年にさしかかった六十六歳のイプセンに、どれほど深い信頼と敬慕《けいぼ》の念を寄せていたか。のちにロランは「彼は半《なか》ば不随《ふずい》になった手で、私が入りつつあった若々しい戦闘を祝福した[2]」と回想しているが、イプセンもまたロランに全魂《ぜんこん》の返事を書き、「希望の声」で応《こた》えたのであった。

かつて、恩師戸田城聖先生を囲んでの勉強会で、イプセンをめぐり語りあったことがある。そのときの教材が、代表作『人形の家』であった。

「男は強いばかりが能じゃない。横暴《おうぼう》になるのでなく、たまには、こういう本も読みなさい」と、恩師は言われた。女性解放について、また微妙な女性心理・男性心理の綾《あや》までも、屈託《くったく》なく語ってくださった。

聞いていて、思わずうなずいてしまう人物観察の妙。その奥に、人間存在への深い洞察《どうさつ》が光っていた。ロランと同じく、現実の悩みと格闘し、「希望の声」を求める青年たちが、限りない安心と活力を得た「生きた精神」の交流。それが戸田先生との語らいであった。

少年期に培われた革新の気質

ヘンリク・イプセンは、南ノルウェーのシーエンという小さな町に生まれた。父は、木材などを扱う商人で、羽振りもよく、町の名士たちを、しばしばパーティーに招いたりして派手《はで》な社交生活を送っていた。しかし、父の浪費癖《ろうひへき》と投機の失敗のため、一家は、イプセンが十歳にならないうちに破産。家屋や倉庫・家畜まで売り払《はら》って郊外に移り、ついには、かつて自分が持っていた家を借りて住む状態にまで落ちぶれた。

再起ままならず酒に走る父。じっと耐《た》え忍びながらも新生活になじめず、無口になっていく母。イプセンは学校の成績もふるわず、語りあえる友もない。十五歳になって、薬局の見習いに出されたが、仕事の合間《あいま》をみては、独《ひと》り空想にふけるばかりだったという。

その一方、地方新聞に風刺《ふうし》詩や、町の名士を揶揄《やゆ》した漫画を投稿したりする。あまりの辛辣《しんらつ》さに嫌《きら》われることもあったが、幼少から得意だった文章や絵の才能を発揮《はっき》した。のちの作品に見られるような、社会の矛盾《むじゅん》を徹底《てってい》的に暴《あば》かずにはおかない革新的な気質は、この少年期に形成されたといわれている。

イプセンが、最初の劇を書き始めたのは、大学の医科を志望していた二十歳《はたち》の時。二年後、完成原稿を持って希望に胸ふくらませ、首都クリスチャニア（現オスロ）を訪《おとず》れた。が、出版社も劇場も冷たく拒絶《きょぜつ》。友人の援助で自費出版したものの、わずか三十部ほど売れただけで、世評には上《のぼ》らなかった。

友人の下宿に転がりこみ、予備校に入る。学資欠乏のため、水を飲んで空腹をしのぐ日々が続いた。やがて受験に失敗し、進学を断念。自分には作家の道しかないと深く自覚したのは、このときである。

「ぼくは芸術と愛でもって完全に自分の本領《ほんりょう》を発揮したい、そしてそれから……死にたい」(3)。同じころ、妹に語った言葉に、芸術の「戦人《いくさびと》」イプセンの原点を見る思いがする。

十九世紀の初め、ノルウェーは列強《れっきょう》によるヨーロッパ再編成の動きのなかで、デンマークの支配からスウェーデンの支配へと移された。イプセンが生きた時代は、このスウェーデンによる支配の一世紀と、ほぼ重なる。

二十九歳でノルウェー劇場の監督に招かれた彼は、外国文化に従属《じゅうぞく》しない、ノルウェー独自の国民演劇を確立《かくりつ》しようと尽力した。ノルウェーの文化の独立が、スカンジナヴィア諸民族の、真の「融合《ゆうごう》」と「共存」につながると確信していたからだ。しかし、現実は厳《きび》しかった。劇場は経済的に行き詰まり、五年後に破産。危機を訴《うった》える論文を発表し、国会にも援助を求めたが、無駄《むだ》だった。

やっとの思いで負債《ふさい》を片づけると、もはやノルウェーに、イプセンの安住の地はなかった。逃《のが》れるようにして故国を去り、デンマークを経《へ》てイタリアに入る。一時的な帰国を除き、以後二十七年間にわたる国外生活が始まった。

「ノールウェーにいたときは、いつも群衆の笑い者にされているような気がした」[4]と、彼はローマで語った。しかし、決して「逃げた」のではなかった。イタリアの地から『ブラン』『ペール・ギュント』というすぐれた作品を相次いで発表。その主人公に、ノルウェー人の偉大さへの希望をこめたのである。

彼は、民衆への「覚醒《かくせい》」の叫《さけ》びをやめなかった。彼にぶつけられた無理解の嘲笑《ちょうしょう》は、逆に彼の作品の「先駆《せんく》性」を証明した。

「この二作品の主人公こそノルウェー人の典型です」「イプセンの影響《えいきょう》を受けないノルウェー人がいたとしたら、それはいったい、どんな人間なのか想像すらできません」

現在、私と*対談集の編纂《へんさん》を進めている同国の世界的な平和学者ガルトゥング博士も、こう述べておられた。

欺瞞《ぎまん》を根源的に告発する姿勢

「北欧のイプセン」を「世界のイプセン」へと高めたのは、五十一歳の時の作品『人形の家』である。一八七九年、デンマークで初演された。
主人公は、小鳥のように愛され、平和な生活を送っている弁護士《べんごし》の妻ノラ。夫ヘルメルの病気を治《なお》そうと、父親の署名《しょめい》を偽造《ぎぞう》してまで借金をし、秘密のうちに返済しようとしていた。ところが、ある事件が起こる。署名の偽造をたてに貸し主に脅迫《きょうはく》され、借金の秘密を、ヘルメルが知ってしまったのだ。ヘルメルは、妻の苦衷《くちゅう》を思いやるどころか、自分の社会的地位が脅《おびや》かされることを恐れ、ののしる。夫にとっては、妻の真心より自分の名誉や世間体《せけんてい》のほうが大事であった。

このときノラは、はっきりと知る。自分がじつは夫に従属し可愛がられるだけの「人形」でしかなかったこと、また、ほかでもない自分自身が、三人の子どもを「人形」扱いしていたことを。そして、何より「人間」として生きたいと願い、子どもたちをも置いて、家を出ていく――というドラマである。

この作品は、発表されるや、世界各国で囂々《ごうごう》たる論議を呼び、婦人問題の書として取り上げられた。そして「結婚は神聖にして侵《おか》すべからざるもの」「家庭における夫の地位は不可侵《ふかしん》」という当時の社会通念を大きく揺るがした。〈『人形の家』の話いっさいお断《こと》わり」という貼紙をする家まで現われた〉[5]という。

日本初演は、明治四十四年（一九一一年）九月二十二日。この三週間まえには、日本で初めて、女性のみによる文芸雑誌『青鞜《せいとう》』が誕生した。「元始《げんし》女性は太陽であった」（*平塚らいてう）という普遍《ふへん》の響《ひび》きを帯びた、同誌の創刊宣言とともに、『人形の家』は日本においても、新しい女性の時代の到来を告《つ》げる象徴《しょうちょう》となったのである。

しかし世評《せひょう》というものがつねにそうであるように、『人形の家』が「ノラの家出は是か非か」といった類《たぐい》の、センセーショナルな論議の的にされたあと、あまり掘り下げられずにきた感は否《いな》めない。女性解放運動にしても、たんに制度や慣習からの解放、自由奔放《ほんぽう》さを追求するだけならば、権利の要求のみが自己目的化し、肝心《かんじん》の「人間の幸福」など、どこかへ忘れ去られてしまうだろう。

イプセンが問うているのは、もっと普遍的な課題ではなかろうか。結婚にかぎらず、近代人のあらゆる人間関係を蝕《むしば》んでいるある種の欺瞞《ぎまん》性に対する根源的な告発とはいえまいか。それは、のちに*ローレンスが「現代人は結び付きに耐《た》えられるか」として鋭《するど》く突きつけている文明の病理でもある。

ノラは「人形の家」に住む自分を「幸せな妻」であると疑わなかった。優《やさ》しい夫、可愛い子ども、日々の生活に事欠かぬ経済的ゆとり……、そうした日常性が、いかにもろいガラス細工《ざいく》のようなものであるかなど、いっさい疑ったこともなかった。

仏典には「無常《むじょう》の虎《とら》のなく音《こえ》は耳にちかづくといへども聞いて驚《おどろ》くことなし」（人生の無常は、獰猛《どうもう》な虎のように恐ろしいはずなのに、その「声」が近づいてきても、人は聞いて驚くことがない）とある。どんなに世の無常を聞かされても、自分のこととは、なかなか思えない。それが凡人の悲しさであるのかもしれない。

トルストイが『イワン・イリイチの死』に描《えが》きだしたのも、一つには、無常なるもののうえに築かれた人生の虚《むな》しさに気づきながら、それを認《みと》めまいと抵抗する人間の、極限の葛藤《かっとう》と苦悩であった。

地位・業績・世評……世間で一応の成功を収めた判事イワン・イリイチは、ある事故が原因で死の病《やまい》に臥《ふ》し、自分が拠《よ》って生きてきたところのものは何であったかと煩《はん》悶《もん》する。その果《は》てに彼は、それらすべてが、じつは「生をも死をも蔽《おお》いかくしていた恐ろしい巨大な欺瞞《ぎまん》であった(6)」という結論をみずからに下《くだ》すのである。

ノラを家出へと駆《か》りたてたのも「今までの生活はいったい、何だったのか」という、底知れぬ「喪失《そうしつ》感」「無常《むじょう》感」であったはずである。みずから、それと知らずにひたっていた華美《かび》の世界。夫の心ない一言で、その「無常」なることを骨身にしみて知ったときの衝撃は、彼女の価値観を一変させてあまりあった。

「運命」との戦いこそ「人間」の証《あかし》

ドラマの終盤、ノラとヘルメルのあまりにも有名なやりとり――。

「お前は自分の、いちばん神聖な義務を放棄《ほうき》するんだぞ」「夫と子供たちに対する義務じゃないか？」。家を出ようとするノラに、ヘルメルが言う。

「あたしには、同じように神聖な義務がほかにあるわ」

「そんなものはない。どんな義務だ？」

「あたし自身に対する義務よ」

「お前は何よりまず妻で、母親だ」

「あたしは、何よりもまず人間よ、あなたと同じくらいにね」[7]——

こうして、ノラは、必死に懇願《こんがん》し慰留《いりゅう》するヘルメルをふりきって、家を出る。この三幕の劇の終幕が、ノラが扉を閉める、ドンという重い音で締《し》めくくられているのは、作劇上の効果の点はさておき、何やら示唆《しさ》的である。重い音は、古めかしい因習《いんしゅう》的過去との断固たる訣別《けつべつ》ともとれるし、波乱の未来へのそこはかとなき予兆《よちょう》のようにも思える。ノラの旅立ちは、それほどに希望と不安が、未知の闇《やみ》の中で交錯《こうさく》しており、決して明るくはない。彼女は、いわば狂瀾《きょうらん》怒《ど》濤《とう》の逆巻《さかま》く大海へ、素手《すで》で乗り出していったといってよいのだ。幸福の果実もたわわな、新たなる「人間関係」を求めて——。

したがって、ノラのその後に大きな関心が寄せられるのも当然であろう。*魯迅《ろじん》は、教育を志す若い女性たちに「ノラは家出してからどうなったか」と題する講演を行っている。恩師も「この『人形の家』の続編をどう書くかが、問題だ。各人が自分で書くのだ」と言われ、女性たちの自立した生き方に、また青年たちに、限りない期待を寄せておられた。

「一人」の人間というものはない。「人」と「人」との間、すなわち「人間《じんかん》」が「人の世」を意味するように、人間は、人それぞれの繋《つな》がりから切り離されては生きていけない。信じ合う、愛し合うといった人間関係の機軸《きじく》を成す言葉にしても、当然のことながら複数の人間の存在を前提としている。そうした人間社会にあって、「妻」であり「母親」であるまえに「人間」でありたいというノラの問いかけは、いかなる意味を持つのか。むしろ、真実の「妻」となり「母親」となるために、「人間」であらねばならないといったほうが正しいかもしれない。

そうであるなら、「人間」であることの条件とは、「愛する」力、「信ずる」力を持つかどうかにあるといっても、決して見当違いではないはずだ。そして、こうした力ほど、心の容量の小さくなった近代人に欠落《けつらく》しているものはないように思われる。そのなかでの人間の芸術の運命――近代のすぐれた芸術家が一様に背負うことを余儀《よぎ》なくされた宿命的事情から、もちろんイプセンも例外ではなかった。彼の作品が晩年にいたるほどに、一面、悲観のトーンを深めているのも、それ故《ゆえ》であろう。

イプセン社会劇の凄《すご》みは、表面的には、婦人解放のようなリアルな社会問題を取り上げることによって、文明の深部《しんぶ》に巣くう人間の運命ともいうべきものと、四つに組んでいる点にあるように思えてならない。

真の解放は「自身」の革命によって

ヘルメルが骨がらみになっていたもの。イプセンは、その本質を「権威《けんい》への信仰」(作品の覚書き)と喝破《かっぱ》した。また、友人に宛《あ》てた手紙に、彼はこう記《しる》している。

「彼ら(=政治家たち)は単に政治面での、すべての表面的な特殊な革命を望みます。そんな革命なんて馬鹿げてます。大事なことは、人間の精神の革新です[8]」

イプセンが追求したのは、制度や法律といった外面の革命ではなかった。あくまで「人間の精神の革命」であり「人間の内面の解放」であった。「権威への信仰」が宿《やど》るのは人間の内部である。それを変革しないかぎり、いかなる解放も、幸福も成し遂《と》げられない。

人間の本源的な解放、すなわち「権威への信仰」を打ち砕《くだ》く革命は、「人間自身の革命」から始まることを、彼は見抜いていたのである。

この「人間の内面の変革《へんかく》」を、生命の次元にまで深く掘り下げ、「人間革命」の運動として具体的に示されたのが戸田先生であった。一人の人間における「人間革命」の波動が、一人また一人と覚醒《かくせい》させ、全人類の宿命転換《てんかん》をも可能にする一大潮流となりゆく方程式を、民衆のなかに、生活のなかに打ち立てられたのである。

恩師は昭和二十八年（一九五三年）、婦人部への指針として「婦人訓《くん》」を贈られたことも忘れられない。先生は、一人の婦人の決意を会合で聞かれ、その原稿を「わたくしに寄贈してほしい」と頼んで、原文のまま発表されたのである。「予《よ》が永《なが》らく願望せる婦人の確信と一致せり」と、先生は、その前文に記《しる》してくださった。

健気《けなげ》な庶民《しょみん》の発露《はつろ》をまっすぐに受けとめ、どこまでも大事にされる先生であった。崇高《すうこう》な「使命」に生きる女性の活躍を、誰《だれ》よりも深く信頼されている先生であった。

その恩師の姿を思い、私も十年後の一九六三年、婦人部の友の活躍をたたえる一文を贈らせていただいた。

「あなたたちは、庶民の生活法の哲学者だ」「あなたたちこそ真の女性解放の先駆者《せんくしゃ》だ」――この確信は今もいっそう、強く胸に響《ひび》いている。

ところで、イプセンの妻は、どんな女性であったか。興味《きょうみ》を抱《いだ》く人も多いだろう。名はスザンナといった。イプセンより八歳年下で、彼が三十歳のときに結婚した。二人は貧しかったため、二年以上も待って式を挙《あ》げた。一八五六年の婚約から一九〇六年のイプセンの他界まで半世紀、スザンナはつねに夫を助け、励《はげ》まし続けた。イプセンが詩作のペンをおいたまま怠《なま》けて、画《え》を描《か》いていたりすると、彼を机に連れ戻し、仕事を続けさせたという。

イプセン自身も「彼女は正《まさ》にわたしにとって必要な性格の持ち主だ。非論理的ではあるが、強烈な詩的本能をそなえ、物の考え方が雄大《ゆうだい》で、つまらない心配をするのが大嫌《だいきら》いだ(9)」と書いている。

彼は、「男にない天才的な本能が女性にそなわっている(10)」と信じていた。公衆の前でも同様に語っていた。彼がそう確信したのは、賢明《けんめい》な妻に対する、心からの尊敬と信頼があったからにちがいない。

哲学を求め、哲学によって輝く

女性の力は大きい。可能性は計《はか》りしれない。女性の特質が存分《ぞんぶん》に発揮《はっき》されていけば、行き詰《づ》まった男性中心社会で喘《あえ》ぐ男性をも解放することになろう。そうなれば男性の持ち味も、もっと生かされるにちがいない。「女性の解放」は「人間の解放」の半分ではない。その重みは「全体」にも匹敵《ひってき》することを知らねばならない。
「女性の時代」はまた「哲学の時代」である。哲学を求め、哲学によって輝《かがや》き、その事実の姿への信頼・共感が人間を結ぶ。

その広がりが世界をつつみ、時代を励《はげ》ましゆく未来を思うとき、そこに豁然《かつぜん》と開かれた「人間革命」の大道を、イプセンも満面《まんめん》の笑《え》みを浮かべて闊歩《かっぽ》している姿を、私は確信をもって心に描《えが》かずにはおれない。

――ノルウェーの独立（一九〇五年）を見届けるかのように、その翌年、イプセンは七十八歳で生涯《しょうがい》の幕を閉《と》じた。オスロにある彼の墓には、ハンマー（鉄槌《てっつい》）のしるしが刻《きざ》まれている。

「重き槌《つち》よ、われに道を開け。山の心室《しんしつ》に到達するまで」(11)——若き日にイプセンが書いた「鉱夫」という詩の一節である。墓の鉄槌は、それを表したものだという。

イプセンの作品は、作者が「退場」してしまってからも、人間社会の矛盾《むじゅん》の山に、容赦《ようしゃ》なく「鉄槌」を下《くだ》し続ける。粉々《こなごな》になった人間と人間をどう結びなおすか。そこに道を開く次なるドラマは、恩師が語ったように、今に生きる私たちが「自分で」綴《つづ》り、演じるしかないのだ。

▽——『人形の家』からの引用（7）は、原千代海訳『イプセン戯曲全集』第四巻（未来社）、詩「鉱夫」（11）は小山内薫訳によった。イプセンの言葉・生涯については、（3、8）は評論社「カラー版　世界の文豪叢書」のロベルト・カルーシ著『イプセン』平田隆一訳、（4、5、9、10）は『人形の家』林穣二訳（旺文社文庫）の解説から引用したほか、前掲『イプセン戯曲全集』の解説等を参照した。また、ロマン・ロランの言葉は、（1）は宮本正清・蛯原徳夫訳『書簡Ⅳ』（『ロマン・ロラン全集㊱』所収、みすず書房）、（2）は宮本正清・片山敏彦・蛯原徳夫訳『自伝』（同⑰所収）による。トルストイ著『イワン・イリイチの死』（6）は中村白葉訳、『トルストイ全集』第九巻（河出書房新社）所収。

偉大なる魂の継承劇

プラトン『ソクラテスの弁明』

Platōn (427~347 B.C.)

弟子の〝大闘争宣言〟の書

*プラトンの著作なるものも何ひとつ存在しないわけだし、また将来も存在しないでしょう。そして今日プラトンの作と呼ばれているものは、理想化され若返《わかがえ》らされた*ソクラテスのものに、ほかなりません(1)。

プラトンの書簡《しょかん》の有名な一節である。厖大《ぼうだい》な著作のなかで、プラトンがみずからの名を使っているのはたったの三度。彼の対話篇には、師ソクラテスがあらゆる場面に登場し、生きいきと語っている。よく知られているように、ソクラテス自身の著作は一つとして存在しない。弟子《でし》プラトンは、みずからは陰に徹《てっ》して、黙々《もくもく》と筆を走らせた。そして見事に「人類の教師」たる大哲学者ソクラテスの姿を結実させ、永遠の歴史にとどめたのである。

ソクラテスなければプラトンがなかったように、プラトンなければソクラテスも、人類の血液に滋養《じよう》を贈ることはできなかったであろう。

昭和三十七年（一九六二年）二月、私はアテネを訪問した。何人かの友とともに、アクロポリスの丘《おか》にのぼり、一望したアテネの壮麗なる景観は、今なお忘れられない。ソクラテスとプラトンの師弟《してい》が、行き交《か》ったであろう古代の街並みを思い描《えが》きながら、しばし語りあった。ソクラテスの人生最後の劇ともいうべき裁判も、このアテネが舞台である。

プラトンの初期対話篇に属する『ソクラテスの弁明《べんめい》』では、いうまでもなくアテネの権力者の一派に告発されたソクラテスが行った弁明が書かれている。

「知りえたかぎりにおいて、まさに当代随一《ずいいち》のひとともいうべく、わけても、その知《ち》慧《え》と、正義において、他に比類《ひるい》を絶したひと(2)」たるソクラテスをアテネはいかに遇《ぐう》したか。それは死刑であった。彼の書簡《しょかん》でみずから綴《つづ》っているように、師の殉難《じゅんなん》はプラトンにとっては、あまりにも大きな衝撃であった。

彼はこの事件を機に、人生のコースを大きく変える。師の教えに殉《じゅん》じ、師のために戦いぬいたプラトンの生涯《しょうがい》の原点は、ここに深く打ち込まれた。その意味で『ソクラテスの弁明《べんめい》』は師の正義を、満天下に示しゆく声明であるとともに、師を殺した悪に対する、弟子《でし》としての大闘争《とうそう》宣言ともいえよう。『弁明』の最後に、ソクラテスはこう語る。

「私を死刑に判決した諸君、諸君には私の死後ただちに、諸君が私を死刑にすることによって私に加えた復讐《ふくしゅう》のようなものよりも（中略）もっとはるかにひどい復讐がやってくるだろう(3)」と。

ソクラテスには信ずる青年がいた。後事《こうじ》を託《たく》し、何ら心配することのない弟子がいた。そしてこの期待に応《こた》えんと、プラトンは炎《ほのお》の心でペンをふるった。

師の心を、わが心として

八十年にわたるプラトンの生涯は、栄光の都アテネの没落《ぼつらく》の過程と一致している。生誕《せいたん》は紀元前四二七年といわれる。この年は、ギリシアの世界を二分したペロポネソス戦争が始まってから四年目のことである。以後、二十余年間、戦争は続く。野蛮《やばん》と憎悪《ぞうお》の悪循環のなかで、人びとは人間らしさを急速に失っていく。「徳」、「知」はかえりみられず、「力」だけがものをいう社会となっていった。

不幸にも、アテネに蔓延《まんえん》した疫病《えきびょう》は、市の人口の三分の一を奪った。この疫病によって、アテネの黄金時代を築いた英雄ペリクレスも病死する。

プラトンの青春時代——それは、こうした荒廃と苦悩に呻吟《しんぎん》する人びとのなかにあった。多感な青年が、確かなる人生の師を、心から求めていたであろう心情が迫《せま》ってくる。

プラトンがソクラテスと出会ったとき、何歳であったかは諸説あるが、本格的に師事したのは、二十歳《はたち》前後のことであった。ソクラテスの刑死が、プラトン二十八、九歳のことであるから、師弟《してい》の交《まじ》わりは約十年のこととなる。

ソクラテスとプラトン——二人の巨人の語らいが、どのようであったか。『饗宴《きょうえん》』には、一人の登場人物がソクラテスの話を聞いたときのことをこのように語っている。「激《はげ》しく僕の心臓は跳り、またこの人の言葉によって涙は誘い出される。そして他の非常に多くの人々も同一のことを経験するのを見るのである」(4)と。

魂《たましい》と魂の轟《とどろ》きわたるような共振《きょうしん》——それは師弟という人間関係のなかにこそあろう。たとえ、いかに名をあげ、功なろうとも、師をもたない人生は寂《さび》しい。先日、中国の古くからの友人も語っていた。「師弟ほど強く美しいものはありません。簡単《かんたん》なようでいちばん峻厳《しゅんげん》です」と。

プラトンは、ソクラテスの感化《かんか》の力を「シビレエイ」にたとえている。「シビレエイが、自分自身がしびれているからこそ、他人もしびれさせる」(5)とは、ソクラテスが語った有名な一節であるが、まさに青年プラトンの闊達《かったつ》な魂は、ソクラテスに完全に「感電」したといってよい。

アテネの名門の出であったプラトンは、もともと政治家志望であった。身内にも多くの政治家がおり、実際に何度か、政治の場への参加を勧《すす》められたようだ。しかし、当時のアテネの政治家たちは、戦中から戦後の混乱のなかで、私利私欲にこり固まり、腐敗の極《きわ》みにあった。さらに打ち続く内部抗争は、青雲の志に燃える彼に、失望を与えるのみであった。「政治の道」から「哲学の道」へ、進路を変える決定的要因となったのは、いうまでもなく師の刑死である。プラトンは糾弾《きゅうだん》する。

一部の権力者たちが、ソクラテスを、「まったく非道きわまる、誰《だれ》にもましてソクラテスには似つかわしからぬ罪状《ざいじょう》を押しつけ、法廷へと引っぱりだし」(6)たと。「いちばん正しい人」を悪人として告発する社会、そして政治。すべてが正反対ではないか。恐るべき転倒《てんとう》ではないか。——その悪の根源に青年は眼を凝《こ》らしていった。悲嘆《ひたん》を力に変え、彼の真剣な思索《しさく》は、いよいよ深まっていったにちがいない。そして、こう結論する。すなわち、すべての正しいあり方というものは、哲学なくしては見極《みきわ》められない、と。

プラトンは師の跡《あと》を継《つ》ぎ、真実の哲学の確立《かくりつ》のため、人生を捧《ささ》げるのであった。プラトンは観念の人ではなかった。行動の人であった。正義の社会を築くため、東奔西《とうほんせい》走《そう》を続けたのである。

彼は学園アカデメイアの創立者でもある。教育に生涯《しょうがい》を捧《ささ》げるのも、師の志をともに分かち、ともに戦う同志をつくるためであった。

「その仕事（＝教育）こそ、すべての人が生涯を通じ、力のかぎり、やらなくてはならないもの」(7)——プラトンの最後の著『法律』の一節は私自身の一貫した信条ともなっている。

権力は正義と真実を恐れる

ソクラテスを告発したのは、メレトスという人物である。罪状《ざいじょう》は「国家の認《みと》める神々を認めず」「青年を腐敗させ」(8)たことであった。まったくの讒訴《ざんそ》であるこの告発の裏には、権力者の悪の画策《かくさく》があった。『弁明《べんめい》』のなかでソクラテスは「嫉妬《しっと》にかられて、中傷のため」(9)と喝破《かっぱ》する。

正義と真実の人を権力は恐れる。それは権力の前にひれ伏さぬからであり、権力を恐れぬからである。

裁判の陪審員《ばいしんいん》は五百人（五百一人との説もある）のアテネ市民であったが、数多くが権力側の息のかかった人間たちであり、裁判は、始まる前から公正さを欠いていた。ソクラテスも敗訴を予期せざるを得なかったろう。だが、彼はつねに悠然《ゆうぜん》と主張を続ける。陪審員たちにまったく媚《こ》びへつらわない姿は、逆に大いに反感をかい、罵声《ばせい》のなかで裁判は行われたのであった。

『弁明』は三十三章から成っているが、内容から大きく四段に分けられる。まず第一に訴状に対し、被告としてソクラテスが弁明する。それは告訴自体への弁明というよりも、みずからに向けられた悪感情がどれほど根拠のないものかを主張するものである。

「アテナイ人諸君、いまのこの弁明も、わたし（＝ソクラテス）がわたし自身のためにしているのだと思う人もあるかもしれないが、なかなかどうしてそんなものではないのです。むしろ諸君のためなのだ[10]」——と。

ここでソクラテスは、自分のことを「アブ」にたとえる。つまり、アブのようにポリスに付着し、人びとの眼を目覚めさせている、というのである。そして、自分は長年の間、自身のことも家族のことも顧《かえり》みることなく、いつもアテネの人びとのことをしていたのだと。

では、その活動とは何であったか。それは、知を愛し求めること＝哲学であり、魂《たましい》をすぐれたよいものにすることであった。そのために徹底《てってい》的に対話を続けたのである。ソクラテスは陪審員《ばいしんいん》に語りかける。

――あなた方が、こうした活動をやめるという条件で、わたしを無罪放免《ほうめん》にするとの提案をしたと仮定《かてい》しよう。私はたとえ何度か殺されたとしても、今の活動以外はしないだろう、と。

そして、「君たちは恥《は》ずかしくないのか」と、逆に陪審員を叱咤《しった》するのである。信念に生きる勇者には、死さえも行動を押しとどめることはできない。彼はことさら死を美化していたのではない。そうではなく、いかに生き、いかに死ぬか、その「いかに」こそが最重要であることを知悉《ちしつ》していた。

ソクラテスの強さは、どこにあったか。それは何によっても侵《おか》すことのできない基準をもっていたことにある。『弁明《べんめい》』の一節に「わたしには、死はちっとも（中略）気にならないが、不正不義は決して行なわない[11]」と。ソクラテスの基準は、みずからの信ずる正義に生ききることにあったのである。

魂と精神の目覚めのために

プラトンの思想のテーマの一つに、「正義と幸福」の問題がある。大著『国家』において、プラトンは〝正しい人は不正な人よりも幸福であるかどうか〟との命題《めいだい》を提《てい》起《き》する。そして、さまざまな対話を重ねつつ、〝最もすぐれていて最も正しい人間が最も幸福であり、最も劣悪《れつあく》で最も不正な人間が最も不幸である〟との結論を導き出すのである。ここでプラトンは、知において最もすぐれ、最も正しき人ソクラテスこそ、たとえ悲劇の最後であっても、最も幸福な人であったことを証明したかったのかもしれない。

さて、『弁明《べんめい》』の第二段は、投票により六十票の小差で有罪が確定し、死刑を求刑されたことを受けて行われる。当時のアテネの裁判所では、有罪判決の後、刑量《けいりょう》を決めるために被告からの申し出がなされるのであった。常識的な法廷のかけ引きでは、より軽い刑を申し出、許しを懇願《こんがん》すれば、情状酌量《じょうじょうしゃくりょう》で、死刑だけは避《さ》けられたであろう。しかし、ソクラテスはその常識を無視する。

彼はオリンピア競技の勝利者を、たとえにあげる。つまり、競技の勝利者は「幸福と思われる外観《がいかん》をあたえる」ことはできる。しかし、「わたしは諸君をほんとうに幸福であるようにしようとつとめている」と。自分ほど人びとの真の幸福のために努《つと》めている者はいないのだ、というのである。故《ゆえ》に、自分をいかに迎えるのが適当であるか。それは「国立迎賓館《げいひんかん》における食事[12]」すなわち、国家あげての最高のもてなしであると、はばかることなく主張するのである。

判決は、圧倒的多数で死刑。そして、死刑確定を受け第三段階の『弁明』が始まる。ソクラテスは敗訴の原因を「厚顔《こうがん》と無恥《むち》の不足」のためであったと語る。陪審員《ばいしんいん》の聞きたかったこと——それは、ソクラテスが許しをこうために泣いたり、わめいたりすることであった。「死をまぬかれる工夫は、たくさんある」とソクラテスは言う。そして、それはさほどむずかしいことではないだろう。では、むずかしいことは何であるか。それは、「悪化（堕落《だらく》）をまぬかれる」ことである。なぜなら、「その（＝堕落）ほうが、死よりも速いからだ[13]」と。

ソクラテスは、死刑の判決をくだした陪審員にこう断言する。

「この諸君は、真実によって裁かれ、劣悪と不正の刑を負わされて、ここから出て行くのだ[14]」と。

そして最後の第四段では、無罪の票を投じた数少ない人びとに、ソクラテスはゆったりと話しかける。彼は「死」とは何かを論じる。そこからは、なすべき使命を果たし終えた哲人の澄《す》みきった心境が伝わってくる。彼は『弁明』の最後に、「善《よ》きひとには、生きている時も、死んでからも、悪《あ》しきことはひとつもない[15]」と。

ソクラテスは、判決を少しも恥《は》じることはない。むしろ、愚人《ぐにん》による迫害《はくがい》こそ賢人《けんじん》の証《あかし》であるとの思いであったにちがいない。

プラトンの著作『ゴルギアス』のなかで、ソクラテスが一人の政治家と対話《たいわ》する。

その政治家は、アテネの人びとに対しては、「ご機嫌《きげん》とり」をし、「召使《めしつか》い」のように接しなければ、いつか法廷に引っぱりだされることになると脅《おど》すのである。ソクラテスは語る。

「ぼくが死刑になるとしても、それは少しも意外なことではない」。そして、それはすでに予期《よき》していたことであり、その裁判は、「ちょうど医者が料理人に訴《うった》えられて、小さな子供たちの前で裁《さば》かれるのと同じように、裁かれることになるだろう[16]」と。つまり、医者は子どもたちの健康のために痛い治療もするし、にがい薬も飲ませる。おいしいものばかりを与え喜ばせる料理人と比べれば、医者は悪としか見えないし、いくら子どもたちに説明しても、絶対わかってはもらえないだろう、と。

ソクラテスはアテネの人びとにとって、「魂《たましい》の医者」の役割を担《にな》っていた。魂の病《やまい》を癒《い》やすため、つねに覚醒《かくせい》の対話を続けた。彼はその言葉が正しいが故《ゆえ》に、多くの嫉《しっ》妬《と》と中傷をうけたのである。

プラトンは、ソクラテスにこう語らせる。

「迎合《げいごう》としての言論術をもち合わせていないがために(=自分が)死ぬのだとすれば

（中略）ぼくが動ずることなく死の運命に耐《た》えるのを、君は見るだろう」[17]と。

プラトンは、晴れやかに宣言したい気持ちであったろう。わが師は、最大の苦しみと恥辱《ちじょく》を、なんら動ずることなく受け切った。わが師は、世人が何と評価しようとも、断じて勝利したのだ――と。

「師弟の道」は生死《しょうじ》を超えて

私どもの先師牧口常三郎初代会長は、第二次世界大戦のさなか、治安維持《いじ》法違反ならびに不敬罪《ふけいざい》の容疑で逮捕《たいほ》された。そこには、牧口先生の行動を敵視していた人間たちの画策《かくさく》があった。権力に迎合し、みずからの保身と私利に汲々《きゅうきゅう》とする悪僧らである。牧口先生は暴力をも辞《じ》さない特高《とっこう》警察の厳《きび》しい訊問《じんもん》に、少しも恐れることなく正義を主張した。しかし、過酷《かこく》な取り調べと獄中《ごくちゅう》生活は、七十三歳の高齢の先生の体《からだ》を蝕《むしば》み、ついに牢獄《ろうごく》において生涯《しょうがい》を終えられた。

師とともに投獄《とうごく》された戸田先生は、獄中で師の死を聞かされたときの悲しみを語っている。

「あれほど悲しいことは、私の一生涯《しょうがい》になかった。そのとき、私は『よし、いまにみよ！　先生が正しいか、正しくないか、証明してやる。もし自分が別名を使ったなら、巌窟王《がんくつおう》の名を使って、なにか大仕事をして、先生にお返ししよう』と決心した。（中略）かならずや一生を通《とお》して、先生の行動が正しいか正しくないか、その証明をする覚悟です[18]」と。

戸田先生は出獄より亡《な》くなるまでの十三年の間、ただひたすら、師の思想を世にひろめ、わが身をいとうことなき行動の連続であった。この崇高《すうこう》なる師弟《してい》の魂《たましい》は、私どもの永遠の誇《ほこ》りであり、不動の規範《きはん》であるといえよう。

一九九三年四月二日、戸田先生の三十五回目の命日を迎えた。この日、私は小説『人間革命』の最終巻を発刊することができた。起稿《きこう》より二十八年、長い道のりであった。後世の歴史の審判《しんぱん》をあおぐ民衆の叙事詩として、師の真実を残し、その偉業を世界に宣揚《せんよう》することは、若き日よりの私の誓《ちか》いであり、弟子《でし》としての使命であると心に決めていた。

「プラトンは書きながら死んだ[19]」といわれる。二十歳《はたち》前後から八十歳まで約六十年の間、プラトンは書き続け、人材を育て続けた。

「(=西欧)哲学の伝統全体がプラトンに対する一連の脚注《きゃくちゅう》から成り立っている[20]」——イギリスの哲学者ホワイトヘッド*の言葉である。のちの西洋、さらに全世界にこれほどまでに影響《えいきょう》をおよぼしたプラトンの著作も、師との誓いを果たさんとした弟子の果《か》敢《かん》なる挑戦《ちょうせん》の結晶《けっしょう》であった。

「師弟の道」は、生死をも超《こ》えた人間の最極《さいごく》の道である。そして、万有流転《ばんゆうるてん》の世界にあって、ただ一つ、理想の松明《たいまつ》を受け継《つ》ぎ、永遠化させゆく道である。

▽——『ソクラテスの弁明』からの引用(8〜15)は、田中美知太郎訳(『プラトン全集1』所収、岩波書店)、(3)は山本光雄訳(『プラトン全集1』所収、角川書店)によった。『書簡集』からの引用(1)は長坂公一訳(『プラトン全集14』所収、岩波書店)、『パイドン』からの引用(2)は松永雄二訳(『プラトン全集1』所収、岩波書店)、『饗宴』からの引用(4)は山本光雄訳(『プラトン全集3』所収、角川書店)、『ゴルギアス』からの引用(16、17)は加来彰俊訳(『プラトン全集9』所収、岩波書店)。ソクラテスの言葉は、(5)が『プラトンI』(筑摩書房)所収の

『メノン』藤沢令夫訳、（7）が『プラトン全集13』（岩波書店）所収の『法律』森進一訳による。（18）は『戸田城聖全集』第四巻（聖教新聞社）から、（19）は前掲『プラトン全集1』所収の「解説」（山本光雄）からの引用。また、前掲書および田中美知太郎・藤沢令夫訳『プラトン全集11』（岩波書店）、山本光雄著『プラトン』（勁草書房）を参照するとともに、山川偉也著『哲学と科学の源流―ギリシア思想家群像―』（世界思想社）を引用（6、20）および参照した。

注解

〈あ行〉

アインシュタイン（一八七九年―一九五五年）ドイツ生まれの理論物理学者。特殊及び一般相対性理論を発表、現代科学の発展に貢献。

安倍貞任（一〇一九年―六二年）平安中期の武将。朝命に服せず、源頼義・義家と戦い、敗死（前九年の役）。

新井白石（一六五七年―一七二五年）江戸中期の儒者・政治家。幕政に関わり、改善を図った。著作『西洋紀聞』『折たく柴の記』など。

アリストテレス（前三八四年―前三二二年）古代ギリシアの哲学者。若くしてプラトンの学園に学び、のち学園リュケイオンを開設。

アレキサンダー（前三五六年―前三二三年）マケドニアの王。ペルシア軍を破り、東征してインドにまで進出、大帝国を築いた。

アンデルセン（一八〇五年―七五年）デンマークの童話作家・詩人。小説『即興詩人』、童話『親指姫』『人魚姫』など。

石川啄木（一八八六年―一九一二年）本名、一。明治期の歌人。社会思想にめざめ、和歌の革新をめざす。歌集『一握の砂』『悲しき玩具』など。

板垣退助（一八三七年―一九一九年）明治期の政治家。討幕運動に加わり、維新後は民選議院の設立を建議。立憲自由党総理、内相。

伊藤博文（一八四一年―一九〇九年）幕末の志士・明治の政治家。憲法制定に当たり、初代首相・枢密院議長・貴族院議長などを歴任。

井原西鶴（一六四二年―九三年）江戸前期の俳人・浮世草子作者。好色物、武家物、町人物に特色がある。作品『日本永代蔵』など。

イプセン（一八二八年―一九〇六年）ノルウェーの劇作家。近代演劇の父といわれる。作品『人形の家』『民衆の敵』など。

岩倉具視（一八二五年―八三年）明治期の政治家。公武合体に努め、維新後に右大臣。条約改正に向け、使節団で欧米を回る。

巖本善治（一八六三年―一九四二年）

教育者・評論家。「女学雑誌」を創刊、キリスト教信仰にもとづく自由主義教育を実践した。

ウェーバー（一八六四年—一九二〇年）ドイツの経済学者・社会学者。経済や宗教の営為を社会学的に解明。著作『経済と社会』など。

上田敏（一八七四年—一九一六年）明治・大正期の詩人・英文学者。西欧の文芸思潮を伝える。詩集『海潮音』や『詩聖ダンテ』など。

ウェリントン（一七六九年—一八五二年）イギリスの将軍・政治家。ワーテルローの戦いでナポレオンを破り、のち政界入りして首相。

ヴェルギリウス（前七〇年—前一九年）ローマの詩人。叙事詩『アエネイス』や『牧歌集』などの作品がある。

ヴォルテール（一六九四年—一七七八年）フランスの作家・思想家。専制政治、信教に対する不寛容と闘った。著作『哲学書簡』など。

内村鑑三（一八六一年—一九三〇年）宗教家・評論家。無教会主義に立ち、雑誌「聖書之研究」創刊。著作『代表的日本人』など。

内山完造（一八八五年—一九五九年）日中文化交流に功労。日中戦争時、上海に書店を開き、魯迅らと親交を結んだ。

エッカーマン（一七九二年—一八五四年）ドイツの詩人・著述家。ゲーテ晩年の十年間、秘書として『ゲーテとの対話』をまとめる。

榎本武揚（一八三六年—一九〇八年）明治期の政治家・旧幕臣。オランダに留学後、海軍副総裁。維新後、駐露公使、諸大臣を務める。

エマソン（一八〇三年—八二年）アメリカの思想家・哲学者、詩人。超絶主義を唱えた。著作『自然論』『英雄論』『エッセーズ』など。

袁世凱（一八五九年—一九一六年）中国の軍人・政治家。辛亥革命によって首相、ついで中華民国初代大総統となったが、やがて失脚。

鷗外　森鷗外の項を参照。

『大いなる魂の詩』　一九九一年十一月に上巻、一九九二年五月に下巻が読売新聞社から発刊された。『池田大作全集』第15巻に収録。

大久保利通（一八三〇年―七八年）　明治維新の功臣・旧薩摩藩士。版籍奉還を推進し廃藩置県を敢行。参議、初代内務卿などを歴任。

大鳥圭介（一八三三年―一九一一年）　幕末・明治期の政治家。維新の際、官軍に手向かうも敗れて帰順。日清戦争の際、清国・朝鮮公使。

大村益次郎（一八二四年―六九年）　幕末・維新期の軍政家。陸軍を創立。兵部大輔として兵制改革を企てたが反対にあい、刺殺される。

オールコット（一七九九年―一八八八年）　アメリカの教育者。新しい児童教育を実践した。小説『若草物語』の作者ルイザは次女。

大山巌（一八四二年―一九一六年）　明治期の軍人・元帥。日清戦争後、参謀総長を経て日露戦争時の陸軍最高指揮官。晩年、内大臣。

緒方洪庵（一八一〇年―六三年）　江戸末期の蘭医、教育者。長崎で蘭医を学び、大阪に医業を開く傍ら、適塾を設け、多くの人材を養成。

尾崎士郎（一八九八年―一九六四年）　小説家。強い正義感や伝統的心情による作品が多い。小説『人生劇場』『篝火』など。

大佛次郎（一八九七年―一九七三年）　昭和期の小説家・劇作家。『鞍馬天狗』の作者として知られ、史伝『パリ燃ゆ』などもある。

〈か行〉

『科学と宗教』　一九九四年五月、上下二巻が潮出版社から発刊された。『池田大作全集』第7巻に収録。ログノフ博士との一冊目の対談集は『第三の虹の橋』（一九八七年六月、毎日新聞社）。

カーライル（一七九五年―一八八一年）　イギリスの評論家・哲学者。著書に『衣裳哲学』『英雄及び英雄崇拝』『フランス革命史』など。

勝海舟（一八二三年―九九年）　通称、麟太郎。幕末の幕臣・明治期の政治家。オランダ人に海軍のことを学び、海軍卿。著作『海軍歴史』『開国起原』など。

桂川甫周（一七五一年―一八〇九年）　江戸後期の蘭医。オランダ外科を学び、前野良沢・杉田玄白らとともに『解体新書』を翻訳。

桂小五郎　木戸孝允の前名。

ガリレイ（一五六四年―一六四二年）イタリアの天文学者・哲学者。地動説を是認して宗教裁判に付される。著作『天文対話』など。

川端康成（一八九九年―一九七二年）小説家。新感覚派運動を進め、日本美を追究する。作品『雪国』など。ノーベル文学賞を受ける。

ガンジー（一八六九年―一九四八年）インドの政治家。インド独立の父と仰がれ、マハトマ（偉大な魂）と呼ばれるが、凶弾に倒れる。

カント（一七二四年―一八〇四年）ドイツの哲学者。批判哲学を樹立。主著『純粋理性批判』『実践理性批判』『道徳哲学原論』など。

キェルケゴール（一八一三年―五五年）デンマークの哲学者。実存哲学の祖と称される。著作『哲学断片』『不安の概念』など。

北村透谷（一八六八年―九四年）明治期の詩人・評論家。島崎藤村らと「文学界」に参加、近代浪漫主義の先駆をなす。

木戸孝允（一八三三年―七七年）幕末・明治初期の政治家。吉田松陰の門人。薩摩と結び倒幕を図る。維新後は参議・内閣顧問などを歴任。

金田一京助（一八八二年―一九七一年）言語学者。アイヌ語・アイヌ文学を研究、優れた業績を残した。著作『ユーカラの研究』など。

久坂玄瑞（一八四〇年―六四年）江戸末期の勤皇家。松下村塾に学び、吉田松陰の妹婿。蛤御門の変で敵兵に阻まれ、自刃。

国木田独歩（一八七一年―一九〇八年）本名、哲夫。明治期の詩人・小説家。自然主義文学の先駆をなした。著作『牛肉と馬鈴薯』『武蔵野』など。

久米正雄（一八九一年―一九五二年）大正期の作家、劇作家。菊池寛らと第三次・第四次「新思潮」を起こす。小説『破船』など。

黒岩涙香（一八六二年―一九二〇年）明治・大正期の新聞記者・文学者。「万朝報」を創刊。翻訳『噫無情』『巌窟王』など。

クロムウェル（一五九九年―一六五八年）イギリスの軍人・政治家。清教徒革命の際、国王を処刑して共和制を樹立し、独裁政治を行った。

ケイン（一八五三年―一九三一年）イギリスの小説家。『裁判官』で流行作家となり、代表作『永遠の都』『ドンナ・ローマ』など。

ゲーテ（一七四九年―一八三二年）ドイツの詩人・文学者・政治家。作品『ファウスト』『若きウェルテルの悩み』『詩と真実』など。

月照（一八一三年―五八年）幕末の勤皇家・歌僧。尊攘を唱えて西郷隆盛らと結び、薩摩に遁れて隆盛と入水、死す。

幸田露伴（一八六七年―一九四七年）小説家。明治期に尾崎紅葉と並び称された。小説『五重塔』『連環記』、史伝『頼朝』など。

幸徳秋水（一八七一年―一九一一年）社会主義者。日露戦争に反対して「平民新聞」を創刊。無政府主義に転じ、大逆事件に問われ刑死。

ゴーゴリ（一八〇九年―五二年）ロシアの作家。国民詩人プーシキンと出会い、文学に開眼。作品『肖像画』『狂人日記』『鼻』など。

ゴーリキー（一八六八年―一九三六年）ロシアの作家。ロシア革命後、社会主義リアリズム文学の創始者とされる。作品『どん底』など。

コールリッジ（一七七二年―一八三四年）イギリスの詩人・批評家。ロマン主義文学運動の先駆者となる。作品『老水夫行』など。

湖南文山　京都天龍寺の僧義轍が元禄二年（一六八九年）、『通俗三国志』刊行の際に用いた筆名。義轍没後、弟の月堂が完成した。

小林秀雄（一九〇二年―八三年）昭和期の文芸評論家。日本文学の再検討、創造的批評に活躍。主著『私小説論』『本居宣長』など。

コント（一七九八年―一八五七年）フランスの哲学者。実証的な科学の樹立を説いた。著作『実証哲学講義』『実証政治体系』など。

〈さ行〉

サートン（一八八四年―一九五六年）ベルギー生まれの科学史家。国際科学史学会の創設に参加。著作『科学史序説』など。

西郷隆盛（一八二七年―七七年）通称、吉之助。号は南洲。幕末・明治期の政治家。大総督軍参謀として東征、維新後に陸軍大将となったが征韓論争に敗れ、退官帰郷。

斎藤弔花（一八七七年―一九五〇年）明治期に新聞記者、のち作家・随筆家。『独歩と武蔵野』などの著書がある。

坂本龍馬（一八三五年―六七年）江戸末期の勤皇家・土佐藩士。脱藩して海援隊を組織。薩長連合を図り、王政復古に尽力したが刺殺される。

佐久間象山（一八一一年―六四年）幕末の勤皇家・信州松代藩士。佐藤一斎に学び、蘭学・砲術に通じた。攘夷派の浪士に殺される。

笹川臨風（一八七〇年―一九四九年）評論家。「帝国文学」の編集に従事。古典保存にも尽力。著作『近世文芸志』など。

佐藤一斎（一七七二年―一八五九年）江戸後期の儒者。朱子学を主とし、陽明学に傾く。著作『大学一家私言』『言志四録』など。

里見弴（一八八八年―一九八三年）作家。有島武郎・生馬の弟。「白樺」創刊に参加。作品『多情仏心』『極楽とんぼ』など。

佐野常民（一八二二年―一九〇二年）明治期の政治家。元老院議長・農商務相・枢密顧問官など歴任。博愛社を創立、社長となる。

サバチニ（一八七五年―一九五〇年）イタリア生まれの小説家。欧州各地を旅行、イギリスに住んで代表作『スカラムーシュ』を執筆。

シーザー（前一〇〇年頃―前四四年）ローマの武将・政治家。カエサルとも。終身独裁官となるが暗殺される。著作『ガリア戦記』など。

シェイクスピア（一五六四年―一六一六年）イギリスの詩人・劇作家。四大悲劇『ハムレット』『リア王』『マクベス』『オセロ』など。

シェリー（一七九二年―一八二二年）イギリスの詩人。バイロンとともにロマン派の代表者。作品『西風の賦』『雲雀に寄す』など。

シェリング（一七七五年―一八五四年）ドイツの哲学者。自然と精神との対立解消を主張した。著作『自然哲学の理念』など。

塩田良平（一八九九年―一九七一年）文学者・随筆家。近代日本文学の実証主

義研究を開拓。伝記考証による『樋口一葉研究』など。

志賀重昂（一八六三年―一九二七年）明治・大正期の地理学者。雑誌「日本人」を創刊し、世界を巡遊。著作『日本風景論』など。

始皇帝（前二五九年―前二一〇年）中国初の統一王朝・秦の第一世皇帝。度量衡を統一し、長城を築き、焚書坑儒などで知られる。

司馬遷（前一四五年頃―前八六年頃）前漢の歴史家。武帝の時代、父のあとを継いで太史令となり、『史記』を編纂した。

島崎藤村（一八七二年―一九四三年）詩人・小説家。詩集『若菜集』でロマン主義の詩風を示す。小説『破戒』『夜明け前』など。

島津斉彬（一八〇九年―五八年）江戸末期の薩摩藩主。早くから開国の意見を抱き、殖産興業に意を用いて西郷隆盛ら人材を抜擢した。

子母澤寛（一八九二年―一九六八年）本名、梅谷松太郎。幕末物を得意とした作家。昭和の初め『新撰組始末記』を出して評判となる。戦後『勝海舟』を完成。

シャトーブリアン（一七六八年―一八四八年）フランスの作家・政治家。啓蒙思想からキリスト信仰に回帰、ロマン主義の開祖となる。

松陰　吉田松陰の項を参照。

ショーペンハウエル（一七八八年―一八六〇年）ドイツの哲学者。インドの古典に開眼後、主著『意志と表象としての世界』を完成。

シラー（一七五九年―一八〇五年）ドイツの劇作家・詩人。ドイツ古典文学を代表する一人。歴史劇などを作った。作品『オルレアンの少女』など。

吹田順助（一八八三年―一九六三年）ドイツ文学者。中央大学等で教鞭をとる。著書『ヘルデルリーン』など。翻訳も多い。

スタール夫人（一七六六年―一八一七年）フランスの作家。ロマン派の先駆。ナポレオン一世に圧迫されて亡命。著作『文学論』など。

周布政之助（一八二三年―六四年）幕末期の政治家。長州藩の実権を握り、藩政を改革、尊王攘夷運動の重鎮となった。のち自刃。

漱石　夏目漱石の項を参照。

ソクラテス（前四七〇年―前三九九年） 古代ギリシアの哲人。市民との対話によって無知を自覚させようとしたが、死刑に処せられた。

蘇武（前一四〇年頃―前六〇年） 前漢の名臣。中郎将で匈奴に使し、抑留されること十九年、苦節を守って昭帝の時、帰還した。

ゾラ（一八四〇年―一九〇二年） フランスの小説家。自然主義文学の確立に尽力、またドレフュス事件を弁護。作品『居酒屋』など。

ソロー（一八一七年―六二年） アメリカの随筆家。エマソンの感化を受け、その哲学を実践する生活を送った。著作『森の生活』など。

孫文（一八六六年―一九二五年） 中国の政治家。清末、革命運動に尽力。辛亥革命に際し臨時大総統に就任。著作『三民主義』など。

〈た行〉

ダーウィン（一八〇九年―八二年） イギリスの生物学者。進化論の確立者。生物の進化を確認し、『種の起原』を公表した。

対談集の編纂 ヨハン・ガルトゥング博士との対談集は『平和への選択』と題して、一九九五年五月、毎日新聞社から発刊された。『池田大作全集』第１０４巻に収録。

高杉晋作（一八三九年―六七年） 幕末の志士。松陰門下の逸材と称された。上海に渡って帰国後、倒幕運動を進めるが若くして病没。

高野長英（一八〇四年―五〇年） 幕末の蘭学者。長崎で蘭学を学び、開港論を唱えて永牢となるが脱獄。諸国に逃避して洋書を訳述した。

高見順（一九〇七年―六五年） 小説家、詩人。孤立した知識人の内なる苦悩を描く。作品『故旧忘れ得べき』『如何なる星の下に』など。

高山樗牛（一八七一年―一九〇二年） 明治期の評論家・哲学者。名は林次郎。雑誌『太陽』を主宰。作品『滝口入道』『釈迦』『わが袖の記』など。

啄木 石川啄木の項を参照。

竹内好（一九一〇年―七七年） 中国文学者・評論家。早くから魯迅に注目、個人完訳を目指す。著作『現代中国論』『日本とアジア』など。

武田泰淳（一九一二年—七六年）小説家。戦後派作家として注目され、社会問題に取り組んだ作品も書いた。小説『風媒花』など。

タゴール（一八六一年—一九四一年）インドの詩人・文学者。インド独立、社会平和の進展に闘った。詩集『ギタンジャリ』など。

田山花袋（一八七一年—一九三〇年）明治・大正期の小説家。『蒲団』によって自然主義文学に一時期を画す。他に『田舎教師』など。

ダンテ（一二六五年—一三二一年）イタリアの詩人。後世、ルネサンス初期の巨匠と仰がれる。主著『神曲』の他、『新生』など。

ダントン（一七五九年—九四年）フランスの政治家。大革命に際し、パリの民衆を指導。革命政府の法相となったが、のち断頭台で処刑。

近松門左衛門（一六五三年—一七二四年）江戸中期の浄瑠璃・歌舞伎脚本作者。作品『国性爺合戦』『曾根崎心中』『女殺油地獄』など。

チャールズ一世（一六〇〇年—四九年）イギリスの国王。議会と長期抗争、内乱となり、議会軍に敗れて裁判の結果、処刑される。

チャールズ二世（一六三〇年—八五年）イギリスの国王。クロムウェル時代に大陸へ亡命、一六六〇年の王政復古とともに即位。

チャニング（一七八〇年—一八四二年）アメリカ・ユニテリアン協会の牧師。エマソン、ソローらに大きな影響をおよぼした。

樗牛　高山樗牛の項を参照。

坪内逍遙（一八五九年—一九三五年）小説家・劇作家・評論家。写実主義小説の先駆となる『小説神髄』、小説『当世書生気質』などを書く。

ツルゲーネフ（一八一八年—八三年）ロシアの作家。人道主義の立場から写実的な描写に特色がある。作品『猟人日記』『父と子』など。

鶴見祐輔（一八八五年—一九七三年）政治家・評論家。第一次鳩山内閣で厚相を務め、小説『ナポレオン』など伝記を多数書いた。

ディルタイ（一八三三年—一九一一年）

ドイツの哲学者。生の哲学の立場に立ち、精神科学の基礎づけを試みた。哲学史、伝記などを著作。

デカルト（一五九六年—一六五〇年）フランスの哲学者・数学者。解析幾何学の創始者。著作『方法序説』『哲学原理』『情念論』など。

デフォー（一六六〇年頃—一七三一年）イギリスの小説家。清教徒的精神により写実小説を開拓。作品『ロビンソン・クルーソー』など。

デモクリトス（前四六〇年頃—前三七〇年頃）古代ギリシアの哲学者。原子論の唯物論的完成者として知られる。著作は断片のみ残る。

デュマ（一八〇二年—七〇年）フランスの小説家・劇作家。作品『三銃士』『モンテ・クリスト伯』など。その子を小デュマという。

土井晩翠（一八七一年—一九五二年）明治・大正期の詩人・英文学者。処女詩集『天地有情』に「星落秋風五丈原」を収める。詩集『暁鐘』など。

トインビー（一八八九年—一九七五年）イギリスの歴史家。独自の史観から鋭い文明批評を展開。主著『歴史の研究』など。

東郷平八郎（一八四七年—一九三四年）海軍軍人・元帥。日露戦争時、連合艦隊司令長官としてバルチック艦隊を破り、名声を博した。

「東西文化…　講演内容は『池田大作全集』第1巻に収録。

董仲舒（前一七六年頃—前一〇四年頃）前漢時代の儒者。『春秋公羊伝』に精通し、武帝の時代に儒学を官学として採用させた。

戸川秋骨（一八七〇年—一九三九年）英文学者。北村透谷・島崎藤村らと親交を結び、「文学界」に参加。慶応義塾にて英文学を講義。

徳富蘇峰（一八六三年—一九五七年）本名、猪一郎。明治・大正・昭和期の評論家。民友社を設立し「国民之友」「国民新聞」を発行。著作も多い。

徳富蘆花（一八六八年—一九二七年）本名、健次郎。明治・大正期の小説家。蘇峰の弟。作品『不如帰』『自然と人生』『思出の記』など。

ドストエフスキー（一八二一年—八一年）ロシアの作家。人間存在の内面を洞察、鋭い心理描写に特徴がある。作品『罪と罰』など。

戸田城聖（一九〇〇年—五八年）創価学会第二代会長。牧口常三郎に師事、創価学会発展の基盤を築いた。主著『小説・人間革命』など。

独歩　国木田独歩の項を参照。

杜甫（七一二年—七〇年）盛唐の詩人。李白と併称され、中国詩の象徴的存在。工部員外郎となり、その詩集を『杜工部集』という。

豊島與志雄（一八九〇年—一九五五年）作家。幽玄で知的な小説を書き、『レ・ミゼラブル』など翻訳も行った。作品『白い朝』など。

トルストイ（一八二八年—一九一〇年）ロシアの文豪。リアリズム文学の最高峰。小説『戦争と平和』『アンナ・カレニナ』『復活』など。

〈な行〉

中江兆民（一八四七年—一九〇一年）明治期の思想家。自由民権を提唱して「自由新聞」主筆。ルソー『民約論』を翻訳、また『一年有半』など。

中岡慎太郎（一八三八年—六七年）土佐出身の勤皇家。薩長両藩との提携を策して京都で奔走中、坂本龍馬とともに暗殺された。

中島敦（一九〇九年—四二年）小説家。中国を背景とする作品が多い。作品『光と風と夢』『李陵』『山月記』など。

中村光夫（一九一一年—八八年）文芸評論家・作家。日本近代文学に鋭い批評を行った。著作『志賀直哉論』『二葉亭四迷論』など。

中山義秀（一九〇〇年—六九年）昭和期の小説家。独自の人生観を描いた『厚物咲』で芥川賞を受ける。作品『テニヤンの末日』など。

長与専斎（一八三八年—一九〇二年）幕末から明治期にかけての医家。緒方洪庵に師事。文部省医務局長などを経て、貴族院議員。

長与善郎（一八八八年—一九六一年）小説家、戯曲作家。専斎の子。「白樺」同人。小説『青銅の基督』、戯曲『項羽と劉邦』など。

夏目漱石（一八六七年—一九一六年）本名、金之助。明治・大正期の英文学者・小説家。作品『吾輩は猫である』

『坊っちゃん』『草枕』『こゝろ』など。

ナポレオン（一七六九年―一八二一年）フランス第一帝政の皇帝。ヨーロッパを制圧したが、モスクワ遠征に失敗。セントヘレナ島で没。

ナポレオン三世（一八〇八年―七三年）ナポレオン一世の甥。クーデターによって独裁者となり、第二帝政を開く。普仏戦争に敗れ退位。

ニーダム（一九〇〇年―九五年）イギリスの生化学者・科学史家。中国科学史に関心をもち、主著『中国の科学と文明』など編纂。

ニーチェ（一八四四年―一九〇〇年）ドイツの哲学者・詩人。キリスト教的道徳を批判、永劫回帰を説いた。主著『悲劇の誕生』など。

ニコライ一世（一七九六年―一八五五年）ロシア皇帝。デカブリストの乱を鎮圧、徹底的な専制政治を行った。クリミア戦争で失敗。

西田幾多郎（一八七〇年―一九四五年）哲学者。日本的「無」の哲学を説いた。著作『善の研究』『無の自覚的限定』など。

二十年近く前に対談……　一九七二年、七三年の、約十日間にわたるトインビー博士との対談は『二十一世紀への対話』としてまとめられ、二〇二二年十月現在、三十一言語で出版されている。『池田大作全集』第3巻に収録。

〈は行〉

ハイゼンベルク（一九〇一年―七六年）ドイツの理論物理学者。量子力学・不確定性原理を提唱。主著『量子論の物理的基礎』など。

ハイネ（一七九七年―一八五六年）ドイツの詩人・評論家。恋愛詩『歌の本』で有名になり、パリに客死。作品『ドイツ冬物語』など。

バイロン（一七八八年―一八二四年）イギリスの詩人。ギリシア独立戦争に加わり、病死。叙事詩『ドン・ジュアン』など。

バクーニン（一八一四年―七六年）ロシアの革命家、社会思想家。シベリア流刑中逃亡し、日本を経由してロンドンに亡命。著作『神と国家』など。

橋本左内（一八三四年―五九年）幕末の志士。緒方洪庵に蘭学を学び、福井藩主に認められて藩政改革に当たる。著作『啓発録』など。

パスカル（一六二三年―六二年）フラ

ンスの哲学者・数学者・物理学者。液体の圧力伝播に関する原理など発見。主著『パンセ』など。

長谷川天渓（一八七六年―一九四〇年）明治から昭和期にかけての評論家。雑誌「太陽」を編集。著作『文芸思潮論』など。

長谷川二葉亭（一八六四年―一九〇九年）明治期の作家・翻訳家。二葉亭四迷の筆名で作品『浮雲』『平凡』『其面影』などがある。

馬場孤蝶（一八六九年―一九四〇年）文学者。明治学院在学中、島崎藤村・北村透谷らと親交を結ぶ。「文学界」同人。

樋口一葉（一八七二年―九六年）明治期の小説家。代表作に『たけくらべ』『にごりえ』『十三夜』などがある。

平塚らいてう（一八八六年―一九七一年）女性解放運動家。文芸誌「青鞜」創刊号に「元始、女性は太陽であった」と女権宣言を書いた。

フィヒテ（一七六二年―一八一四年）ドイツの哲学者。フランス占領下で行った「ドイツ国民に告ぐ」の講演で国民の抵抗を呼びさます。

プーシキン（一七九九年―一八三七年）ロシアの詩人・作家。ロシアの国民文学を確立。作品『青銅の騎士』『大尉の娘』など。

福沢諭吉（一八三五年―一九〇一年）明治期の思想家・教育者。慶応義塾を開き、独立自尊を標榜。著作『文明論之概略』など。

藤田東湖（一八〇六年―五五年）幕末の儒者。水戸藩士・彰考館総裁。江戸に出て攘夷を唱えたが、安政の大地震で圧死。

プラトン（前四二七年―前三四七年）ギリシアの哲学者。ソクラテスに師事、アカデメイアを創設。著作『国家』『饗宴』など。

プレハノフ（一八五六年―一九一八年）ロシアのマルクス主義者。著作『史的一元論』『マルクス主義の根本問題』など。

ヘーゲル（一七七〇年―一八三一年）ドイツの哲学者。宇宙的理性が弁証法的に発展すると説く。著作『精神現象学』『論理学』など。

ペスタロッチ（一七四六年―一八二七年）スイスの教育家。児童教育に生涯を捧げ、近代教育史に足跡を残した。著作『隠者の夕暮』など。

ベリンスキー（一八一一年―四八年）ロシアの評論家。革命的民主主義者で、リアリズム文学論の祖といわれる。

ベルクソン（一八五九年―一九四一年）フランスの哲学者。生の創造的進化を説き、生の哲学を確立。著作『時間と自由』など。

ヘルダー（一七四四年―一八〇三年）ドイツの文学者・哲学者。汎神論的世界観を説いた。著作『人類史哲学の理念』など。

ヘルダーリン（一七七〇年―一八四三年）ドイツの詩人。失われた理想社会を古代ギリシアに見て詩的小説『ヒュペーリオン』を書く。

ヘロドトス（生没年不詳）前五世紀、小アジア生まれのギリシアの史家。諸国を遊歴して歴史・伝説を書き「歴史の父」といわれる。

ポアンカレ（一八五四年―一九一二年）フランスの数学者。実証主義の立場から科学批判を展開。主著『天体力学』など。

ホイットマン（一八一九年―九二年）アメリカの詩人。自由な形式で自然や民衆の生活を歌った。詩集『草の葉』など。

ホイットマンの銅像　一九九二年十一月一日、創価大学池田記念講堂前庭で蝶を手にした「ホイットマン像」（高さ二・五メートル）の除幕式が行われた。

ボードレール（一八二一年―六七年）フランスの詩人。詩集『悪の華』は近代詩を革新、世界的な影響をもつ。詩『パリの憂鬱』など。

ポーリング（一九〇一年―九四年）アメリカの化学者。量子力学に基づく化学結合論を研究。平和運動にも尽力、ノーベル化学賞・平和賞を受賞。

ホメロス（生没年不詳）ホメーロスとも。古代ギリシアの詩人。国民的叙事詩『イリアス』『オデュッセイア』の作者とされるが、諸説あり。

ホワイトヘッド（一八六一年―一九四七年）イギリスの哲学者。記号論理学、実在論の体系を確立。著作『科学と近代世界』など。

〈ま行〉

牧口常三郎（一八七一年―一九四四年）創価学会の初代会長。創価教育学説の提唱者。著作『人生地理学』『創価教育学体系』など。

マラー（一七四三年―九三年）フランスの革命家。大革命後、国民公会議員となったが、ジロンド派の女性により刺殺される。

三木清（一八九七年―一九四五年）哲学者。マルクス主義を研究後、西田哲学に接近。主著『パスカルにおける人間の研究』など。

ミシュレ（一七九八年―一八七四年）フランスの歴史家。主著『フランス史』『フランス革命史』など。

ミルトン（一六〇八年―七四年）イギリスの詩人。清教徒革命に参加、自由と民主主義のために戦う。叙事詩『失楽園』『復楽園』など。

村田新八（一八三六年―七七年）鹿児島の薩摩藩士。西郷隆盛の信頼を受け国事に奔走するが、西南戦争の際に、城山にて切腹。

モーリヤック（一八八五年―一九七〇年）フランスの作家。心理小説の手法で人間性の深淵をえぐる。作品『愛の砂漠』など。

森鷗外（一八六二年―一九二二年）明治・大正期の小説家・翻訳家。軍医としてドイツに留学。作品『舞姫』『雁』『阿部一族』など。

モンテーニュ（一五三三年―九二年）フランスの作家・思想家。主著『エッセー』（随想録）を書き、人間性に深い洞察を加えた。

〈や行〉

柳田國男（一八七五年―一九六二年）明治期に詩人、大正・昭和期に民俗学者として活躍。著作『蝸牛考』『桃太郎の誕生』など。

矢野龍溪（一八五〇年―一九三一年）明治・大正期の評論家・小説家。報知新聞社長・大阪毎日新聞副社長。小説『経国美談』など。

山岡鉄舟（一八三六年―八八年）幕末・明治期の政治家。剣道、書をよくし、勝海舟とともに官軍との斡旋に奔走。明治天皇の侍徒。

ユゴー（一八〇二年―八五年）フランスの詩人・小説家。ロマン派の巨頭。小説『レ・ミゼラブル』『九十三年』など。

ユゴーの「文学記念館」一九九一年六月、開館式がフランス・ビエーブル市の同記念館で創立者の池田ＳＧＩ会長をはじめ多数の来賓を迎えて行われた。

横井小楠（一八〇九年―六九年）　幕末の思想家。開国論者で、明治維新により参与となったが暗殺される。

与謝野晶子（一八七八年―一九四二年）　明治・大正・昭和期の歌人。新詩社に加わり、大胆奔放な歌を発表。歌集『みだれ髪』など。

与謝野寛（一八七三年―一九三五年）　明治・大正・昭和期の詩人・歌人。初め鉄幹と号。「明星」刊行に尽力し、自我の詩を主張。歌集『相聞』など。

吉川英治（一八九二年―一九六二年）　昭和期の作家。苦学して国民作家となる。作品『宮本武蔵』『三国志』『私本太平記』など。

吉田松陰（一八三〇年―五九年）　通称、寅次郎。幕末の志士。黒船渡来の際に密航を企てて捕えられるが、萩に松下村塾を開いて人材を養成した。

〈ら行〉

リットン（一八〇三年―七三年）　イギリスの政治家・小説家。作品『ポンペイ最後の日』など。

李陵（生年不詳―前七四年）　前漢の将軍、李広の孫（または子）。匈奴と戦って捕われ、漠北に居ること二十年にして客死。

リンカーン（一八〇九年―六五年）　アメリカの第十六代大統領。南北戦争の時、奴隷解放を宣言して勝利する。

ルイ十六世（一七五四年―九三年）　フランス王。一七七四年に即位。財政刷新に努力したが失敗、大革命を誘発して断頭台で処刑される。

ルーテル　ルターのこと。ルターの項を参照。

ルソー（一七一二年―七八年）　フランスの思想家。その民主思想はフランス大革命の先駆をなした。著作『社会契約論』『告白』など。

ルター（一四八三年―一五四六年）　ドイツの宗教改革者。ローマ教皇の免罪符販売を批判し、宗教改革に乗り出した。

ローレンス（一八八五年―一九三〇年）　イギリスの作家。精神分析の技法で恋愛問題を追求した。作品『息子たちと恋人たち』など。

蘆花　徳冨蘆花の項を参照。

魯迅（一八八一年―一九三六年）中国の文学者。日本で学び、文学による民族性の改造を志し帰国。作品『狂人日記』『阿Q正伝』など。

ロベスピエール（一七五八年―九四年）フランスの政治家。大革命当時、ジャコバンクラブ領袖。恐怖政治を実行して失脚、処刑される。

ロラン（一八六六年―一九四四年）フランスの作家。人道主義者として平和運動の先頭に立つ。作品『ジャン＝クリストフ』など。

〈わ行〉

ワーズワース（一七七〇年―一八五〇年）イギリスの詩人。ロマン主義に一時期を画し、作品に自伝的長詩『序曲』などがある。

『私の釈尊観』… 『私の釈尊観』は一九七三年一月、『私の仏教観』は翌七四年七月にそれぞれ発刊され、『池田大作全集』第12巻に収録。

『私の履歴書』 一九七五年五月、日本経済新聞社から発刊された。『池田大作全集』第22巻に収録。

渡辺崋山（一七九三年―一八四一年）幕末の画家。儒学を佐藤一斎に学び、蘭学にも通じた。『慎機論』を著し、幽閉されて自刃。

特別収録

読書ノート

「私は主に文学書や哲学書を、夢中になって読んだ。感銘した文章に接すると、すぐさまザラ紙のノートに書き写した」（本書12ページより）
――『若き日の読書』の原点ともいえる「読書ノート」を特別に収録する。

［凡例］

一、この特別収録の「読書ノート」（以下、本編）は、既発表の「読書ノート」と未発表の原稿とを新たにまとめたものである。ともに『池田大作全集』（聖教新聞社刊）未収録の作品である。

一、既発表の「読書ノート」は、月刊誌『第三文明』に全六回（一九六四年三〜八月号）にわたり掲載されたものである。一九四六（昭和二十一）年頃から著者がつづっていた雑記帳の一部をもとに作成された。

一、本編のうち、既発表の部分は掲載時のものを底本とした。また、未発表の原稿は著者の直筆原稿にもとづいて新たに翻刻した。

一、未発表の原稿の翻刻にあたっては、直筆原稿の表記を尊重した。ただし、つぎの点は編集部の判断で形式を統一した。

（一）原稿中の略字は、すべて正字で表記した。

（二）促音の表記は、すべて小書きで統一した。

一、このたびの収録にあたり、本編中の抜き書きについては、編集部が出典調査を行い、明らかになったものは注で示した。もともと本編のノートは、私的な記録であり、多くは出典が記載されていなかったためである。

一、抜き書きの出典は、つぎのように最低限の情報を示し、読者の参考に供することとした。

（一）日本人の著作は、原著者名、作品名を示した。

（二）外国人の著作（訳書）は、原著者名、作品名、訳者名を示した。

（三）出典を十分特定できなかったものも、確認できた範囲までを示し、また、推定される文献を適宜記載した。

一、出典調査により確認できた明らかな誤記等は、編集部の判断で修正した。ただし、抜き書きにあたり著者が意図的に中略、または一部表記を改めたと推定される箇所は、著者の読書の息遣いを伝えるものと判断し、あえてそのままとした。また、句読点等の異同も、同様の理由からそのままとした。

（編集部）

読書ノート（一）

○

一書の人を恐れよ。[1]

○

書を読め、書に読まれるな。

○

今日の文学は、書籍の悪集なり。

○

自己を作る事だ。それには、熱烈たる、勇気が必要だ。

○

柔善、虚偽、軟情、すべてを排せよ。真の青年たる者よ、真実の人生を歩め。

○

社会は衆愚なり。衆愚を巧みに操つる者世の所謂英雄なり、則ち衆愚の所謂英雄なり、衆愚を教ふる者即ち予言者、詩人、文学者、宗教家、教師の任なり。名誉とは多くは衆愚の賄賂なり、俸給、報酬とは多くは衆愚の分捕なり。[2]

（国木田独歩「欺かざるの記」より・原文のまま）

○

衆愚を相手にせず、衆愚に左右されず、唯々強く正しく、昔古の偉人、英雄を師として、友人として、意義ある少壮時代を送れよかし。

○

家は十坪に過ぎず、庭は唯三坪。誰か云ふ、狭くして且陋《ろう》なりと。家陋なりと雖ども、膝を容る可く、庭狭きも碧空仰ぐ可く、歩して永遠を思ふに足る。[3]

（1）ラテン語の格言。（2）国木田独歩『欺かざるの記』。（3）徳冨蘆花『自然と人生』。

神の月日は此処にも照れば、四季も来り見舞ひ、風《ふう》、雨《う》、雪《せつ》、霰《さん》かはる〳〵到りて興《きょう》浅からず。蝶児来りて舞ひ、蟬来りて鳴き、小鳥来り遊び、秋蛩《しうきょう》また吟ず。静かに観ずれば、宇宙の富は殆んど三坪の庭に溢るゝを覚ゆるなり。(1)

（徳富蘆花「自然と人生」より・原文のまま）

○

恐れを知って、しかも之を恐れざる者こそ、真の勇者である。(2)

○

青年は唯素っ裸でいいのだ。これが、青年らしい、純情を持ち、青年らしい感激を持ち、青年らしい健康と、率直さと、若さと、輝かしさと希望に、燃えているというだけで、宰相よりも将軍よりも、恵まれているのである。

○

一人立てる時に、強きものは真正の勇者なり。(3)

（シルレル）

○

閑散の人は溜水の如し、遂に腐敗すべし。(4)

○

世に処するに、どんな難事に出会っても、臆してはならぬ。「ああ、何でも来い。俺の体が、ねぢれるならねぢって見よ」といふ料簡で行ふがよい。さうすれば難事が到来すればする程面白味がついて来るものだ。

○

何でも大胆にかからなくてはならぬ。もし、一度で出来なければ、何度でも出来る迄やり通すことが、肝要である。(5)

（勝海舟）

○

Every son of Adam can become a sincere-man; an original-man. Son of Nature, original-man.(6)

（カーライル）

○

初春の花見る毎に父母の、
　傾《かたぶ》く年を独り寝に泣く。(7)

（国木田独歩）

○

爾、今日の使命を果すべし。

○

智深き人は
　武器に頼ることをしない。[8]

○

　石川啄木

こころよく我にはたらく
仕事あれ
それを仕遂げて死なむと思ふ[9]
（一握の砂）

○

寝つつ読む本の重さに
つかれたる
手を休めては、物を思へり。[10]
（悲しき玩具）

○

それもよし　これもよしとてある人の
その気がるさを
欲しくなりたり[9]
（一握の砂）

○

生存競争は、同種の個体間及変種間に最も激烈なり。[11]
（ダーウィン「種の起源」より）

○

自然淘汰は、絶滅と、形質分岐を導く。[12]
（ダーウィン「種の起源」より）

○

「神は自然さのうちにある。決して不自然の中に

（1）徳冨蘆花『自然と人生』。（2）ウェリントンの言葉。（3）シラー『ヴィルヘルム・テル』の一節。（4）スペインの格言。（5）吉本襄編『海舟先生氷川清話』か。（6）カーライル『英雄と英雄崇拝』。（7）国木田独歩『欺かざるの記』。（8）老子の言葉。（9）石川啄木『一握の砂』。（10）石川啄木『悲しき玩具』。（11）ダーウィン『種之起源』丘浅次郎訳か。（12）ダーウィン『種之起源』丘浅次郎訳の要約か。

はあらはれない。無心にして宇宙の法則にしたがひ、自然に行動してゐる時、僕らは決して罪を感じるものぢやない。僕らの心は安らかだ。それは無意識に神の法則の中を歩いてゐるからだ。が、理窟はどんなに尤もらしくついても自然の法にそむいた事をしてゐる時、どこかで無理をしてゐる時、僕らの心は決してそのやうにゆつたりと安らかである事は出来ない。それはどこかで神の法則を踏みはづしてゐるからだ。

真に自然であるとは神と共にある事だ。僕らの心が肉体と同じやうに、病的にならず健全な安泰にゐる時、僕らは善を思はず、悪を思はずして唯悠々たる自然さのうちに直ちに神を見る事が出来る。——[1]」

（長与善郎「竹沢先生と云ふ人」より・原文のまま）

○

彼は私に向って猛烈な感情を投げつけた。

「年なんか取るもんじゃねえ、若いの、若い内に死ぬることだ。でないと、こんなざまあになるんだ。嘘は云はねえ、俺は八十七だ。随分国のためにつくしたもんだ。善行線が三本、ヴィクトリア十字章よ、それでゐて、おしまいには斯ういふ始末だ。死にてえ、死にてえ。一日も早く死にてえものだ。[2]」（ジャック・ロンドン「奈落の人々」より）

○

キリスト教の伝道は、その心臓（感情）に訴えたものであった。その心意（知識）に訴えたものではなかった。[3]（バクーニン「神と国家」より）

○

世界を通じて国土と結び付いた国家を有せざる大民族は猶太民族だ。又実際的に国家と結び付いた国土を有せざる大民族は支那人だ。近代的の意味に於ける国家が自分自らの破綻によって形を変ぜなければならなくなった時、地球の表面に新しい姿を与へるものは、実にこの二大民族ではあるまいか。彼等は私達の知らない自由を持ち、且つそれを知っている。その自由はなほ若い。その胎は豊饒だ。[4]

（有島武郎「旅する心」より）

○

私はラスキンの「美術講話」を繙いた。「美術がその発達の高潮に赴く時には、民衆の倫理的傾向も美術と同方向に向上し高進してゐる時で、この併行的傾向が極度に達し、互ひの間にやや軒輊《けんち》するところが出来て、各々が互ひから自分を弁護し始めるが最後、美術の衰運が始まる[4]」

（有島武郎「旅する心」より）

○

三つの別々の思想の流派が、合一して日本更生の起因となった。第一の思想は探究することを教へ、第二は行動することを教へ、第三は行動の目的を教へてくれた。[5]

（岡倉覚三「日本の目覚め」より）

○

陽明学説の革命的性質のため、徳川政府はすべてのことが憂慮の因であった。というのはこの学徒は彼等の正義の観念の関するところ何物にも逡巡することはなかったから。[5]

（岡倉覚三「日本の目覚め」より）

○

大塩中斎の言をひく。「電光の如く打ち、雷の如く怖くあれ、然し空自身は常に高く澄み渡っていることを忘るゝ勿れ」と。[6]

（岡倉覚三「日本の目覚め」より）

○

（1）長与善郎『竹沢先生と云ふ人』。（2）ジャック・ロンドン『奈落の人々』和気律次郎訳。（3）バクーニン『神と国家』本荘可宗訳。（4）有島武郎『旅する心』。（5）岡倉覚三『日本の目覚め』村岡博訳。（6）岡倉覚三『日本の目覚め』村岡博訳。一部は著者自身の言葉か。

三木清「人生論ノート」より

感傷には常に何等かの虚栄がある。[1]（感傷について）

○

歴史は不確定なものから出て来る。噂というものはその最も不確定なものである。而し歴史は最も確定的なものではないのか。[1]（噂について）

○

噂するやうに批評する批評家は多い。けれども批評を歴史的確率の問題として取り上げる批評家は稀である。[1]（噂について）

読書ノート（二）

目に見えぬ敵を恐れよ。[2]

心を以て敵の心を奪え。[3]

将は団扇一本にて、戦に勝つこそ、将の能なり。

大将は智慧を以て肝要とす。[2]

勝負、五分五分の理ならば、謀策あらば戦うべし、謀略なくば戦うべからず。[3]

つよき敵につよく当るべからず。[3]

仮令敗軍に及ぶとも短慮の討死致さず、……最後の勝利を見るべき事。[3]

○

「少壮」々々、思想に於て、感情に於て人間一代の伝記生命の絶頂なり。希望あり、回顧あり、煩悶あり、夢想あり、喜悦あり、悲愁あり、忽ち歌ひ、忽ち泣き、或る者は終に自殺を企て、或る者は遂に堕落の谷底に陥いる、大人、哲人、聖賢、英雄等の少壮時代を見よ、カーライルは如何、ルーテルは如何、而して爾自ら如何、社会、宇宙、人間、生命、死、花、月、星、雨、悉く其の新面目を来たし、新解釈を求め来る、少壮時代は混沌時代也、光明と暗黒の戦ひ也、溶解時代也、大人も聖賢も、大宗教も大哲学も、大詩も大事業も、悉く此時代に定まる、此時代は溶解されたる金属の如し、如何様にも鍛はれ如何様にも鋳らるゝ也。一時一分尤も大切なる時間にして、時を経過し時を誤らば折角熱騰せる金鉄も遂に冷却して、又如何ともし難きに帰す。少壮時代とは十八九歳より廿四五歳迄を吾は指す也。人間必ずしも此時代に完備成熟せんや、只だ大萌芽は此時代に定まる。十八九歳頃までは大概の人、只だ少年小児時代の先入思想主となりて其のまゝ茲に到る、されど茲に到れば社会生活の門は前程数歩の中にあり、人世人情の神秘漸くに解せられ感情の焔は其の極度に達し、想像の力は其の縦横の境に達し、先入の信仰は破れて、良心の大信仰は容易に来らず、所謂心緒の乱れて糸の如くなり勝の時代なり。

此の少壮の時代に十分の鍛練なくんば、何時の間にか宇宙人間としてよりも、社会的人間として変化発育して進む可し。(4)

(国木田独歩「欺かざるの記」より・原文のまま)

○

ソクラテス「……親愛なるクリトンよ、なぜ我々はそんなに多衆の意見を気にしなければならないのだらう。もつと顧慮に値する識見最も優れたる人達は、実際あつた通りのことがあつたのだ

(1)三木清『人生論ノート』。(2)楠木正成の言葉。(3)楠木正成の言葉か。(4)国木田独歩『欺かざるの記』。

と信ずるだらうぢやないか[1]」

ソクラテス「ところが有益なのは智者の意見で、有害なのは無智者の意見ではあるまいか[1]」

ソクラテス「また善く生きることゝ、美しく生きることと正しく生きることゝは同じだといふこと、これにも変りがないか、それともあるのか[1]」

（プラトン「クリトン」より）

○

人間的な美、神々しい美の長子は芸術である[2]。

無は如何に崇高でも、無から無しか生じない[2]。

（ヘルデルリーン「ヒュペーリオン」より）

○

幸福は人格である。ひとが外套を脱ぎすてるやうにいつでも気楽にほかの幸福は脱ぎすてることのできる者が最も幸福な人である。しかし真の幸福は、彼はこれを捨て去らないし、捨て去ることもできない。彼の幸福は彼の生命と同じやうに彼自身と一つのものである。この幸福をもつて彼はあらゆる困難と闘ふのである。幸福を武器として闘ふ者のみが斃れてもなほ幸福である[3]。

希望に生きる者はつねに若い。いな生命そのものが本質的に若さを意味してゐる[3]。

（三木清「人生論ノート」より・原文のまま）

○

ケプラーが曾て云つた事がある。「余の願ふ所は、神を知覚する事である、神は外界至る所に発見し得るが、其れと同じ様に、自分の中に自分の内面にも同じ神を見たいのである[4]」

科学の光栄は実にここにある。外界の事実を弘く深く研究して、其を支配する、其起滅の間に潜み流れておる理法を発見するのが、即ち科学の職務であることはいふまでもないが、其理法なる者は、即ち吾等の精神の中に流れておる神智と、其の同じ神智が外界に物象として現れておる者と、二者の符合を発揮した、其の発見の発表に外ならぬのである。[4]

科学的発見なる者は、即ち其発見者の精神が外物と調を同じくして共鳴し得た結果である。此に於て其発見が科学者に与ふる満足は、外界に行はれて今迄気のつかなかつた関係を発見し得たといふのみでなく、此と同時に自分自身の中にも新しき精神生活の要素を得た喜びである。[4]

科学は、人の精神が自らの理性を天然の中に発見した者である。[4]

科学は決して吾等人間の精神を離れて存し得る者ではない、科学は人生の手助けをする力はあつても、之を支配し命令する権力はない。[4]

併し此の科学の進歩が、其の結果の実利的応用を外にして、吾等の思想生活に幾何《いくばく》の変化を与へたか。所謂物質と勢力との根本問題は如何に進歩した原子の研究でも又如何に驚くべきラヂウムの発見でも、到底其の根底を突くことができないと同じく、如何なる進化論も実験心理学も、吾等の精神生活の最根本原動力を明かにし得ないのは、科学者といへども認むる所である。[4]

（姉崎正治「復活の曙光」より・原文のまま）

○

（1）プラトン『クリトン』久保勉訳。（2）ヘルダーリン『ヒュペーリオン』渡辺格司訳。（3）三木清『人生論ノート』。（4）姉崎正治『復活の曙光』。

俺の弱点を正当に衝いた批評に対しては、敬意を表して黙聴（自省）の態度をとる。余りに下らない見当違ひの批評に対しては軽蔑の意味に於いて黙殺の態度をとる。誠実な意志で半分本当な半分嘘なことを書いた批評や、余りに重大な点に於いて俺を傷つけるやうな批評は、黙殺する事が出来ない場合がある。俺は時として正当防禦のために、註釈し、又は戦闘する必要に逢着する。

一切のあやまつた批評を黙殺することが出来るやうになりたい。凡ての誤解に対して不死身になりたい。誤解によつて傷つけられるやうな急所のない身になりたい[1]。

僕は自分の穢さと低さとを反省する毎に正しき人の怒りが自分の頭上に爆発することを当然と思はないことはなかつた。僕は先輩の不信用よりも常に正しき人の怒りを恐れて来た[1]。

僕はまだ〳〵自分の生活の底を見せるに臆病にすぎる。僕はもつともつと自分の生活を露出する勇気を養はなければならない[1]。

哲学は経験の概括綜合をなすのみならず、又新しき経験の対象を提供する。此意味に於いて実の実なるものを対象とし、実の実なるものを創造するのである[1]。

（阿部次郎「三太郎の日記」より・原文のまま）

○

遅参其の意を得ず。

――石橋山の一戦にて、脆くも、大庭景親に破られし頼朝。下総の国府に陣取りし時、上総介広常が一万六千余騎の加勢の遅かりし意。二心を懐きし者の注意[2]。

（幸田露伴著「頼朝」を読んで）

○

宗教なき生活は無方針の生活である、無方針の生活は舵なき船のようなものである。[3]

事実上各人各様の宗教がある。[3]

生活は死闘の中においてさえ、敢然維持されるのであるから、予は闘争の法則よりも一層高き生活の法則があるべきだと考えた。かかる法則の下においてこそ、よく組織された社会が考えられ、生き永らえる価値がある。かかる生活法則を常時実践すべきである。[3]

（エルベール編「ガンディー聖書」より）

読書ノート（三）

そうだ、いつも、力一杯に活動しぬいて、楽しみと、仕事とに自己を打込んでいる事が青春だ。

○

現在を、生活すること、即ち現在最善の行動をする事、これが聡明である。[4]

一忍以つて、百勇を支ふべく、一静以つて百動を制すべし。[5]

一人の善良なる友は、多数の親戚に勝る。[6]

（1）阿部次郎『三太郎の日記』。（2）幸田露伴『頼朝』。「——」以下は著者による前後の要約。（3）エルベール編『ガンディー聖書』蒲穆訳。（4）トルストイの言葉（昇曙夢『トルストイ』より）。（5）蘇洵の言葉。（6）フランスの格言。

世間の人達は、たいてい官位を欲する。名を欲する。青年の青年らしさは、その名をも金をも欲しがらざる所にある。

人生の成、不成は夢よりもはかない。私は世俗的な成不成に対する、欲念を、捨てなければ、ならぬ。これこそ、第一の心の修養である。

仕事に対して、信念を持ちえぬ者は、燈を持たずして、闇の道を進むが如し。

偉人とは、大きな心配を沢山持ち、それに、屁古垂れぬ男と心得申候。

生れて、三歳にして死ぬ人さえ有る、世のため、国のために、死、其の名を千載に伝へるなど、全く倖せなことではないか。

人を愛せよ、彼等もまた、諸君を愛する。彼等に仕へよ、彼等もまた、諸君に仕へる。彼等の兄弟たれ、彼等もまた諸君の子供となる。[1]

○

知識を愛し、その魅力に捉はれて、とゞまる所を知らずに、一つの問題から他の問題へと飛び移つて行く人を見るがいゝ。私は海岸で貝殻を拾つている子供を見る様な気がする。拾ふかと思ふと勝つたものを見つけて、それを棄て、やがてまた拾つて、到頭その数に困りはてゝ、どれを選んでいゝか分らないで、何も彼も棄てゝ、彼は空手で帰つてゆくのである。[1]

社会に於ける人間は必ず働かなければならない、富めるも、貧しきも、弱きも強きも。怠者は悉く泥棒である。[1]

（ルソー「エミール」より）

○

ヒュペーリオンへ

君は青春の神秘の世界を実感し、親愛なる友人、恋する異性との神聖なる物語《ロマンス》をなせり。「幽霊の如き青春を軽べつせねばならぬ」。君の心は、実に純粋であつた。されど君よ、その心を唯の感情の炎と消えしめてはならぬ。

僕は、矢張り、正義の観念の強い、意志の強い、信ずることを行ふ人間が好きだ。

私は悲しい。楽しい人々の中にも、悲しんでいる人はあると信ずる。この悲しみこそ、喜びの使者であろう。これこそ、明けゆく黎明である。(2)

○

地球は人間の遊戯場でない。
人生は祭日の連続でもない。
本気になれ、真剣になれ、
人間らしく生きた時間の合計のみが、
人間の年令であり、
動物らしく生きた時間の合計は、動物の年令である。

自ら問え、「我が真の年令幾歳なりや」と。(3)

○

駿二よ。私の口からしては、お前に文学をやれとも、やるなともいふ事は出来ぬ。すべて運なのだ。しかし、唯、これだけの事はいへる。もしお前が、たしかに、日本に二人とないほどの文学的天才であると云ふ自信を持つことができるならば文学をやつたがいい。もしも、さうでなくて、普通の秀才ぐらゐの程度なら、文学者になるなら

(1) ルソー『エミール』内山賢次訳。(2) ヘルダーリン『ヒュペーリオン』渡辺格司訳。(3) 後藤静香『権威』。

すゝめかねる。(1)

もし、お前が、文学者たることを、志すとしても、お前は働く事を、忘れてはならぬ。お前は、何時も、熊の如く、働くことを、しなくてはならぬ。お前の手の皮は木皮の如く、堅くなければならぬ。(1)

○

人生の価値は年数でなく内容にある。
内容充実の秘訣は瞬間々々の集中である。
集中には、次の条件が要る。
曰く、集中し得る健康、
曰く、集中の習慣、
曰く、適当の順序、
曰く、価値の認識、
曰く、それに対する信仰。(2)

○

人一生遭ふ所、険阻有り、担夷有り、安流有り、驚瀾有り。是れ気数の自然にして、竟に免るゝ能はず、即ち易理なり。人宜しく居つて安んじ、玩《もてあそ》んで楽しむべし。若し之を趨避《すうひ》せば、達者の見に非ず。(3)

胸次清快、則人事百艱亦不阻。(3)

（山田済斎編「西郷南洲遺訓」より・原文のまま）

○

百戦百勝は善なるものにあらず、戦はずして兵を圧するは善の善なるべし。(4)

（孫子）

○

剣を交ふるとき、たゞ睨んでばかり居つて、一向踏込んでゆかない人がある。こんな人に上達はない。飽くまで燃ゆるが如き積極的攻勢的精神を横溢せしめながら、而も打込むべき時と然らざる時を機先に察して、進退一歩も度を誤らないといふのでなくてはならぬ。

雄弁も亦然り。その弁ずべき時、疾きこと風の如く、その宜しく黙すべきの時、静かなること林の如き、雄弁にあつては、断じて銀ではない。金以上である。白金である、ダイヤモンドである。[5]

○

……あの実に重要なる死の問題、――それは凡ゆる問題中の問題である。死のあるところ、宗教はあらねばならぬ。[6]（内村鑑三「代表的日本人」より）

○

情熱は青年のために全然この世界を改造して仕舞ふ。[7]

勇壮は、全人類の声に背馳して働き、暫くまた、偉人善人の声に背馳して働くものである。勇壮は個人性に湧く秘奥の衝動に対する服従である。勇壮の思慮にかなへるは、到底その当の人の思ふ程に他人には見えないものである。[7]

（「エマーソン論文集」より）

○

「激昂は却つて物事を悪くする」これに反して、斯る場合に、其の判断と機才とを用ひる人は、もつと快活に振舞ふのである。[8]

余若し其の知れる一切の人の中に就いて取捨選択を為すことを乞はれるならば、答へて言はむ、余は諸余の人士よりも幾層雋秀なる三名の傑士を発見するのである。

其の一人はホーマルである。――大芸術家

第二の雋傑はアレキサンデル大王である。

（1）吉田絃二郎「駿二に与ふる書」。（2）後藤静香『権威』。（3）山田済斎編『西郷南洲遺訓』。（4）孫子の言葉。（5）野間清治『修養雑話』。（6）内村鑑三『代表的日本人』鈴木俊郎訳。（7）エマーソン『エマアソン全集』第一巻（論文集）平田禿木訳。（8）モンテーニュ『モンテーヌ随筆集』高橋五郎・栗原古城訳。

第三は、余の見た所、最も善美なるエパミノンダスである。勇武と果決とに至つては、その因より功名心で推し進めらるゝので無く、知慧と道理とが規則正しい心に植ゑつけ得る如き勇武と義烈とに於て、彼は、悉く具備してゐた。[1]

（モンテーヌ「随想録」より）

○

哲人が王位にいるようになるまで、もしくはこの世の王者が哲学の精神と力とを把握してくる日まで、すなわち政治的偉大と知識的偉大とが、ひとつに合致してくる日まで、国家には、いな全人類には、不幸がたえないであろう。私は信ずる。この二つが、一つになつて、初めて、国家は生活の可能性をもち、日の光を見るようになるであろう。帝王がひどく統治をいやがつているような国は、必ず平和におさめられている。帝王がはりきりすぎて、統治にあたっているような国は最悪なものである。[2]

（プラトン「国家」より）

読書ノート（四）

己《おの》れ一個の幸福を目的とするものは悪人である。他人の意図を自己の目的とするものは、弱者である。

他人を幸福にすることを目的とする者は、善人である。

○

神を自分の生活の目的とする人は偉人である。[3]

○

元気旺盛なる国民は、必ず優秀なる詩作を有す、優秀なる詩作を有する国民は又必ず、元気旺盛なる事実を存す。元気詩作を産むか、詩作元気をなすか、元気ある国民と、優秀なる詩作とは、互に熱と光との関係の如く必ず相伴ふ。[4]（伊藤左千夫）

失敗！　失敗とは、何の謂ぞ、是れ世上の常事にあらずや、否！　大事業の階梯《かいてい》に非ずや、吾人は之に由りて万巻の書も能く教ふるを得ざる経験を得、又能く将来万全の策を画するを得、何者の痴漢、失敗に遭うて失望する者ぞ、嗚呼！　失敗は天の吾人に幸福を降す所以にして実に人生の至宝なりと。[5]

○

歴史は最大の弁証論者である。そして若し歴史の動きの過程に於て、理性がメフィストフェレスの口吻によれば、不条理に変り、善行が苦悶の泉に変るとすれば、それに劣らずしばしば歴史の過程に於ては結果が原因となり、原因が結果となる。[6]

彼等は先ず第一に労働者階級に希望を置き得るしまた置かねばならない。労働者階級の力は、あらゆる他の階級のそれと同じく、一つは、その政治的自覚の明瞭さ、それの結果及び、組織に依存する。[6]　（プレハノフ「我等の対立」より）

○

余の痛恨嘆息する所は、在野政治家の復量（ママ）の狭隘なるに在り。[7]　（中江兆民）

○

嗚呼、天下の競争てふものをして、悉く君子の争ひならしめば、自由平等、博愛なること、真也善也、美なることを、彼の歌かるたの競走の如く

（1）モンテーニュ『モンテーヌ随筆集』高橋五郎・栗原古城訳。一部は著者自身の言葉か。（2）プラトン『国家』。「帝王がひどく」以下は著者による要約か。（3）トルストイの言葉（昇曙夢『トルストイ』より）。（4）伊藤左千夫「一国の元気を顕現せる歌ありや」。（5）ディズレーリの言葉。（6）プレハーノフ『我等の対立』竹尾式訳。（7）中江兆民「政治家の度量」。

ならしめば、如何に人生社会の楽しかるべきぞ。然れど見よ、人は生存競争のために、却って、其自由を束縛せらるゝことあり。其の平等を破壊せらるゝ也[1]。

（幸徳秋水）

○

天才と狂人とは接近しているばかりでなく、天才で実際狂人になった者も少くない。詩人では、タッソー、クライスト、ホエルデリン、マイヤー、レーナウ、モウパッサン、ドストエフスキ、画家のゴーホ、作曲家のシューマンや、ウォルフ、科学者のロベルト、マイヤー、ニュートン、軍人のブリューヘルの如き此に皆な是れである。

更に又今少し範囲を広く取って性格異常をあぐるなれば、ミケランジェロ、ゲーテ、バイロン、カール大帝、ナポレオン、ロベスピエール、ネルソン、我が国に於ては、道鏡、清盛、頼朝、尊氏、信長、家康等等、殆んど枚挙にいとまない[2]。

天才は、人並み優れた健康なる精神の所有者であるかの如く考えている。併し是れは、大なる錯誤である。健康と云うことは、身体においても、精神に於ても、良き均衡《きんこう》を保っていることだ[2]。

（偉人研究）

○

古之学者、能容㆑人。不㆑能㆑容人者、識量浅狭。是為㆓小人㆒。今之学者、見解為㆑累、不㆑能㆑容㆑人。常人則無㆓見解㆒。卻能容㆑人。何其倒置爾邪。

古の学者は、能く人を容る。人を容るる能はざる者は、識量浅狭なり。是れを小人と為す。今の学者は、見解、累《わずらい》を為して、人を容るる能はず。常人には則ち見解無し。卻《かへ》りて、能く人を容る。何ぞ其れ倒置すること爾《しか》るか[3]。

（佐藤一斎「言志四録」より）

○

愛情無き、男女の一対となりて生活するは、是れ何の意義ありや、吾人にとりては[4]。

人は国恩に死すと云ふ、誰か死ぬる程《ほど》国恩の有難きを感ぜしや？　国と戦《いくさ》の時は、野獣の群《むれ》の相争ふのみ、国家は、野獣の大なるもの丶み？[4]

人、臣下と云ふ、臣下とは何の意味ぞ——帝王の尊貴は何処にある。（精神上の所依は外にあり……）風は吹く、如何ともする能《あた》はず、雨は降る、如何ともする能はず。[4]

吾は猛き者を愛す。されど、剣を執るものは、先ず、その用ふべき敵《てき》の何者なるかを知らざるべからず。

汝の敵は憎《にく》むべき者たれ、卑むべきものたらざれ。汝は汝の敵に就いても誇る所無かるべからず。[4]

世に天才を解し得ずして是れを批評するほど笑ふべきことは無い。[4]　（高山樗牛）

○

「俺はお前を息子に持つた事を幸に思ふ。益益努力しろよ慢心するなよ全力を尽してゐると自分でも信じ、又実際絶大な抱負を持つてゐる人間でも、常に慢心を起す事の全くないと云ふわけには中々行かぬものだ。今度の論文でお前は博士にもなり、大学の教授になるだらう。お前はかりそめにもそんな事を慢心するやうな惨めな男ぢゃないと自分を思ひ込んでゐるだらう。だが立派な自信を持つてゐる為めに善い仕事をする人間もつい思ひがけない慢心の為めにもつと善い仕事が出来る処をせずに了ふ事は随分有り勝ちな事だ。（中略）あらゆ

（1）幸徳秋水「歌牌の娯楽」。（2）永井潜「医学上より観たる偉人論」（松本亦太郎ほか『偉人論及偉人研究』所収）。（3）佐藤一斎『言志四録』山田準・五弓安二郎訳註。（4）高山樗牛『樗牛全集』第五巻（想華及消息）。

る仕事の勝敗が決せられるのはナポレオンが云つた通り『最後の五分間』の心次第にあるのだからな[1]」

「それからもう一つお前の欠点を云つておくが、それは女だ。いろだ。お前は正直な、善い人間だが、その方を余程《よほど》注意しないと危いぞ。平和に、調和的に幸福な生活を送らうと思へば色をつゝしむ事が何よりだ。大抵大丈夫だとは俺も思つてゐるがな、俺はお前等が飽く迄も祝福の中に楽しく生活して、仕事の方にも躓きがない事を望む余りにお前を子供扱にした事を許して呉れ。之で俺も安心して死ねる[1]。」

「嘘ばかり吐いてゐなくちや生きて行けない事も一つの罰《ばつ》だ。確かに俺は罰をうける。そしてもし俺がそれを受けなかつたら俺は却つて此世を呪ふだらう。不正な者は苛責をうけなければならない。正しい者は悦びを得なければならない。それが自然の法律だ。そして俺は此法律の厳存する人生を有り難く思ふ者だ。うけるべきものはうけなければならない。俺は自分の内心の法廷でいくらでも苛責を受ける事を甘んじる[1]」

（長与善郎「陸奥直次郎」より・原文のまま）

○

私の企図を完全に実現する基礎をなしてゐるのが正に右の思想であつた。この思想はまた他の多くの見地がそれに統一され、そして謂はばそこから発展して来る中心点でもあつた[2]。

人間の認識乃至知識の真に価値ある点は、人類にとつて基礎の鞏固《きょうこ》といふことにあるので、人間の認識乃至知識はその基礎から出て来て而もそれを土台として立つてゐる。世の博識の人間は他の人々以上に且つまたもつと手ぎはよく彼の自己乃至自己自身との統一に導かれ、自己の知識と自己の境遇との調和に導かれ、また彼の総ての精神力の均衡のとれた発達に導かれる必要がある。さもなければ彼の知識は彼自身のうちで虚偽の光となり、彼の心の奥底を錯乱させ、そして単純な、率直な、自己自身に一致せる精神が最も未開な最も粗野な人間にすら与へる本質的な生活の悦楽を明らかに彼から奪つてしまふ[2]。

人類の純粋な浄福の力はすべて技巧や偶然の賜物ではない。其等は、総ての人間の本性の奥底にその根本的の素質と共に横たはつてゐる。其等の浄福の力を完成することは人類の普遍的の要求である[2]。

自然の力よ、人類の純粋の陶冶《とうや》よ、汝は一体何処にゐるのか[2]。

私の本性の奥底にこの真理への解明がある[2]。

（ペスタロッチ「隠者の夕暮」「シュタンツだより」より）

○

祇園精舎の鐘の声、諸行無常の響あり。娑羅雙樹の花の色、盛者必衰のことはりをあらはす。おごれる人も久しからず、只春の夜の夢のごとし。たけき者も遂にはほろびぬ、偏に風の前の塵に同じ[3]。

（平家物語）

（1）長与善郎『陸奥直次郎』。（2）ペスタロッチ『隠者の夕暮・シュタンツだより』長田新訳。（3）『平家物語』。

読書ノート（五）

若いといふことは、世界の何ものにも比較されることのできぬほど尊い事実である。無比の価値である。しかもそれは、すべての人間に必ず一度は、平等に賦《あた》へられるところの幸福である。(1)

何ゆえに若いといふことは、尊いのか。この上もなく美しいのか。

一口にいふならば、若き者の魂のうちのみ完全にイディアの世界が表現せられつゝあるがゆえである。

かれ等は妥協を排する。かれ等はいつも「全か然らずんば無」の心に於いて生きんことを冀《ねが》ふ。(1)

美しい瞳、美しい魂、美しい思念、美しい智慧、ほがらかな信念、それは、若い人々のみが持ち得る、特権である。天恵である。(1)

○

本当に誠意が通じれば、無理を言はない同士ならば話は早くつくものだ。(2)

信じられる資格のある者の一言は、信じることの出来ない者の百万言よりも力がある。(2)

信用のおける人間。
それは実に価値ある人間だ。(2)

自他が完全に生きられる国、両者が矛盾《むじゅん》しない国、否、両者が助け合ふことになる国、それが神の国である。又、我等が求める国である。(2)

苦しくとも、自らなすべきものは、自らなす。

日常の勇士である。彼は社会の柱のみでなく、人類の柱である。(2)（武者小路実篤「我が人生観」より）

○

ペルシア戦役の死者に

終りを潔《いさぎよ》うすることが
　もの丶ふの道の　要諦《ようてい》ならば
われらにこそ此のとくを　万人にも超えて
　運命は授《さず》けてくれたのだ、
ヘルラスのために　自由をまもると
　きほひた丶かひ
永劫《えいごう》のほまれを享《う》けて
　いまこ丶に　我等ねむる(3)

――シモーニデース作
（呉茂一訳「ギリシア抒情詩選」より）

○

形づくれ！　芸術家よ！　語るな！
たゞ一つの息吹だにも汝の詩たれかし。(4)

みずから勇敢に戦った者にして初めて
英雄を心からほめたゝえるだろう。
暑さ寒さに苦しんだものでなければ
人間の値打《ねうち》なんかわかりようがない。(4)

最もよいこと

頭と胸の中が激しく動いていることより
結構なことがあろうか！
もはや愛しもせねば、迷いもせぬものは、
埋葬してもらうがよい。(4)

（1）吉田絃二郎『静かなる土』。（2）武者小路実篤『我が人生観』。（3）『ギリシア抒情詩選』呉茂一訳。（4）ゲーテ『ゲーテ詩集』高橋健二訳。

われ〳〵は結局何を目ざすべきか。
世の中を知り、それを軽蔑しないことだ。(1)

ズライカ

民も下《しも》べも征服者も
みな常に告白する。
地上の子の最高の幸福は
人格だけであると。(1)

（高橋健二訳「ゲーテ詩集」より）

○

やがて彼の偉大なる思想家が来た、独創的人物、達見者がである、彼の形成され、表説されたる思想は、万人の眠れる知能を思想に眼醒《めざ》ますのである。これが思想家、即ち精神的英雄の常に為すところである。(2)

彼が語るものは、万人が殆んど言はんとしてゐるもの、言はんと熱望しつゝあるものであつた。万人の思想は、いはゞ苦悩の甚しき呪縛されたる昏睡《こんすい》からかの如く、忽然《こつぜん》起ち上つて、彼の思想の周囲に集まる、而してそれに対してかう応《おう》ずる、然り、誠に此の如し！　と。(2)

思想は一度眼醒《めざ》まされるや再びは眠らぬ、思想の一体系に発暢《はつよう》する、人より人、時代より時代に於いて生長する。(2)

大雷雨が襲つて来た、雷火はアレキシスを打つた、彼はルーテルの脚下に仆《たお》れた。此の吾等の人生は何ものぞ、瞬忽の間に、巻軸の如くに燃え尽きて空白なる永劫《えいごう》に去り了るとは！　一切俗世の昇進顕達、宰相の職、帝王の権とて果して何ものぞ。此等は共に畏縮してゐる——見よ！　大地は此等の上に開いた、一瞬にして此等は無に帰す、永劫のみがある。ルーテルは心髄まで感動して、自身を神と神の奉仕にのみ奉げんと決心した。(2)

（カーライル「英雄及英雄崇拝」より）

○

我等人間は生れて即ち死し始む、実《げ》に、其の終焉《おわり》は其の起端《はじめ》とともに始まる。[3]

汝は此の世へ入り来つた如く、又此世から出で去れ。汝は死から生へ何の情感も恐怖も無くして這入て来た。斯の如く又生から死へ此の転換《てんかん》を繰返せよ。汝の死は、宇宙の秩序の一部分である。是は世界の生活の一部分であるぞよ。[3]

世間の人達は、何を自分で握《つか》んで可いか、本当に分らないで、毎《いつ》も新しいものを、求めて、其の負担を逃れようとする。[3]

病める精神は、深酷なる物を、何んでも、耐《こら》へ忍ぶことが、出来得ぬ。[3]

案ずるに、有益なる思想が、最も充実して、而して堅実なれば、随がつて、亦其等の辞句は、煩《はん》瑣《さ》にして、重苦しいものである。（中略）蓋《けだ》し、人は、其の心を堅実にして、善く奮つて悪と闘い、同時に亦善く、活き、善く信ずる道を学ばねばならぬ。[3]

（モンテーヌ「随想録」より）

○

人は苦楽無き能《あた》はず。唯々君子は心苦楽に安んじて、苦あれども苦を知らず。小人は心苦楽に累はされて、楽あれども楽を知らず。[4]

立志は高明を要し、著力は切実を要し、工夫は

（1）ゲーテ『ゲーテ詩集』高橋健二訳。（2）カーライル『英雄及英雄崇拝』（『カーライル全集』第五巻）柳田泉訳。（3）モンテーニュ『モンテーヌ随筆集』高橋五郎・栗原古城訳。（4）佐藤一齋『言志四録』山田準・五弓安二郎訳註。

精密を要し、希望は、遠大《えんだい》を要す(1)。

果断は義より来る者有り。智より来る者有り。勇より来る者有り。義と智と并せて来る者有り。上なり。徒勇のみなるは殆《あやう》し(1)。

（佐藤一斎「言志四録」より）

○

予れ、兆民の上に立ちて、之を治むることの危きことは、譬えば、朽ちたる索もて、六頭引の馬車を駕馭するが如しとあり。これは、天下には、人主ほど危きものなきを言ひたるなり。故に天下の人心の帰往する人を称して王といふ。即ち人心の寄り聚まれる人なり(2)。

今此に三人あり。一人は勇あり。一人は勇怯相半ばし。一人は怯なり。此三人と共に、淵谷の上に臨む者ありて、之に告げて言ふ。能く此の淵谷を飛び越ゆる者あらば、之を勇と謂はん。左なくんば、怯と謂はんと。彼の勇者は、怯と謂はるゝを恥じて、必ず飛び越ゆるらん。其の勇怯相半ばする者と、怯者とは、飛び越ゆること叶ふまじ。因りて又、之に告げて言う。若し飛び越えたらん者には、千金を与へん。出来ぬ者には、与ふまじと。彼の勇怯相半ばする者は、利に奔る者ゆえ、必ず、飛び越ゆるなん。怯者は、それでも、未だ、飛び越ゆること叶ふまじ。やがて、うしろを振り向きて、猛虎のあら〳〵しく向ひせまるさまを見たらんには、其の時は、怯者も、人の告げを待たずして、自身に之を飛び越ゆること、康荘の大道にても歩むが如く、易々と越ゆるに相違なからん。して見ると、人には、何ぞ、勇怯の別あらん。要するに、勢もて、之を駆るに在るのみ(3)。

（唐宋八家文）

読書ノート（六）

江雪

千山鳥の飛ぶ絶え
万逕《ばんけい》人の蹤《あと》滅《き》ゆ
孤舟蓑笠《さりゅう》の翁《おきな》
独り釣る寒江の雪（4）

——柳宗元

春望

国破れて山河は在り
城は春にして草木深し
時に感じて花も涙を濺《そそ》ぎ
別れを恨みて鳥も心を驚かす
烽火《ほうか》は三月に連なり
家書は万金に抵《あた》る
白頭の掻《か》きて更に短く
渾《す》べて簪《かざし》に勝《た》えざらんと欲す（5）

——杜甫

○

嬰児《あかご》の声は、黎明の声である。けふは闇夜《やみよ》でも、明日のある永遠を人の中に告げてゐる声である。（6）

○

天才は天才を知る。（7）

○

人間の関係は鏡だ。自分の心は、相手に映り、相手の心に映る自分の姿が、また自分の心に映る。

（1）佐藤一斎『言志四録』山田準・五弓安二郎訳註。（2）沈徳潜（評点）・石川鴻斎・喰代慎斎（講述）『唐宋八家文講義』第三編（巻之十八）。（3）沈徳潜（評点）・石川鴻斎・喰代慎斎（講述）『唐宋八家文講義』第三編（巻之十六）。（4）柳宗元「江雪」。（5）杜甫「春望」。（6）吉川英治『源頼朝』。（7）鶴見祐輔『バイロン』。

ゆえに、愛と同情とを持つ人々は、自分の周囲の人々を、悉く愛と同情との新しき魂に甦えらす。[1]

○

「あしたは三十三だ。何もせずに、こんなに永生きしたと思うと、心が重い。しかし我輩の後悔するのは、我輩のした事についてではない。したかつた事を悔いるのだ。[1]」

「もう詩はやめだ！　事業だ！　活動だ！」それではどんな活動だ。これは革命だ。

「死が何だ！　自由なるイタリアの為には！[1]」

（バイロン）

○

私は我慢して　長い間学問した
詰め込んだ　しかし無駄だつた
それで神様は　私の頭を水にして
私を苦しみから　救つて下さつた。

さようなら　馬鹿の国
ありがたいことには　この僕はね
読むこと書くこと数へること
この三つで充分さ
何が来ようと驚かないさ[2]

（キングスレー「ウォーター・ベービーズ」より）

○

人生といふものは個人々々の、先見には、些かの拘泥もなく進行する。

○

「諸君！　此処に行はれた卑劣極まる行為を見て吾輩の声は恐怖にふるえる。此の声は諸君に聴いて貰はなければならないのであります。諸君は眼の前で殺人の遂行を見た。奇しくも自分といふものを忘れて、吾々の総てが被つている圧制の非を鳴らした青年は、諸君の眼前に於て殺害されました。彼の発言を恐れ、妖怪が日の光を避けるが如くに真相の暴露を避けんとする吾々の圧制者は、その手先を派遣して彼を殺し、彼を沈黙せしめたのである。」シャペリエは、驚きの眼を見張つてアンドレを眺めながら、遂にその抑へていた相手の脚を放《はな》した。アンドレは真剣だ。今度だけは真剣だ。今度だけは正しい方に味方している。[3]

「彼等は国王の命令にそむくことによつて、王室の基礎を破壊している。王室が亡びれば、共に亡びるのは、王室と最も接近している貴族である。諸君！　彼等馬鹿者には、此の道理が解らないのであります。[3]」

（ラファエル・サバチニ「スカラムーシュ」より）

○

忠孝、仁義、信義、和平は悉く中国の優れた道徳である。この外、中国固有の智がある。特に優れた政治哲学「格物致知、誠意正心、修身齊家、治国平天下」即ち一個人の内より発揚して外に到る……に至つては世界無比である。[4]

吾人は単に民族の回復を求めるのみでなく、世界に対し一個の大責任を負ふ。[4]

吾人は今日においてまづ済弱扶傾の志を立て、将来強盛を達した時、弱小民族のため世界帝国主義と闘はねばならぬのである。[4]

今は科学隆盛の世である。およそ物をなすには必ず知を求めて後なすべき所以のものは、錯誤によつて時を費し失敗に終ることを防ぎ、労は半ばにして功は倍するを期待するにある。[4]

（1）鶴見祐輔『バイロン』。（2）キングスレ『ウオタ・ベビ』阿部知二訳。（3）ラファエル・サバチニ『スカラムツシュ』小田律訳。（4）鈴江言一『孫文伝』。

（鈴江言一「孫文伝」より）

○

生きて来た命
生きて行く命
真空に塞ぐ闇の
手にさはる重たさ
泣く蟲に五十年の
死なれば淋しきよ[1]

今日の時代が今日の芸術の特質を規定してゐる。諸君は今日の時代が如何なる時代であるかを認識しなければならない。諸君が芸術を受け入れる受け入れ方はそれによつて一定の方向をとるであろう。[1]

いきほひ衆人の気に入ることを目差す詩人は、徳ある人を模倣しないで、徳に反する人を模倣するものだ。[1]

現代は混乱の時代であるといふ。しかし混乱とは事実が理論よりも先へ進んでいることである。既成の観念で現実を割切ろうとするものには現実は常に混乱である。しかし常に前を向いて進んでいるものには混乱は生命の充溢である。混乱を混乱としてその中に溺れるのではない。そこに常に秩序を見出そうとつとめるのである。自ら秩序をつくる運動に加はるのである。[1]

（谷川徹三「科学と宗教」より）

○

今日は俺の二十五の誕生日だ。何の仕事も仕遂げないで、俺は死んでゆくのか。プルタークの英雄伝中の人間が、今俺の境遇に居たら、どういう態度を取つたろうかな。俺はシーザーに恥ぢるやうなざまをしてはならない。[2]

○

人生は索然たる一場の夢である。卒然として消えてゆく。(2)

君達の議論は何とでも言ふがいいさ。しかしあの星は一体誰がみんな造つたのだ。(2)

〇

精神は剣《つるぎ》よりも強し(2)

永久に自由あれ、暴君を倒せ！(2)

〇

波浪は、障害に遇うごとに、その頑固の度をます。(3)

艱難《かんなん》に優る教育なし。(4)

偉大なる者の住家《すみか》は、牢獄なり。

〇

思えば黙つて居ても通ずる。

思わねば、いくら語つても通じない。

「如何に語るか」と考慮する前に「如何に思うか」を自ら省察せよ。

愛を欽《か》きたる雄弁は単なる空音であり愛に輝く沈黙《ちんもく》は、真の雄弁である。

感応の心離るるとき、真の師弟なく、真の友人なし。(5)

〇

万有は総べて相聯関す。何物か能く自主独立せんや。世に学者なるものあり。ただ一事に精細ならんとして遂に他を顧るに暇なく、しかも自ら深く之を名誉とし、所謂専門を以て愚《ぐ》人に誇る。此

(1) 谷川徹三『神話と科学』。(2) 鶴見祐輔『ナポレオン』。(3) ユゴーの言葉。(4) ディズレーリの言葉。(5) 後藤静香『権威』。

の如きは、是れただ触覚にのみ依頼する盲者の亜類にして、金盥を指して日輪なりと言はずんば、天下の至幸なり。[1]（青柳有美「片言隻語」より）

○

聖徳太子十七箇条の御憲法に、「人皆心有り。心各執有り。彼を是し我を非し、我を是し彼を非す。是非の理誰か能く定べき。相共に、賢愚なり、環の如くして端なし。爰以て縦い人怒ると云とも、かへて我咎を懼れよ。[2]」

「読書ノート」未発表原稿

光と影（正宗白鳥）

○

他人の事ばかり考へて神経を疲らせるのは愚なことだと、氣がつくと、他人の影は追拂って、自分の今の身の上、明日からの自分の身の処置に思ひを凝らさうと努めたが、自分の事を思詰めるのは怖かった。[3]

○

五位の入道のやうな熱誠な人は多かった。さういふ人を私は常に尊敬する。しかし、みんな枯木の上で餓死したので、人間の力で神秘の扉が、いつ開かれたことがあるだろう？[3]

○

沙翁の作中、「タイモン」に、私は最も、深く感動したことがあった。ダンテに於ても忘恩の徒は、地獄の最も深い底に氷に閉られた所に置かれてゐる。日本の文学には、心理的にかういふ凄い味をもった物はない。

近松の悲戯などはどれも生やさしいやうに思はれる。[3]

○

史傳小説の類は、夜を徹して読耽ってゐた。誰れに勧められることもなく、独りで基督教に心を入れる氣になったのも、身を殺して、人類救済を志した、教祖のローマンチックな一生に感興を覚えたのが重な動機であった。[3]

○

「絵に書ける女を見て心を動すが如し」という言葉がある。私は、現実の女性よりも、むしろ絵に書かれた女や、小説の中に女によって、一層つよく心を動かされていたのかも知れない。……女性の形を具へて現はれる舞台の上の女形によって、戀に似た者と、わが心の中で経験していたやうに思われる。[3]

○

善の研究（西田幾多郎）

○

我々の所謂、客観的世界と名ずけている者も、我々の主観を離れて成立しない。客観的世界の統一力と、主観的意識の統一力とは同一である。[4]

○

意識を離れて、世界ありと考えて見れば、萬物の個々独立に存在するものということが出来るかも知れぬ。而し、意識現象が、唯一の実在であるという考より見れば、宇宙万象の根底には、唯一の統一力あり、萬物は同一の実在の發現したものといわねばならぬ。我々の知識が、進歩するに従って、益々この同一の理あることを確信する様になる。[4]

○

ホイットマン詩集

○

「世界万歳」

（1）青柳猛（有美）『有美臭 続編』。（2）『平家物語』。（3）正宗白鳥『光と影』。（4）西田幾多郎『善の研究』。

光と、熱の透徹する如何なる都市も、私は私自
身を以て透徹する[1]

○

君達の、凡てに、亜米利加の名に於て、
私は、手を垂直に高く挙げて、私の合図を送る[1]。

○

空のやうに美しい、総ての上の言葉
戦と、虐殺の、あらゆる行為は、早晩
全く無くならなければならない[1]。

○

人間の肉体は言葉である。千萬の言葉である[1]。

○

健康な顔、親しい、或は命令する身振は
言葉である。
ある男と、女とが、ほんの顔を見合はした、
その魅力も、亦言う事であり、意味である[1]。

○

大地は論議しない。
感傷的ならず、配列をしない
絶叫、憎悪、説服、威嚇、約束をしない
差別をせず、想像し得る失敗を持たない
何物をも閉じない、何物をも拒まない、
誰をも閉め出さない

○

総ての力と、目的と状態とを
公にして、誰をも閉め出さない[1]。

○

三太郎の日記（阿部次郎）

○

人生の意義は、人間が人間を超越するところに在る。人間が、眞正になるには、その人間性を征服してしまはなければならない。此の点に於ては、俺は基督の弟子であり、カントの弟子であり、又ニイチエの弟子である[2]。

○

人を愛する心は、人を嘲るに堪へる心でなければならない。自己を愛する心は、自己を嘲るに堪

へる心でなければならない。[2]

○

俺は、俺自身の悩みを悩み、俺自身の運命を開拓する。此の悩みと、此の努力とは、俺を一歩づつ人生の深みに導き、人生に對する、俺の態度を、徐々として精鋭にするに違いない。[2]

○

敵手を、否定せむとせぬ戦は、戯談である。

敵手の、態度を否定せぬ怒は、洒落である。[2]

○

一切の存在を肯定する者にとって、戦は戯談である。怒は洒落である。

一切の否定を、否定する者は、又、戦と怒とを去勢する。[2]

○

俺は死、そのものよりも、死后の肉体のことを余計に氣にしている。死骸を、他人にいじられるのもいやだ。焼かれて、油がジト〳〵ににじみ出る有様を想像するのも耐らない。埋められて、体が次第に腐って、蛆が湧いて行く有様を思ふのも耐らない。肉体は牢獄だと云う感じが、直接の事実として、深く俺の心に喰入っている。[2]

○

俺の熱は、容易に高くならない。

さうして一度出た熱はいつまでもひっかかってさめてしまはない。

俺は忘れることの出来ない男だ。過去を許すことの出来ない男だ。だから俺は何時も苦しんでばかりいる。

○

俺は、よっぽど馬鹿だ。[2]

（1）ホイットマン『ホイットマン詩集』白鳥省吾訳。（2）阿部次郎『三太郎の日記』。

何のために書を読むか。

知らないのが、口惜いから読む

商賣だから読む。

現在の楽しみを求めるために読む。

自分の生活の基礎を拵へるつもりで読む(1)。

○

自分がこの覚え書を書くのは主張するためではなくて整理するためである。新しき眞理を發見するためでなくて、古き眞理を一層明瞭に把握するためである(1)。

○

妻は、自分の我儘を洩す唯一の抜け路である(1)。

○

崇拝者の歓呼に浮かされて、不知不識いゝ氣になって納まって了ふことは先輩に與へられる誘惑の一つである。自己の内生に対する感覚が鈍麻して、環境に対する神経のみが過敏になって了ふことは先輩に與へられる一つの誘惑である(1)。

○

崇拝者の歓心を買ふに専らにして、内生の流動を公表するに怯懦となることは先輩に與へられる一つの誘惑である。殊に年少諸友の狂奔に暗示されて、自己の進路に迷う様な先輩は憐憫に堪へない(1)。

○

自己の力に対する享楽は、事業の成績のあり余る人にのみ許される處である。假令、その人格の中に、力が渦巻いていることを感ずるにしても、その貧弱なる実現と貧弱なる征服の記録を恥づる者は、自己感情の興奮に耽溺すべきではない(1)。

○

與えられたる素質と、與えられたる力の一切を挙げて、専心に、謙遜に、純一に、無邪氣に、その内部的衝動の推進力に従ふ。眞正に生きる者の道は、唯この沈潜の一路である。命の中枢を貫く、大らかな、深い、静かな、忘我によって実在の底を捜る心を解する者の一路である。

外部との比較と、他人の軽蔑とを生命とする所謂「自己肯定」はあづからない。

自我の末梢に位する神経過敏はあずからない[1]。

○

自己の天分と力と「成長」とに対する不断の懸念は、往々、その公正なる内省の力を鈍くして、自己の周圍に徒らに、はなやかな妄想のまぼろしを描き上る。心の世界の中に、内容と、自意識との二つが分離して、神経は専ら自意識の上に集り、自意識は、その内容と実力とに無関係に、自分勝手に大きく膨れる。

　そうして内容と、実力とは尨大なる自意識の薄暗い下陰に日の目を見ぬ草のやうに、影の薄い朝夕を送って行く。自意識と、生活内容との懸隔甚だしくなるにつれて、彼等の次第に接近し行く方向は、誇大妄想狂と云う、精神病である[1]。

○

三国演義

儒には君子と小人との別あり。

君子の儒は、君に忠に、国を愛し、正を守り邪を悪む。澤をば当時に及ぼし、名をば後世に留まらしめんことを務む。

小人の儒の如きは、ただ雕蟲《ちょうちゅう》を務め、専ら翰墨《かんぼく》に工《たく》みなるのみ云々[2]。

○

（カーライル）

思想は、人類を幸福にもするが、又不幸にもする。

○

最も、不幸な人は、読書しない人である。

（1）阿部次郎『三太郎の日記』。（2）久保天随（訳補）『新訳演義三国志』か。

百人に一人は、努力家がある。この百人中の一人と競争し、これと磨きあってこそ、進歩する。他の九十九人と並んで行けば、同じ溝に落ち同じ貉な、劣敗者になることが当然である。

○

余が母は、余に非常な感化を與《あた》えた。彼女は言語よりも、寧ろ行により、日々の敬虔なる態度と、慣習とによりて、宗教の解釋を與えた。(1)

○

我が母には、學問は無かったが、立派な考と、眞に柔和の心があって、本当に宗教的であった。余は、此の世に於て、最高の人と信じた母が、無言の畏敬を以て、天上の更に、高きものに禮拝するを見た。かゝる事は、特に幼時に於て、生命の神髄に透徹する。(1)

○

宗教の教義を説かず、其の教義の解釋を行に依て示し得る親でありたい。信仰の家に育つ子は幸福である。

○

敬虔の、乏しき家庭から、信仰に燃ゆる人物は現れぬ。(1)

○

爾の要求を零とせよ。されば、全天下は、爾の脚にある。(1)

○

正当なる、人生は、捨身に始まる。(1)

○

一切の理論は、その性質上、際限なく、形なく、渦巻中の渦巻である。(1)

○

何等の疑も、実行によらずば、去るべからず。(1)

○

理想が、汝の内にある如く、障害も又、汝の内にある。(1)

○

汝の境遇は、此の理想を作り出す材料に外ならぬ(1)。

○

レ・ミゼラブル

○

本心との、戦には、決して終りがない(2)。

○

人は常に、宿命と、その打撃とに馴れていて、或る種の疑問が、恐ろしい赤裸々の姿で現はれて来ても、敢て、眼を挙げて、それを見つめ得るようになっていなければいけない(2)。

○

彼は、帝政と、王政復古との下に於て、両時代に必要なる、二つの勇氣を相次いで示した。即ち、戦場の勇氣と、演壇の勇氣を。勇気であると共に、雄辯であった。その言論のうちには、剣の刃が、感じられた(2)。

○

人の精神から、何物をも、取り去らないようにしようではないか。除去することは、悪いことである。

○

ただ、改革し、進化させなければいけぬ(2)。

○

虚無主義に対しては、議論は不可能である。何故なれば、合理的な虚無主義者は、相手の者が、存在しているかを疑い、又、自分自身が、存在していることをも、確信していないからである(2)。

○

進歩は、目的である。理想は、その典型である(2)。

○

吾人は、常に考える人を、皆尊敬する(2)。

（1）カーライル『衣裳哲学』土井晩翠訳か。（2）ユゴー『レ・ミゼラブル』（『世界文学全集』第十二〜十四巻）豊島与志雄訳。

○

吾人は、跪く者を、祝する[1]。

○

一の信仰、それこそ人間にとって、必要なるものである。

○

何をも、信ぜざる者は、不幸なる哉[1]

○

今日の問題は何ぞ？
　戦うことなり。
明日の問題は、何ぞ？
　勝つことなり。
あらゆる日の問題は何ぞ？
　死することなり[1]。

○

人生読本（トルストイ）

○

智識と云うものは無限なのだ。人々が学者だと考へている人も、無学文盲の百姓と同じように、まことの智識からは遠い所にいるのだ[2]。

（ジョン・ラスキン）

○

悪人は、他人を害する以前に、自分自身を害するものである[3]。

○

一つの善をなし、更に、次の善をなせ。その間に、休みがあってはならぬ。これをこそ、私は幸福な生活と名ずけるのである[4]。

○

大きな、そして美しい心をもっている人は、常に平和で、満足している。心の小さい人は、常に不満足で、悲しんでいる[5]。

○

現代において、科学と呼ばれている智識は、人間生活の形式を変えたが、幸福をもたらしたとは云えないのである[6]。

○

智識は、偉大なものを骨抜きにし、凡庸なものを驚かせ、幼きものに浮誇を與へる。[6]

○

人間が正義を守れば、守るほど、神に近くある。神の豊饒、不死、偉大は、正義と共に人間の中に入って来る。[7]

○

病気にかゝった思想は、病氣にかゝった肉体よりも、始末に終へないものである。そしてその数も多いのである。[8]

○

（1）ユゴー『レ・ミゼラブル』（『世界文学全集』第十二〜十四巻）豊島与志雄訳。（2）ラスキンの言葉（トルストイ『人生読本』八住利雄訳より）。（3）アウグスティヌスの言葉（トルストイ『人生読本』八住利雄訳より）。（4）マルクス・アウレリウスの言葉（トルストイ『人生読本』八住利雄訳より）。（5）中国の格言（トルストイ『人生読本』八住利雄訳より）。（6）トルストイ『人生読本』八住利雄訳。（7）エマーソンの言葉（トルストイ『人生読本』八住利雄訳より）。（8）キケロの言葉（トルストイ『人生読本』八住利雄訳より）。

出典調査にあたっては、創価大学池田大作記念創価教育研究所の研究者、並びに同大学の教員・学生有志の各位より多大な助力を得た。ここに深く感謝の意を表す。なお、「読書ノート」の出典に関する詳しい考証とその研究成果は『創価教育』（池田大作記念創価教育研究所紀要）に掲載される予定である。

（編集部）

【著者略歴】

池田大作（いけだ・だいさく）

1928年～2023年。東京生まれ。創価学会第三代会長、名誉会長、創価学会インタナショナル（SGI）会長を歴任。創価大学、アメリカ創価大学、創価学園、民主音楽協会、東京富士美術館、東洋哲学研究所、戸田記念国際平和研究所などを創立。世界各国の識者と対話を重ね、平和、文化、教育運動を推進。国連平和賞のほか、モスクワ大学、グラスゴー大学、デンバー大学、北京大学など、世界の大学・学術機関の名誉博士、名誉教授、さらに桂冠詩人・世界民衆詩人の称号、世界桂冠詩人賞、世界平和詩人賞など多数受賞。

著書は『人間革命』（全12巻）、『新・人間革命』（全30巻）など小説のほか、対談集も『二十一世紀への対話』（A・J・トインビー）、『二十世紀の精神の教訓』（M・ゴルバチョフ）、『平和の哲学　寛容の智慧」（A・ワヒド）、『地球対談　輝く女性の世紀へ』（H・ヘンダーソン）など多数。

完本《かんぽん》 若《わか》き日《ひ》の読書《どくしょ》

2023年1月2日　初版第1刷発行
2024年7月3日　初版第5刷発行

著　者　池田大作《いけだだいさく》
発行者　松本義治
発行所　株式会社　第三文明社
東京都新宿区新宿 1-23-5
郵便番号 160-0022
電話番号 03（5269）7144（営業代表）
03（5269）7145（注文専用）
03（5269）7154（編集代表）
振替口座 00150-3-117823
URL　https://www.daisanbunmei.co.jp
印刷・製本　TOPPAN株式会社

ISBN 978-4-476-05056-1